博碩文化

# 問卷資料分析

## 破解 SPSS 的 六類分析思路

EVALUATION

◆ 重於學術研究中的 SPSS 調查問卷數據分析的使用指導
◆ 著重介紹數據分析方法 P 值、量表、非量表等的實際應用
◆ 為問卷分析人員提供問卷設計、分析思路、文字分析等相關需求

# 問卷資料分析
## 破解 SPSS 的六類分析思路

周俊 著・蕭培元 審校

◆ 重於學術研究中的 SPSS 調查問卷數據分析的使用指導
◆ 著重介紹數據分析方法 P 值、量表、非量表等的實際應用
◆ 為問卷分析人員提供問卷設計、分析思路、文字分析等相關需求

作　　　者：周俊
審　　　校：蕭培元
責 任 編 輯：Ann

董 事 長：蔡金崑
總 經 理：古成泉
總 編 輯：陳錦輝

出　　　版：博碩文化股份有限公司
地　　　址：(221) 新北市汐止區新台五路一段 112 號
　　　　　　10 樓 A 棟
　　　　　　電話 (02) 2696-2869　傳真 (02) 2696-2867

發　　　行：博碩文化股份有限公司
郵 撥 帳 號：17484299
戶　　　名：博碩文化股份有限公司
博 碩 網 站：http://www.drmaster.com.tw
服 務 信 箱：DrService@drmaster.com.tw
服 務 專 線：(02) 2696-2869 分機 216、238
　　　　　　（週一至週五 09:30 ～ 12:00；13:30 ～ 17:00）

版　　　次：2018 年 3 月初版一刷

建議零售價：新台幣 500 元
Ｉ Ｓ Ｂ Ｎ：978-986-434-289-1( 平裝 )
律 師 顧 問：鳴權法律事務所 陳曉鳴

本書如有破損或裝訂錯誤，請寄回本公司更換

國家圖書館出版品預行編目資料

問卷資料分析：破解 SPSS 的六類分析思路 / 周
俊著 .-- 初版 .-- 新北市：博碩文化，2018.03
　面；　公分
ISBN 978-986-434-289-1( 平裝 )

1. 統計套裝軟體 2. 統計分析

512.4　　　　　　　　　　　　107003066

Printed in Taiwan

博碩粉絲團
歡迎團體訂購，另有優惠，請洽服務專線
(02) 2696-2869 分機 216、238

# 序 言

從啤酒和尿布的故事開始，我們發覺簡單的資料中可能存在無窮的奧秘，好奇心驅使越來越多的人投身到枯燥的資料中。已經沒有人會懷疑這是一個資料的時代或者一個大資料的時代。但相比後者，我還是更傾向於認為目前僅是一個資料的時代。然而，大數據資料的概念火熱，但具體到某個領域或某個研究，獲取和儲存海量資料都遠遠超出了絕大多數研究者的能力範圍，更遑論隨後的研究。退而求其次，如果不談大數據，則目前已有足夠的研究方法和資料分析方法可供我們選擇使用。

在瀚如浩海的資料中，不論是科學研究還是商業調查，很大一部分資料是透過調查問卷的方式來獲取的。在問卷星平臺上，每天都會產生上萬份問卷和 100 多萬份問卷答覆，但在營運過程中，我們也發現大部分使用者的資料分析僅僅停留在簡單的頻率分析上。資料中隱藏的巨大價值，還在默默沉睡，等待被人挖掘。造成這樣窘境的原因可能是，我們在關注各種資料概念的同時，並沒有以科學的研究方法來處理這些資料。

如何挖掘這些沉睡在問卷資料中的價值，這正是本書作者周俊老師想要與廣大讀者分享的。周俊老師專注於資料研究超過 5 年，同時也是問卷星在資料分析方面的長期合作夥伴。在同周老師一起工作的時間裡，我們不僅領略了他在問卷資料分析方面的專長與見解，也感受到他一絲不苟、嚴謹的工作態度，這些也深深融入了本書的創作過程中。

本書和其他資料分析方面的專著相比特點鮮明：首先，作者專注於問卷來源的資料分析，對資料分析方法的介紹更加專注、詳細和深入；其次，作者沒有帶入任何資料分析背後的數學原理，著重介紹的是資料分析方法的實際應用；最後，本書內容深入淺出，適合所有對問卷資料分析有需求的讀者隨時翻看查閱。

實際應用；最後，本書內容深入淺出，適合所有對問卷資料分析有需求的
讀者隨時翻看查閱。

截至目前，用戶在問卷星上發佈的問卷已超過 1000 萬份，累計回收問卷
超過 6 億。讓更多人挖掘到問卷資料中隱藏的無限價值——我想這正是周
老師和問卷星共同的願景所在。


問卷星 CEO　胡嘯

# 前 言

我初次接觸 SPSS 軟體是在一門市場研究課程上，並且我在第一次接觸 SPSS 時就對其各類分析方法產生了極大的興趣，比如迴歸分析可以神奇地將機率論、線性代數和微積分知識進行整合運用。更重要的是，資料分析能夠透過各種各樣的分析方法針對實際資料，解決實際問題，挖掘潛在價值資訊。

資料分析是統計知識的實際運用，然而並非每個人都對數學感興趣，對數字有"感覺"。如果沒有資料結論作為支撐，論點就沒有堅強的後盾，很難讓人信服。學生時代的我曾想過：是否可以有這樣一本書，讓讀者輕鬆讀懂，而不像市面上的理論性書籍那樣只陳列了一堆公式。直到網路問卷研究方法興起，我才找到了這樣的切入，使用問卷作為背景案例進行闡述，既可以將各類分析方法融入問卷研究，又可以將分析思維進行梳理，以撰寫簡單的文字報告，解決實際問題。

縱觀我國當前教育現狀，很多高校都開設了統計理論課程，但課程均基於理論原理、分析方法的計算公式的講解，比如 t 檢驗的公式應該是什麼，如何計算 t 值等。一旦將課堂中的分析方法用於實踐，則可能出現各種各樣的問題：從理論上講，分析的資料需要正態分佈，可實際的資料無論如何均不是正態分佈；在課程中使用的練習資料總是很"完美"，一旦自己收集資料進行分析，則"面目全非"，無法繼續進行分析；對於使用什麼樣的分析方法更合適，以及分析方法的邏輯關係是什麼，完全沒有頭緒。課堂上是對分析方法進行單獨的講解，而在實際研究中，需要對整份資料進行分析，並且選擇合適的分析方法，完成研究報告。很慶倖自己有這樣的機會，將 5 年的資料分析經驗進行總結，並寫出這樣一本有意義的書籍。

站在個人的角度，我認為每個人都需要掌握一定的資料分析技能。在實際工作中，每個行業都會產生資料，並且需要基於資料結論提供相關決策支援。各行業涉及的專業名詞術語很多，資料分析需要結合專業知識進行，不太可能讓只懂統計的人去處理。資料分析不應該是高不可攀的工具，而應該是像 Excel 這樣的"傻瓜式"工具，普遍應用於各行各業。希望本書讓讀者有不一樣的體驗，忘記一堆數學公式和理論原理，隨心所欲地進行資料分析。

從 2015 年年底開始計畫書籍的框架內容，到 2016 年 10 月審稿完成，在此期間我得到了電子工業出版社編輯張慧敏、王靜、楊嘉媛的大力幫助，在此表示感謝。另外，本書還得到了問卷星 CEO 胡嘯的大力支持，包括對書稿第一部分問卷設計的建議，以及問卷星企業版本的免費使用支援、樣本服務免費使用支援等。關於本書的第二部分內容，張文彤老師給予了非常多有價值的寫作建議，並且張文彤老師還提供了詳細的修改指導建議，在此一併表示感謝。也感謝我的父母以及在寫作過程中支持我的朋友們。

真心希望本書對各位讀者有一定的幫助，至少可以有所啟迪。建議讀者先詳細閱讀第一部分問卷設計，透過第一部分內容的學習，讀者可以瞭解各類分析方法的功能及使用要求，以及問卷與各類分析方法的匹配對應關係。針對第二部分內容，讀者可以進行選讀，閱讀與自己的問卷對應的分析思路框架及分析方法，並且結合第三部分內容的操作指導，完成高品質分析報告，如果在分析方法使用過程中出現問題，則可參考第四部分內容。

本書素材下載地址為：www.broadview.com.cn/30735。

作　者

輕鬆註冊成為博文視點社區用戶（www.broadview.com.cn），您即可享受以下服務：

● **下載資源**：本書所提供的範例程式碼及資源檔均可在【下載資源】處下載。

● **提交勘誤**：您對書中內容的修改意見可在【提交勘誤】處提交，若被採納，將獲贈博文視點社區積分（在您購買電子書時，積分可用來抵扣相應金額）。

● **與作者交流**：在頁面下方【讀者評論】處留下您的疑問或觀點，與作者和其他讀者一同學習交流。

頁面入口：http://www.broadview.com.cn/30735

二維碼：

# 目　錄

## 第一部分　問卷設計

### 第一章　統計學基礎知識及術語解釋

### 第二章　問卷題項設計說明和注意事項

### 第三章　量表類問卷設計和注意事項

## 第四章　非量表類問卷設計和注意事項

# 第二部分　問卷分析六類思維解讀

## 第五章　量表類問卷影響關係研究

# 第三部分　資料分析方法在 SPSS 中的操作

## 第十一章　基礎 SPSS 操作說明

## 第十二章　敘述統計方法在 SPSS 中的操作

## 第十三章　信度和效度研究方法在 SPSS 中的操作

## 第十四章　變數關係研究方法在 SPSS 中的操作

# 附錄

## 附錄 A　　中英文術語對照表

# 第一部分

# 問卷設計

本部分首先闡述了基礎統計知識，然後分別針對量表和非量表兩類問卷設計注意事項進行說明。筆者建議讀者詳細閱讀第 1 章內容，以便對統計的相關術語或者基本概念及統計方法有基本的理解。問卷是研究思維的具體呈現，問卷確認的同時即建構分析思維框架。由於問卷在回收後幾乎沒有修改的可能性，因而研究人員需要高度重視問卷的設計，避免出現問卷不能分析，或者分析與思維不一致的尷尬情況。本部份分為 4 章，分別為統計學基礎知識及術語解釋、問卷題項設計說明和注意事項、量表類問卷設計和注意事項、非量表類問卷設計和注意事項。

# 01

# 統計學基礎知識及
# 術語解釋

本章對基本統計知識進行說明，包括各種研究方法基本理論、使用場景，以
及相關術語名詞，以便使研究人員對各種分析方法有一定的瞭解，建議讀者
詳細閱讀。分析方法與問卷有著對應關係，問卷設計決定分析方法的選擇，
研究人員需要重視問卷設計的品質，糟糕的問卷設計可能會導致分析方法無
從選擇、分析方法枯燥，甚至無法分析等尷尬局面。

# 1.1 資料分析

本節對資料分析常用的統計術語進行說明，比如 $P$ 值、量表、非量表、資料類型、樣本等。基本的統計術語總結歸納如表 1-1 所示。

表 1-1 常用的統計術語

| 編號 | 術語 | 相關名詞 |
|------|------|----------|
| 1 | $P$ 值 | 顯著性、顯著性差異、0.01 水準顯著、0.05 水準顯著 |
| 2 | 量表 | 李克特量表、定量資料 |
| 3 | 非量表 | 分類資料、複選題 |
| 4 | 資料類型 | 定量資料、分類資料 |
| 5 | 樣本 | 樣本量、無效樣本 |

（1）$P$ 值，稱為 P-value 或者顯著性，用於描述某件事情發生的機率情況，其取值範圍介於 0~1，不包括 0 或者 1。通常情況下 $P$ 值有三個判斷標準，分別是 0.01、0.05 和 0.1。在絕大多數情況下，如果 $P$ 值小於 0.01，則說明某件事情的發生至少有 99%的把握；如果 $P$ 值小於 0.05（並且大於 0.01），則說明某件事情的發生至少有 95%的把握；如果 $P$ 值小於 0.1，則說明某件事情的發生至少有 90%的把握。0.01 或者 0.05 這兩個標準的使用次數分配表最高，0.1 這個標準則很少使用。

在統計語言表達上，如果 $P$ 值小於 0.01，則稱作在 0.01 水準上顯著。例如研究人員分析 $X$ 對 $Y$ 是否存在影響時，如果 $X$ 對應的 $P$ 值為 0.00（由於小數位精度的要求，因而為 0.00），則說明 $X$ 對 $Y$ 有影響關係這件事情至少有 99% 的把握，統計語言描述為 $X$ 在 0.01 水準上呈現出顯著性。

例如研究人員想研究不同性別人群的購買意願是否有明顯的差異，如果對應的 $P$ 值為 0.01，則說明呈現出 0.05 水準的顯著性差異，即說明不同性別人群的購買意願有著明顯的差異，而且對此類差異至少有 95%的把握。絕大多數研究均希望 $P$ 值小於 0.05，即說明研究物件之間有影響、有關係或者有差異等。但個別地方需要 $P$ 值大於 0.05，比如變異數同質性時需要 $P$ 值大於 0.05（此處 $P$ 值大於 0.05 說明變異數不相等）。

（2）量表，通常是指李克特量表，其用於測量樣本人群對於某件事情的態度或者看法情況。通常量表會由很多題項構成，並且類似於「非常同意」、「同意」、「不一定」、「不同意」、「非常不同意」，或者「非常滿意」、「比較滿意」、

「中立」、「比較不滿意」、「非常不滿意」等。量表被廣泛使用於學術研究的各個領域，並且大多數統計方法均只適用於量表，比如信度分析、效度分析、探索性因數分析、結構方程式模型等。量表的尺度形式有多種，常見是五點量表，即有五個答項，另外還會有四點量表、七點量表或者九點量表等，四點量表或者九點量表的使用次數分配表相對較少。

（3）非量表，本書約定此名詞為除量表（或者類似量表）外的題項，比如複選題項或者基本事實現狀題項等。非量表題項更多地用於瞭解基本事實現狀，研究人員可以透過此類題項分析研究當前現狀情況，並且提出相關建議措施。

（4）資料類型的分類標準並不統一，本書將資料分為兩類，分別是定量資料和分類資料，如表 1-2 所示。

表 1-2　定量資料和分類資料

| 術語 | 説明 | 舉例 |
|---|---|---|
| 定量資料 | 數字大小具有比較意義 | 你對天貓的滿意度情況如何？（非常不滿意、比較不滿意、中立、比較滿意、非常滿意） |
| 分類資料 | 數字大小代表分類 | 性別（男和女），專業（文科、理科、工科） |

定量資料和分類資料的區別在於數位大小是否具有比較意義，具體針對問卷來講，定量資料在大多數情況下指量表資料，即類似於非常不滿意、非常滿意、非常同意、非常不同意等題項資料。通常 1 代表非常不滿意，2 代表比較不滿意，3 代表中立，4 代表比較滿意，5 代表非常滿意。數值大小具有比較意義，數值越高，代表樣本的滿意度越高。

分類資料，本書約定此名詞代表類別資料，對應非量表資料，其特點為數值大小基本沒有比較意義，或者比較意義不大或很小。例如 1 代表男性，2 代表女性，數值大小僅為區分類別，而不能理解為「數值越大越女性」。對於收入、年齡等資料，比如收入共有四個選項，分別是 1 為 5000 元以下，2 為 5000~1萬元，3 為 1 萬~2 萬元，4 為 2 萬元以上。此類資料雖然是數值越高代表收入水準越高，但更多時候會將其看作分類資料，相當於將樣本人群分成四個不同的類別。

（5）樣本，通俗地講即為填寫問卷的人，對於樣本的數量，統計上並沒有統一標準，通常情況下為量表題項的 5 倍或者 10 倍即可。有時研究人員需要的樣本比較特殊，例如需要樣本具有企業主管背景，此時樣本量要求會較少。從經驗上看，如果要求樣本的學歷為碩士研究生，那麼多數情況下樣本量需要大於 200 個，

如果要求樣本的學歷為大學生，那麼樣本量需要高於 100 個。樣本常見要求說明如表 1-3 所示。

表 1-3　樣本常見要求說明

| 問卷/學歷 | 樣本量的要求 |
|---|---|
| 量表類問卷 | 量表題項的 5 倍或者 10 倍 |
| 非量表類問卷 | 常見 100 個以上（最好 200 個以上） |
| 大學 | 常見 100 個以上 |
| 碩士 | 常見 200 個以上 |
| 企業 | 常見 200 個以上 |

如果樣本中有大篇幅題項沒有填寫、多數題項均填寫為同樣一個答案、樣本本身並不具有研究的背景性質（比如研究物件為「1990 後」，但部分樣本為「1980 後」，則「1980 後」為無效樣本）、研究人員認為某部分樣本的填寫存在邏輯問題等，均被稱作無效樣本，在分析問卷之前需要將無效樣本進行刪除或者篩選。

## 1.2　樣本特徵敘述性分析方法

下面介紹問卷研究涉及的敘述性分析方法及名詞術語。敘述性分析通常分為次數分析和敘述統計分析，相關術語名詞解釋如表 1-4 所示。

表 1-4　次數分析和敘述統計分析

| 編號 | 方法 | 名詞術語 |
|---|---|---|
| （1） | 次數分析 | 有效樣本、次數、百分比、累積百分比 |
| （2） | 敘述統計分析 | 平均值、標準差、中位數 |

（1）樣本的基本特徵描述（次數分析）通常會涉及樣本、有效樣本、次數、百分比、累積百分比、有效百分比等術語。樣本，簡單來講即回答問卷的人；有效樣本指篩選掉無效樣本（比如隨意填寫問卷或者沒有資格填寫問卷等）後剩下的樣本；次數指某選項選擇的個數，比如男性人數為 200 個；累積百分比是指多項百分比累積相加，比如男性和女性加起來的百分比為 100%。如果問卷裡面有個別樣本沒有填寫，那麼會涉及問卷的有效百分比，比如總共有 400 份問卷，其中有 200 名男性和 199 名女性，還有一個樣本沒有填寫，那麼這裡男性的有效百分比就應該等於 200÷399×100%。

（2）敘述統計分析通常會涉及平均值、標準差、中位數等術語名詞。平均值通常用於描述樣本的整體態度情況；而標準差用於判斷樣本的態度波動情況；中位數指樣本的中間態度情況。平均值與中位數是不同的概念，中位數是指所有的選擇答案按升冪排序後處於中間的那個值，如果資料中有異常值，那麼使用中位數來描述整體水準更為合理。例如填寫樣本的收入時，有個別樣本收入非常高，此時平均值就有可能失去意義，原因在於平均值很可能受個別樣本的干擾，而此時使用中位數表示所有樣本收入的整體水準更為合理。分析問卷資料時，通常不會涉及異常值，因而平均值的使用次數分配表會更高。

# 1.3　信度和效度分析

下面對問卷信度分析和效度分析涉及的名詞術語進行闡述，如表 1-5 所示。

表 1-5　信度分析和效度分析涉及的名詞術語

| 編號 | 方法 | 名詞術語 |
|------|------|---------|
| 1 | 信度分析 | Cronbach's α 係數、信度係數、α 係數、項刪除後的 Cronbach's α 係數、項刪除後的 α 係數、校正的項總計相關性（CITC）、預測試 |
| 2 | 效度分析 | 內容效度、建構效度、探索性因數分析、驗證性因數分析 |

（1）信度分析在於研究資料是否真實可靠，通俗地講，即研究樣本是否真實回答了問題。通常情況下，信度分析只能分析量表題項。信度分析涉及的相關名詞術語包括 Cronbach's α 係數、項刪除後的 Cronbach's α 係數、校正的項總計相關性，針對信度分析涉及的名詞術語歸納如表 1-6 所示。

表 1-6　信度分析涉及的名詞術語

| 名詞術語 | 說明 |
|---------|------|
| Cronbach's α 係數 | 用於測量信度水準，常見標準是高於 0.7 |
| 項刪除後的 Cronbach's α 係數 | 刪除某題項後的信度係數，常用於預測試 |
| 校正的項總計相關性（CITC 值） | 題項之間的相關關係，常用於預測試 |

Cronbach's α 係數，也稱信度係數、內部一致性係數、Cronbach α 係數或者 α 係數，此值一般大於 0.7 即可。對於項刪除後的 Cronbach's α 係數，如果

某個維度或變數對應著 5 個題項,那麼刪除某題項後餘下的 4 個題項的信度係數值即被稱作「項刪除後的 Cronbach's α 係數」,通常此指標用於預測試。預測試指在初步設計問卷之後,收集小量樣本(通常在 100 個以內)進行信度分析或者效度分析,以便發現題項可能存在的問題,並且對問卷進行修正處理,得到正式問卷。校正的項總計相關性,也稱 CITC 值,例如某變數對應 5 個題項,那麼這 5 個題項之間的相關關係情況可以使用此指標進行表示,通常此值大於 0.4 即說明某題項與另外的題項之間有著較高的相關性,預測試時通常會使用校正的項總計相關性這一指標。

(2) 效度分析用於研究題項是否有效地表達研究變數或者維度的概念資訊,通俗地講,即研究題項設計是否合理,或者題項表示某個變數是否合適。通常情況下,效度分析只能分析量表題。針對效度分析,通常會使用內容效度、建構效度(探索性因數分析)和建構效度(驗證性因數分析)進行效度驗證。效度分析類型總結如表 1-7 所示。

表 1-7　效度分析類型

| 效度分析類型 | 說明 |
| --- | --- |
| 內容效度 | 使用文字描述量表設計的合理性 |
| 建構效度(探索性因數分析) | 探索性因數分析結果,與專業預期進行對比 |
| 建構效度(驗證性因數分析) | 驗證性因數分析判斷量表是否合理 |

內容效度即使用文字敘述形式對問卷的合理性、科學性進行說明。建構效度通常使用探索性因數分析(EFA)進行驗證,即透過探索性因數分析對題項進行分析,如果輸出結果顯示題項與變數對應關係基本與預期一致,則說明建構效度良好,探索性因數分析涉及的相關名詞術語說明會在 1.4 節進行闡述。

# 1.4　因數分析

因數分析在統計研究中有著非常重要的地位,因數分析可分為探索性因數分析和驗證性因數分析。在統計領域通常將探索性因數分析稱為因數分析。由於只有結構方程式模型軟體 AMOS 或者 LISREL 具有驗證性因數分析功能,本書不對驗證性因數分析(CFA)進行說明。探索性因數分析涉及的名詞術語如表 1-8 所示。

表 1-8　探索性因數分析涉及的名詞術語

| 編號 | 方法 | 名詞術語 |
|------|------|----------|
| 1 | 探索性因數分析 | 因數縮減、建構效度驗證、指標權重計算 |
| 2 | 探索性因數分析（檢定指標） | KMO 值、Bartlett 球形檢定 |
| 3 | 探索性因數分析（判斷指標） | 特徵值、變異數解釋率、累積變異數解釋率、因數、因數負荷係數 |
| 4 | 變異數旋轉 | 變異數旋轉、最大變異數旋轉法 |

（1）探索性因數分析是一種將多個量表題項縮減縮減成幾個因數的處理方法。例如總共有 30 個題項，最終縮減成 5 個因數表示。探索性因數分析在具體應用過程中，總共涉及 3 種功能，分別是探索因數、建構效度驗證和指標權重計算。探索性因數分析的功能匯總如表 1-9 所示。

表 1-9　探索性因數分析的功能匯總

| 探索性因數分析功能 | 説明 |
|------|------|
| 探索因數（因數縮減） | 將題項縮減為少數因數 |
| 建構效度驗證 | 使用探索性因數分析結果，與專業預期進行對比，進行建構效度驗證 |
| 指標權重計算 | 利用探索性因數分析原理進行權重計算 |

當研究人員設計出 30 個題項，但是並不知道這些題項應該縮減成幾個因數時，可以使用縮減因數分析方法進行科學判斷。建構效度驗證是指使用探索性因數分析功能塊，最終由軟體生成題項與因數的對應關係，並且將軟體生成對應關係與專業預期進行對比。如果二者基本一致，則説明建構效度良好。指標權重計算是利用探索性因數分析的計算原理計算指標的權重。

對於探索性因數分析的三種功能，在 SPSS 中的操作基本沒有明顯區別，但在實際應用過程中會有實質性區別。如果要使用探索性因數分析的縮減因數功能，那麼研究人員需要結合專業知識與主觀判斷進行綜合分析，例如某題項與因數的對應關係出現嚴重偏差時，則需要考慮將此題項刪除，如果題項的因數負荷係數值非常低（通常以 0.4 作為標準），也應該考慮將對應的題項刪除。

如果希望透過探索性因數分析得到較好的分析結果，那麼在設計問卷時可以將每個變數用 4~7 個題項表示。利用探索性因數分析將不合理的題項刪除後，每個變數依然對應 3 個以上題項，此時相關指標達標的可能性更高。

（2）探索性因數分析涉及的專業術語名詞包括 KMO 值、Bartlett 球形檢定、特徵值、變異數解釋率、變異數旋轉、累積變異數解釋率、因數、因數負荷係數等。KMO 值和 Bartlett 球形檢定可對探索性因數分析是否適合進行判斷，適合進行探索性因數分析是基本前提，因而此兩個指標也較容易達標。KMO 值通常以 0.6 作為標準，有時也以 0.5 作為判斷標準。Bartlett 球形檢定也是判斷是否適合進行探索性因數分析的基本指標，其判斷標準是對應的 $P$ 值小於 0.05，如果小於 0.05，那麼說明相應的題項可以進行探索性因數分析。

（3）完成 KMO 判斷及 Bartlett 球形檢定後，需要對因數個數以及變異數解釋率等指標進行說明。如果研究人員不進行特別設置，那麼軟體會預設以特徵值大於 1 作為標準輸出因數個數。大多數時候，當軟體輸出因數個數與預期並不相符時，研究人員可以結合主觀判斷進行因數個數設定。

軟體輸出結果時，還會輸出變異數解釋率、累積變異數解釋率等指標。變異數解釋率指因數可以解釋題項的資訊量的情況，例如某因數的變異數解釋率值為 20.0%，說明該因數可以解釋所有題項 20% 的資訊量；累積變異數解釋率指多個因數變異數解釋率的累積，例如兩個因數合起來可以解釋所有題項的資訊量。所有因數變異數解釋率之和表示在進行探索性因數分析後，全部因數可以表達所有題項的資訊量總和情況。

（4）確認萃取因數數量後，最後關鍵的步驟是看因數與題項的對應關係，即變異數旋轉。變異數旋轉的目的是讓題項與因數的對應關係進行空間旋轉，以便使同一個因數的題項分佈在同一個空間中（可以將其理解為魔術方塊旋轉，即把同一個顏色的方塊旋轉在同一個面），在問卷研究中最為常見的因數旋轉方法為最大變異數旋轉法。因數負荷係數是用於判斷題項與因數對應關係的指標，如果某個題項與某個因數對應的因數負荷係數值較高，那麼該題項應當歸納對應至該因數。因數負荷係數值可以為負值，在判斷因數與題項的對應關係時，需要使用因數負荷係數的絕對值進行判斷。

## 1.5　變數關係研究分析方法

本書約定變數關係的研究方法分為相關分析、線性迴歸分析、Logistic 迴歸分析、二元 Logistic 迴歸分析。變數關係研究分析方法涉及的名詞術語匯總如表 1-10 所示。

表 1-10　變數關係研究方法涉及的名詞術語

| 方法 | 名詞術語 |
|---|---|
| 相關分析 | 相關係數、Pearson 相關係數、Spearman 相關係數 |
| 線性迴歸分析（模型檢定指標） | $R^2$、調整 $R^2$、$F$ 值、VIF、D-W 值、多重共線性、自相關性 |
| 線性迴歸分析（顯著性指標） | $P$ 值、顯著性、非標準化迴歸係數和標準化迴歸係數 |
| Logistic 迴歸分析 | 二元 Logistic 迴歸分析、無序多元 Logistic 迴歸分析、有序多元 Logistic 迴歸分析 |
| 二元 Logistic 迴歸分析（模型檢定指標） | Hosmer 和 Lemeshow 檢定、Cox & Snell $R^2$、Nagelkerke $R^2$ |
| 二元 Logistic 迴歸分析（顯著性指標） | $P$ 值、迴歸係數 $B$ 值、對數比（Exp（B）） |

（1）相關分析是一種最基本的關係研究方法，其目的在於分析兩個變數之間的相關關係，包括二者是否存在相關關係，以及相關關係的緊密程度。相關分析程度由相關係數表示，相關係數分為兩類，分別是 Pearson 相關係數和 Spearman 相關係數。此兩類係數均用於描述相關關係程度，判斷標準也基本一致，通常當絕對值大於 0.7 時，說明兩個變數之間表現出非常強的相關關係；當絕對值大於 0.4 時，說明相關關係較強；當絕對值小於 0.2 時，說明相關關係較弱。

當相關係數值非常低時（小於 0.1 時），通常不會呈現出顯著性，即說明兩個變數之間沒有相關關係。在呈現出顯著性之後，需要繼續分析相關係數的大小，即研究變數之間的相關關係緊密程度，以及分析相關關係是正相關還是負相關。

（2）線性迴歸分析是一種研究 $X$ 對於 $Y$ 的影響關係的分析方法，其中 $X$ 被稱為自變數，$Y$ 被稱為應變數。這種分析方法在問卷研究中最為常見，在多數情況下，可以使用線性迴歸分析進行假設驗證。Logistic 迴歸分析也研究影響關係，其與線性迴歸分析的區別在於，線性迴歸分析的應變數 $Y$ 屬於定量資料，而 Logistic 迴歸分析的應變數 $Y$ 屬於分類資料，比如答案為有和無或者願意和不願意之類的資料。線性迴歸分析涉及的指標包括 $R^2$、調整 $R^2$、$F$ 值、VIF 值、D-W 值、非標準化迴歸係數和標準化迴歸係數。

$R^2$ 或者調整 $R^2$ 均代表所有 $X$ 對於 $Y$ 的解釋力度，比如 $R^2$ 為 0.5，說明所有自變數 $X$ 可以解釋應變數 $Y$ 值 50%的變化原因，通常 $R^2$ 的使用次數分配表更高，其值為 0~1，該值越大越好。$F$ 值用於檢定是否所有自變數 $X$ 中至少有一

個會對應變數 Y 產生影響關係，如果 F 值對應的 P 值小於 0.05，則說明所有自變數 X 中至少有一個會對應變數 Y 產生影響關係。

VIF 值用於判斷多重共線性，其判斷標準是 5（寬鬆標準為 10），如果達到標準則說明沒有多重共線性，即所有自變數 X 之間並沒有相互干擾影響關係。D-W 值用於判斷自相關性，判斷標準是 D-W 值在 2 附近即可（1.8~2.2），如果達標則說明沒有自相關性，即樣本之間並沒有干擾關係。VIF 值和 D-W 值這兩個指標在問卷研究中極少使用，但需要研究人員對它們進行關注。

（3）對指標解釋完成後，再繼續分析自變數 X 是否呈現出顯著性，即對應的 P 值是否小於 0.05，如果小於 0.05（並且大於 0.01）即說明呈現出 0.05 水準的顯著性，具體是正向影響關係還是負向影響關係得透過對 X 的迴歸係數的正負號進行判斷。迴歸係數有兩個，分別是非標準化迴歸係數和標準化迴歸係數，通常使用非標準化迴歸係數較多，使用標準化迴歸係數的情況較少。如果研究人員想對比影響關係的強弱情況，則建議使用標準化迴歸係數，但首先需要保證自變數 X 對應變數 Y 具有影響關係（即呈現顯著性，P 值小於 0.05）。

（4）Logistic 迴歸分析也用於研究影響關係，即 X 對於 Y 的影響情況，此處涉及的 Y 是分類資料。結合 Y 的具體情況，Logistic 迴歸分析共分為三種，分別是二元 Logistic 迴歸分析、無序多元 Logistic 迴歸分析和有序多元 Logistic 迴歸分析。Logistic 迴歸分析的分類情況如表 1-11 所示。

表 1-11　Logistic **迴歸分析類型**

| **Logistic 迴歸分析類型** | 應變數 **Y** 選項舉例 | 説明 |
|---|---|---|
| 二元 Logistic 迴歸分析 | 有和無，願意和不願意 | 分類資料，並且僅為兩類 |
| 無序多元 Logistic 迴歸分析 | 一線城市、二線城市和三線城市 | 分類資料，並且超過兩類，類別之間沒有對比意義 |
| 有序多元 Logistic 迴歸分析 | 不願意、無所謂、願意 | 分類資料，並且超過兩類，類別之間具有對比意義 |

如果應變數 Y 有僅兩個選項，分別是有和無之類的分類資料，則屬於二元 Logistic 迴歸分析。如果應變數 Y 的選項有多個，並且選項之間沒有大小對比關係，比如選項為三類，分別是「一線城市」，「二線城市」和「三線城市」，則可以使用無序多元 Logistic 迴歸分析。如果應變數 Y 的選項有多個，並且選項之間可以對比大小關係，比如選項分為三類，分別是「不願意」、「無所謂」和「願意」，選項具有對比意義，此時應該使用有序多元 Logistic 迴歸分析。

（5）在問卷研究中，二元 Logistic 迴歸分析的使用次數分配表最高，該方法簡單易懂，無序多元 Logistic 迴歸分析或者有序多元 Logistic 迴歸分析則相對較為複雜。本節僅對二元 Logistic 迴歸分析進行說明。

二元 Logistic 迴歸分析涉及的指標包括 Hosmer 和 Lemeshow 檢定、Cox & Snell $R^2$ 和 Nagelkerke $R^2$、對數比（Exp（B））等。Hosmer 和 Lemeshow 檢定用於判斷期望情況與模型最終配適情況是否一致，此檢定對應的 $P$ 值需要大於 0.05（不是小於 0.05），即說明預期配適情況與實際配適情況一致。

Cox & Snell $R^2$ 和 Nagelkerke $R^2$ 代表所有 $X$ 對於 $Y$ 的解釋力度情況，研究人員自行選擇使用即可，這兩個指標值差別很小。

（6）$X$ 對於 $Y$ 是否有影響，首先要判斷 $X$ 是否呈現顯著性，如果呈現顯著性，則說明有影響關係，具體是正向或者負向影響關係，依然是透過迴歸係數 $B$ 值進行判斷。

Logistic 迴歸分析中會涉及一個名詞叫作對數比，軟體使用符號 Exp（$B$）表示，其代表如果 $X$ 增加一個單位時，$Y$ 的變化倍數，此值等於自然對數 e 的 $B$ 次方（$B$ 是迴歸係數 $B$ 值）。比如 Exp（$B$）值為 1.3，即說明 $X$ 增加一個單位時，$Y$ 會變成原值的 1.3 倍（此時 $X$ 的迴歸係數 $B$ 值大於 0），即說明 $Y$ 發生某事情的可能性為參照項的 1.3 倍（比如 $Y$ 為有或者無，那麼相對於無來講，$X$ 增加一個單位時，$Y$ 為有的可能性為無的 1.3 倍）。

二元 Logistic 迴歸分析涉及預測準確率問題，即模型配適的情況與實際情況相比，具體預測準確情況如何，是否會把本身選擇「是」的樣本預測為「無」，或者將選擇「無」的樣本預測為「有」，SPSS 會預設輸出預測準確率匯總表格。

# 1.6　中介調節分析

在當前學術研究中，中介效應或者調節效應研究較為常見，中介效應或者調節效應並非分析方法，而是一種關係的描述，研究人員需要結合不同的 SPSS 資料分析方法對兩種關係進行分析。按照學術規範來講，中介效應和調節效應研究需要有著較強的理論依據，即有著較多文獻參考，研究人員不能僅憑經驗判斷。

研究中介和調節效應涉及的名詞術語如表 1-12 所示。

表 1-12　中介效應和調節效應

| 編號 | 方法 | 名詞術語 |
|------|------|----------|
| （1） | 中介效應 | 中介變數、中心化、標準化、Sobel 檢定、定量資料 |
| （2） | 調節效應 | 調節變數、中心化、標準化、分類資料 |

中介效應是指 $X$（自變數）對 $Y$（應變數）產生影響關係時，是否會透過中介變數 $M$ 的作用影響 $Y$，如果存在此種關係，則說明具有中介效應。比如在研究組織信任對於員工離職意願的影響過程中，組織承諾是否會起著中介效應。調節效應是指在 $X$ 對 $Y$ 的影響過程中，調節變數 $Z$ 取不同值時，$X$ 對 $Y$ 的影響程度是否有明顯差異，如果 $Z$ 取不同值時，$X$ 對 $Y$ 的影響幅度並不一致，則說明具有調節效應。比如研究組織信任對於員工離職意願的影響，不同性別的影響幅度是否一致，如果不一致，則說明性別具有調節效應，反之則說明性別沒有調節效應。

在問卷研究中，中介變數 $M$ 通常為定量資料，調節變數 $Z$ 通常為分類資料，也可能為定量資料。研究人員需要結合 $X$、$Y$ 和 $Z$ 的資料類型，選擇合適的分析方法。中介變數 $M$ 在通常情況下會分別與 $X$ 或者 $Y$ 有著較強的相關關係，而調節變數 $Z$ 與 $X$ 或者 $Y$ 的相關關係相對較弱。

對於中介效應，除上述提及的中介變數，還會涉及中心化、標準化、Sobel 檢定等名詞術語。中心化是指 $X$ 減去 $X$ 的平均值，而標準化是指 $X$ 減去 $X$ 的平均值後，除以 $X$ 的標準差。使用 SPSS 軟體可以直接進行標準化變數處理，但沒有中心化處理操作，研究人員需要首先計算變數 $X$ 的平均值，然後使用 SPSS 的計算功能得到中心化變數 $X$。

中心化或者標準化處理有助於降低計算過程的捨入誤差，而捨入誤差是多重共線性的其中一個原因，簡單來看即中心化或者標準化的目的在於減少多重共線性問題。Sobel 檢定是中介檢定步驟中可能涉及的一種檢定，SPSS 不提供此項功能，研究人員需要自行計算或者利用相關網站直接進行 Sobel 檢定。關於中介效應檢定會在第 6 章詳細說明，並且在後續章節中講解操作步驟。

對於調節效應，除上述提及的調節變數外，還會涉及中心化、標準化等名詞，上面已經進行說明，此處不再贅述。具體調節效應檢定會在第 6 章詳細說明，並且在後續章節中詳細講解操作。

# 1.7 差異研究分析方法

在問卷研究中，差異研究分析涉及三類方法，分別是變異數分析、$t$ 核對總和卡方分析。如果要研究分類資料和定量資料之間的關係，則應該使用變異數分析或者 $t$ 檢定，例如研究不同性別樣本的滿意度差異情況。如果要研究分類資料與分類資料之間的關係，則應該使用卡方分析。差異研究分析涉及的相關名詞術語匯總如表 1-13 所示。

表 1-13 差異研究分析涉及的相關名詞術語

| 方法 | 名詞術語 | 説明 |
|------|---------|------|
| 變異數分析 | $P$ 值、$F$ 值、事後檢定、變異數同質性檢定 | 分類資料和定量資料關係研究 |
| $t$ 檢定 | 變異數齊、$t$ 值、$P$ 值、單一樣本 $t$ 檢定，獨立樣本 $t$ 檢定、成對樣本 $t$ 檢定 | 分類資料和定量資料關係研究 |
| 卡方分析 | $P$ 值、顯著性、卡方值、分類資料 | 分類資料和分類資料關係研究 |

（1）變異數分析。$t$ 檢定僅能研究兩組樣本的差異情況，比如性別（男和女）對於滿意度的差異情況；變異數分析可以研究多個組別（兩組或者更多）樣本的差異，比如不同學歷樣本（大學以下、大學、碩士及以上共三組）對工作滿意度的差異情況。變異數分析涉及的名詞術語包括 $F$ 值、事後檢定、變異數同質性檢定等。

$F$ 值用於表示是否存在差異，但最終均會被計算成 $P$ 值（$F$ 值和 $P$ 值有一一對應關係），因此研究人員在分析 $P$ 值時，不用單獨對 $F$ 值進行分析。事後檢定是在變異數分析（多個組別對比差異）呈現出差異後，進一步具體分析兩兩組別之間差異的一種檢定方法。比如學歷分為三組（大學以下、大學、碩士及以上），具體是大學以下與大學有差異，還是大學以下與碩士及以上有差異，或者兩兩組別之間均有差異，此時就需要使用事後檢定具體分析組別之間的差異情況。

變異數分析在原理上如果有差異，則可能來源於兩個方面。一種差異是各個組別之間的差異（此類差異即為研究人員進行研究的差異），還有一種差異是各個組別內部的差異（此類差異為干擾性差異）。針對干擾性差異，在比較不同學歷樣本（大學以下、大學、碩士及以上共三組）對於滿意度的差異時，可能是大學以下、大學、碩士及以上這三組樣本內部本身的態度不統一，比如大學以下有 100 個人，但這 100 個人本身就有非常不同的態度（有的非常不滿意，

而有的非常滿意，態度波動很大），當組內樣本並沒有形成統一的態度時，此種現象被稱作變異數不齊（即出現干擾性差異）。

在進行變異數分析時，首先使用變異數同質性檢定檢測不同組別樣本自身內部的態度波動情況，如果三個組別樣本內部態度波動情況基本一致，則說明變異數齊，即如果最終三組樣本有著差異性態度，那麼此種差異一定是由此三組樣本的滿意度態度不一致所致，不可能是由三組樣本內部本身的態度差異（干擾性差異）所致。如果變異數分析顯示有差異時，則研究人員需要具體對比各個組別的差異情況，即透過對比各個組別的平均評分進一步分析説明。

（2）類似變異數分析，$t$ 檢定也會涉及變異數，以及 $t$ 值和 $P$ 值等名詞術語。$t$ 檢定還可以具體細分為單一樣本 $t$ 檢定，獨立樣本 $t$ 核對總和，成對樣本 $t$ 檢定，獨立樣本 $t$ 檢定在問卷研究中的使用次數分配表最高。這三種方法的具體區別和説明在第 5 章有詳細説明。$t$ 值與 $P$ 值也有對應的關係，研究人員對 $P$ 值進行分析即可。

（3）卡方分析是研究分類資料與分類資料關係的分析方法，比如性別和是否戴隱形眼鏡之間的關係。卡方分析通常會涉及卡方值和 $P$ 值兩個名詞。卡方值與 $P$ 值有對應關係，$P$ 值小於 0.05 即説明有差異存在，即性別與是否戴隱形眼鏡之間有聯繫。在具體差異分析的基礎上，進一步分析不同性別樣本是否戴隱形眼鏡的百分比，比如男性戴隱形眼鏡的百分比為 30%，而女性戴隱形眼鏡的百分比為 50%，則説明女性樣本戴隱形眼鏡的比例要明顯高於男性樣本。

# 1.8　集群分析方法

集群分析，通俗地講即為分類分析。SPSS 軟體會按照相關指標進行計算，最終將樣本分為幾類，並且類與類之間的差異很大，但同類樣本之間的差異要盡可能地小。例如電信公司結合消費者打電話時長、消費情況、打電話時間點等指標進行集群分析，最終將樣本分為三類，分別是商務型、家用型和普通型，每一類樣本均有自身特點，最終電信公司根據不同類別樣本的特點提供不同的套餐服務。

通常情況下，集群分析用於市場細分或者將樣本進行集群後對比不同樣本的差異，以進一步分析並提供具體建議措施等。集群分析廣泛用於市場研究、管理類專業，企業使用集群分析較多，學術研究使用較少。對於集群分析，其涉及的名詞術語匯總如表 1-14 所示。

表 1-14　集群分析涉及的名詞術語

| 編號 | 方法 | 名詞術語 |
|------|------|----------|
| （1） | 集群分析（分類） | 樣本集群（Q 型集群）、變數集群（R 型集群）、兩步驟集群、*K-Mean* 集群和系統集群（分層集群） |
| （2） | 集群分析（效果判斷） | 變異數分析、卡方分析、判別分析、探索性因數分析 |

（1）集群分析的分類方法有很多，按照功能劃分可以分為兩類——樣本集群（Q 型集群）和變數集群（R 型集群）。在問卷研究中，樣本集群的使用次數分配表遠高於變數集群。樣本集群指將樣本分成幾類，類似上述電信公司對消費者進行分類的例子，研究人員收集 1000 個樣本，可以利用集群分析將此 1000 個樣本按照相關指標歸為三類。而變數集群指研究人員的問卷中有 30 個指標（題項），透過集群分析將此 30 個指標歸為幾個類別。

按照 SPSS 軟體的功能，集群分析分為三類，分別是兩步驟集群、*K-Mean* 集群和系統集群（分層集群）。這三種集群方法各有特點，針對此三種集群分析方法的介紹及使用會在第 9 章中詳細說明。

（2）針對集群分析效果的判斷。在得到集群類別之後，透過判斷各個類別樣本是否均勻，並且進行變異數分析去對比不同類別的差異。當全部呈現出顯著性差異，並且研究人員結合專業知識可以對類別進行命名時，則說明集群效果較好。深入的集群分析效果判斷，可以透過判別分析進行說明。

集群分析與探索性因數分析有共同點，同時也有不同點。變數集群與探索性因數分析較為類似，但原理並不相同，前者為分類，後者為縮減。研究人員可以首先進行探索性因數分析，縮減出幾個因數，接著利用因數進行樣本集群，即根據縮減出的因數進行集群判斷，最終得到幾類樣本人群，並且對不同類別人群進行變異數分析或者卡方分析，進一步瞭解不同類別樣本的差異情況。

集群分析的目的非常明確，即對樣本進行分類，得到不同的類別。集群分析有著較多的專業術語，在 SPSS 軟體中也有較多的設置選項，非專業分析人員不需要對專業術語進行深入理解，針對非專業研究人員，較為妥當的辦法是直接使用 SPSS 軟體的預設設置，僅需要主動設置集群類別數量及軟體輸出分類資訊資料（即生成單獨一列，這一列裡面的數位代表樣本對應的類別編號），並且在得到集群類別後對結果進行闡述，包括集群方法說明、每個集群類別樣本數量等。接著需要對集群效果進行說明，使用變異數分析對比不同類別樣本的差異情況，並且結合各個類別特徵進行命名處理。

# 1.9　其他分析方法

上面對常見的資料分析方法涉及的術語進行了闡述，除此之外，可能還會涉及其他分析方法，本節針對這些分析方法涉及的名詞術語進行匯總，如表 1-15 所示。

表 1-15　其他分析方法涉及的名詞術語

| 方法 | 名詞術語 |
| --- | --- |
| 變異數分析 | 單因素變異數分析、多因素變異數分析 |
| 交互作用 | 多因素變異數分析、交互作用圖、$R^2$ |
| 卡方分析 | 單選題卡方分析、複選題卡方分析、多重回應 |

（1）對於變異數分析，除了常見的比較差異分析方法，還有一種變異數分析方法，其全稱為多因素變異數分析，與 1.7 節提及的變異數分析（全稱為單因素變異數分析，通常稱之為變異數分析）的共同點是均為研究不同類別樣本對於定量資料的差異，區別在於後者僅比較一個分類資料，多因素變異數分析可以比較多個分類資料（常見為兩個或者三個），以及可以研究多個分類資料之間對於定量資料的交互影響關係情況。

例如僅研究不同性別樣本對於滿意度的差異情況時，這裡僅涉及「性別」一個分類資料，那麼此類變異數分析被稱為單因素變異數分析。如果要研究性別和地區（北方和南方）在滿意度上的差異，或者同一個性別（男性或女性），不同地區在滿意度上的差異，或者同一個地區（北方或南方），不同性別在滿意度上的差異，此類分析即被稱為多因素變異數分析。多因素變異數分析可以研究多個分類資料對於定量資料的差異情況以及交互作用，第 8 章會詳細闡述這方面內容。

對於多因素變異數分析，其會涉及 $F$ 值、$P$ 值、變異數齊、交互作用、$R^2$ 等專業名詞。類似 1.7 節中的單因素變異數分析、$F$ 值、$P$ 值或者變異數齊這三個名詞與單因素變異數分析的意義基本一致。

（2）交互作用用於研究多個分類資料之間的交互關係，比如性別（男性和女性）與地區（北方和南方）交互時形成四組樣本（北方地區的男性、南方地區的男性、北方地區的女性、南方地區的女性）對於定量資料（滿意度）的差異情況，當為同一個性別時，不同地區樣本的滿意度不同；或者當為同一個地區時，不同性別樣本的滿意度也不同，即說明性別與地區之間有著交互作用。$R^2$ 代表所有類別變數，比如（性別和地區），以及交互作用共同作用時對於某定量資料（滿

意度）的解釋力度，即多大程度上可以解釋某定量資料（滿意度）的變化原因。比如 $R^2$ 為 0.2，即説明可以解釋 20%的滿意度變化原因，此值意義很小。

針對多因素變異數分析，首先需要分析每個分類資料（性別和地區）對於定量資料（滿意度）的差異情況，如果其中一個或者兩個均呈現出顯著性，則需要繼續進行交互作用分析，交互作用需要結合交互作用圖進行分析。

（3）卡方分析用於研究分類資料與分類資料之間的關係（問卷研究中的複選題均屬於分類資料），例如導致霧霾的原因情況（複選題），並且有五個選項，分別是汽車污染、煤污染、工業污染、製造行業污染和其他原因。如果希望分析不同地區樣本（北方和南方）對於霧霾產生原因問題的態度差異情況，則應該使用卡方分析。

複選題的卡方分析與單選題的卡方分析在原理上一致，但在 SPSS 中操作時則完全不同。複選題的卡方分析涉及「多重回應」，簡單來講即將五個多選項處理成為一個整體，例如將名稱設為「導致霧霾的原因情況」。在 SPSS 軟體中，複選題共有五個選項，那麼在存儲時就會被存儲為五列（通常的存儲機制為 1 代表選擇，0 代表未選擇），但是如果研究人員希望研究不同地區樣本對於整體導致霧霾原因的態度差異（並非每個原因的態度差異），則需要將此五列（五個選項）處理為一列，此處理過程被稱為多重回應。

# 02

# 問卷題項設計説明和
# 注意事項

本章結合各類分析方法要點，以及筆者的問卷研究經驗，詳細剖析問卷設計整體規範，並且對各種題項設計要點、注意事項等進行說明。本章分別從量表題項和非量表題項兩個方面進行闡述。

# 2.1 量表題項設計

測量量表可以反映受訪者對某件事情的態度或者看法。通常問卷中均使用李克特量表，裡面會包括例如非常不滿意、比較不滿意、中立、滿意和非常滿意之類的選項。在實際應用中，測量量表根據答項目數量可分為四點量表、五點量表、七點量表和九點量表。例如答項為 5 個（非常不滿意、不滿意、中立、滿意和非常滿意）的量表即稱作五點量表。在計算方式上，通常分別賦值 1、2、3、4 和 5，數值越高，代表樣本對題項越為滿意，或者越為認可、同意、喜歡的態度偏好。

量表廣泛運用於各個學術領域，有很多分析方法適用於量表題項，如因數分析、相關分析、迴歸分析、變異數分析、$t$ 檢定、集群分析等。通常情況下中介效應研究或者調節效應研究也適用於量表題項。如果需要使用某種分析方法，那麼應當儘量合理地設計量表題項。具體的量表題項設計注意事項如表 2-1 所示。

表 2-1　量表題項設計注意事項

| 編號 | 量表題項設計注意事項 | 說明 |
|:---:|:---|:---|
| （1） | 量表題項需要有文獻參考依據 | 題項設計是否具有文獻來源？是否需要預測試 |
| （2） | 量表題項目數量 | 每個研究變數應當用多少題項表示合適 |
| （3） | 應變數 Y 題項設計 | 在研究影響關係時，是否缺少應變數對應的題項 |
| （4） | 量表題項設計要規範統一 | 量表題項的尺度是否規範 |
| （5） | 量表反向題 | 如何處理反向題 |
| （6） | 排序題或打分題 | 如何處理排序題或打分題 |
| （7） | 其他 | 樣本篩選問題 |

## （1）量表題項需要有文獻參考依據

量表題項設計切勿隨心所欲，研究人員應該參考前人的文獻量表設計，或者在前人設計的文獻量表上進行適當的修改。如果需要對量表進行修改，那麼研究人員需要有充分的依據，例如根據當前實際研究有必要對量表進行小量改動，在進行預測試時，發現某個題項問法不合理，或者在正式分析時發現因數分析部分某個題項應該被刪除等。優秀的量表是取得良好分析結果的基礎，如果量表設計隨意，則很可能導致信度不達標、效度結果很差等尷尬結果。如果量表來自國外的文獻，那麼通常

考慮到翻譯和實際情況，需要對問卷進行預測試，多次修正問卷，以避免在正式分析時出現問題。

## （2）量表題項目數量

根據筆者的實際經驗，使用量表對某個變數進行測量時，最好每個變數對應 4~7 個題項，不能太少，也不能過多。以測量樣本離職傾向這一變數為例，可以使用 5 個題項進行測量（比如「家人支持我離開現在的公司」，「我想尋找其他工作」，「有其他合適的工作就會辭職」，「我計畫明年辭職」，「繼續待在現在的公司的前景並不樂觀」）。具體每個變數應該由幾個題項表示，應該以文獻出處為準。

在進行探索性因數分析（或者驗證性因數分析、結構方程式模型等）時，建議每個變數對應 4 個題項以上，否則很可能出現探索性因數分析結果較差的尷尬結果。從筆者的經驗來看，當變數僅由 3 個或者兩個題項表示時，信度會較低；當某變數僅由一個題項表示時，則無法測量信度和效度。如果僅希望表達整體概念，例如整體滿意度情況，那麼可以僅使用一個題項表示。

一個變數對應的題項目數量不能過多，當數量超過 10 個時，很容易導致整個問卷題項過多，受訪者不願意認真回答，從而導致資料不真實，最終分析結果也較差。

## （3）應變數 Y 題項設計

如果希望進行影響關係研究（X 影響 Y），例如使用迴歸分析研究多個因素對員工離職意願的影響情況，那麼應該特別注意，應變數 Y 即離職傾向，需要有對應的題項。如果應變數 Y 沒有對應的題項，只有自變數 X 有對應的題項，則此類問卷無法進行迴歸分析，即無法進行影響關係研究。

另一類較為常見的問卷設計問題是將自變數 X 與應變數 Y 放在同一個題項中，例如「我不滿意公司的領導就想辭職」，此句話包括了兩個變數，自變數 X 為領導的滿意度，應變數 Y 為離職傾向。此類錯誤在問卷設計中較為常見，科學的做法是將錯誤題項拆分為兩個題項，分別是「我對公司領導的滿意度情況是」和「我的辭職傾向情況是」。將自變數 X 與應變數 Y 分別用題項表示，而不能將它們放在同一個題項中。還有一類錯誤是問卷裡面全部為自變數 X 的題項，沒有任何關於應變數 Y 的題項，此類錯誤會導致無法進行迴歸分析，從而不能進行影響關係研究。

## （4）量表題項設計要規範統一

量表題項設計要規範統一，同一個變數的題項不能混合使用多級量表，例如變數對應著 4 個題項，其中兩個題項使用五點量表，另外兩個題項使用四點量表。此類問卷會導致資料處理不準確，無法計算變數題項的平均值，影響問卷分析的科學性。

### （5）量表反向題

如果某個變數使用 4 個題項表示，其中有 3 個題項表示樣本的正向態度，1 個題項表示反向態度時，此時即涉及反向題。例如離職傾向由 4 個題項表示，分別是「家人支持我留在現在的公司」，「我想尋找其他工作」，「有其他合適工作就會辭職」，「我計畫明年辭職」。「家人支持我留在現在的公司」這個題項與另外 3 個題項的意思相反，此題稱作反向題。

出於對語言修辭的考慮，有時問卷中必須使用反向題問法，或者量表來源就有反向題（此種情況需要對資料進行重新編碼處理）。如果不是必須要使用，就儘量不使用反向題，更不能在問卷裡面設置沒有明確偏向（似乎是「反向」，又似乎不是「反向」）、模棱兩可的題項，例如「我也不確定到底要不要離職」。從筆者的研究經驗來看，反向題或者模棱兩可的題項很容易導致信度和效度不達標，因數分析結果較差。

### （6）排序題或打分題

當對選項進行排序時，通常有 3 種設計方法。第 1 種方法是直接讓樣本回答排序情況；第 2 種方法是使用五點量表或者七點量表；第 3 種方法是使用打分題，即直接對每個選項進行打分。使用這 3 種方法均可，筆者建議使用第 2 種或者第 3 種方法，計算每個選項平均評分情況，透過平均評分進行排序分析。如果將選項直接設計為排序題，也可以透過計算平均排名進行分析。

### （7）其他

如果某個量表的填寫需要一定條件，例如研究「1990 後」群體的離職傾向情況，即限定樣本一定是「1990 後」，那麼需要設置篩選跳轉題項，如果受訪者不是「1990後」，就中止問卷填寫。

## 2.2　非量表題項設計

本書約定非量表題項為除量表（或者類似量表）外的題項，比如複選題或者基本事實現狀題項等。非量表題項更多在於瞭解基本事實現狀，透過對此類題項進行分析，研究當前現狀情況，並且提出相關建議。通常情況下，非量表題項包括單選題、複選題、填空題等類型。在分析方法上，非量表題項可以使用次數分析進行基本描述，以及使用卡方分析對比差異，也可以使用 Logistic 迴歸分析和集群分析。非量表題項設計注意事項如表 2-2 所示。

表 2-2　非量表題項設計注意事項

| 編號 | 非量表題項設計注意事項 | 説明 |
|---|---|---|
| （1） | 單選題選項設計 | 單選題相關注意事項 |
| （2） | 複選題選項設計 | 複選題項目數量和設計相關問題 |
| （3） | 填空題選項設計 | 填空題如何處理 |
| （4） | 邏輯跳轉題 | 邏輯跳轉題是否需要，以及如何處理 |

## （1）單選題選項設計

在問卷中，樣本個人背景資訊包括性別、年齡、學歷、收入等，可以設置成單選題形式。針對年齡、學歷、收入等問題，選項設置需要結合具體情況進行。例如當預判樣本的年齡範圍在 20~40 歲時，選項可以設置為 20~25 歲、26~30 歲、31~35歲和 36~40 歲共 4 組，無須設置 50 歲、50 歲以上等選項。年齡或者收入選項設置類似。

在其他非量表題項設計方面，研究人員有時並不清楚選項的具體內容應該如何設計，或者對選項設計並沒有把握。此時可以先進行預調查，總結歸納選項的具體內容。非量表題項之間可以透過卡方分析進行差異對比，但如果選項過多，就會導致每個選項對應的樣本數量很少（低於 30 個），因此需要結合樣本數量情況設置選項目數量。例如計畫收集 150 個樣本，若某題對應 10 個選項，則很容易導致個別選項基本沒有人選擇或者選擇數量極少，分析方法不適用的問題。非量表題項的選項也不能過少，如果過少，則資訊量不夠充分，那麼最終獲取的價值也有限。

## （2）複選題選項設計

通常情況下，複選題只能計算次數和百分比，透過次數和百分比可以直觀地展示每個選項的選擇情況，並且透過對比百分比大小得出相關結論。除此之外，卡方分析可用於研究複選題與分類資料之間的關係。通常情況下複選題的選項非常多，因此如果總樣本量較少，則容易導致每個選項的平均樣本量過少（低於 30 個），也就沒有統計代表意義了，透過卡方分析得出的結論也不可靠。研究人員需要提前知曉此類情況，平衡樣本數量與複選題項目數量之間的關係（儘量保證每個選項可達 30個樣本或者更多）。如果複選題項目數量較多，那麼需要收集更多的樣本。

## （3）填空題選項設計

在單選題或者複選題中，通常會有一個答項為「其他」，並且讓樣本人群回答具體資訊。根據筆者的經驗，通常此類題項的回答比例非常低（通常低於 10%），即使樣本回答，其中也會有很多無效答案，比如「不知道」、「不清楚」、「無」等，

此類文字答案沒有研究意義。填空題答項可在討論時使用，從中找出有價值的資訊並且進行匯總討論。

填空題是一種開放式題項，樣本的回答可以隨心所欲，但統計分析只能針對封閉式答案，因此建議儘量少用填空題。例如當問及年齡時，直接讓樣本選擇選項而非填寫具體的數字。如果研究人員由於特殊要求需要設置填空題，那麼在後續處理時需要手動將文字進行標準化，將表達同一個意思的文字答案進行統一，並且編碼後再進行分析，這相當於將開放式的填空題處理成封閉式的單選題或複選題。

**（4）邏輯跳轉題**

非量表類問卷中經常會使用到邏輯跳轉題。邏輯跳轉題是思維跳躍的一種呈現，邏輯跳轉題選項過多會導致研究思維混亂，尤其是在使用 SPSS 軟體分析時，需要進行多次資料篩選工作以匹配邏輯跳轉，從而導致看似簡單的問卷分析變得異常複雜。因此為了保證問卷邏輯清晰，儘量減少邏輯跳轉題，如果必須使用，那麼可以將同一類跳轉後的題項緊連在一起。

# 03

# 量表類問卷設計和
# 注意事項

本書所述量表類問卷是指大部分題項（60%以上）為量表題項的問卷。量表
類問卷廣泛運用於學術研究。量表類問卷研究方向很多，包括影響關係研究、
中介效應或者調節效應檢定、指標權重計算、細分市場研究等。量表題項對
應多種統計分析方法，包括敘述統計分析（平均值）、信度分析、效度分析、
相關分析、迴歸分析、探索性因數分析和集群分析等，以及僅適用於量表類
的結構方程式模型（SEM）軟體 AMOS 的驗證性因數分析。本章首先闡述
量表類問卷設計框架，並且結合具體問卷案例詳細解讀量表類問卷設計。

# 3.1 問卷設計框架

問卷設計是研究思維的具體體現，問卷設計的品質直接影響研究方法的使用，筆者結合問卷星網站中近千份問卷的解讀，總結歸納出量表類問卷的設計框架。量表類問卷的設計框架從結構上可以分為 6 個部分，分別是篩選題項、樣本背景資訊題項、樣本特徵資訊題項、樣本基本態度題項、核心研究變數題項和其他題項，如圖 3-1 所示。

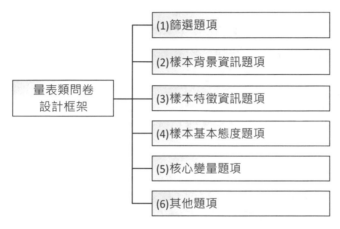

圖 3-1　量表類問卷設計框架

### （1）篩選題項

如果對樣本特徵有特殊要求，例如研究題目為「『1990 後』員工離職傾向影響因素分析」，那麼研究樣本明顯必須為「1990 後」。因此需要首先設置篩選題項，如果受訪者非「1990 後」，則應停止回答後續題項。如果研究需要進行樣本篩選，則需要將此類樣本篩選題項設置在問卷前面。當不需要篩選樣本時，可忽略此部分題項。

### （2）樣本背景資訊題項

通常情況下，問卷中需要加入樣本背景資訊題項（人口學統計學變數），比如性別、年齡、學歷、月收入等。不同背景的樣本，可能對同樣一件事情有著不一致的態度，因此需要加入此類題項。此類題項通常要進行次數分配表統計，或是變異數分析、t 檢定差異對比等。

### （3）樣本特徵資訊題項

除樣本背景資訊題項外，通常還需要設計樣本特徵資訊題項，例如研究題目為「網路消費態度影響因素研究」，則可以加入與網路消費基本現狀有關的特徵資訊題項，

如當前網購次數分配表情況、樣本網購的商品類別情況，以及網購消費金額情況、網購消費平臺情況等。

在多數情況下，樣本特徵資訊題項為非量表類題目，此類題項可用於深入瞭解樣本特徵情況。在題項類型方面，該類題項多為單選題和複選題，常見的統計方法是計算次數分配表（無法使用信度分析或者效度分析），直觀展示各選項選擇情況，也可以使用卡方分析進行差異對比，對比不同類別樣本（例如網購消費金額不同的樣本）對於其餘題項的態度差異。

通常情況下，研究的核心思維並非針對樣本特徵情況，因而此類題項的個數設置應該較少，建議設置 3~8 個。如果研究內容對於樣本特徵完全不在意，那麼可以忽略此類題項。

（4）樣本基本態度題項

此類題項基本為非量表題項。此類題項的設計目的在於瞭解樣本的基本態度情況，例如研究人員可以透過此類題項瞭解樣本對當前網購的消費態度、前景態度，或者對網購平臺的態度情況等。

由於此類題項用於分析樣本的基本態度，通常情況下在後續分析時會對其進行次數分配表統計，以瞭解樣本總體的基本態度（無法使用信度分析或者效度分析）。有時也可以分析此類題項與其餘題項之間的關係，比如使用卡方分析研究不同性別樣本對此類題項的差異性態度，也可以使用迴歸分析研究此類題項對消費意願的影響情況等。

通常來講，此類題項在數量上不會太多，考慮到整份問卷的題項情況，建議題項目數量控制在 3~8 個。如果研究人員對於樣本的基本態度有著較多的關注，那麼建議考慮使用非量表類問卷設計結構框架（見第 4 章）。如果研究人員並不關注樣本的基本態度，那麼可以忽略此類題項。

（5）核心變數題項

此部分為量表類問卷研究的核心內容，題項目數量最多，並且此部分在通常情況下均為量表類題項。比如某研究題目為「1990 後離職傾向影響因素研究」，具體影響因素可分為 6 項，分別是薪酬福利、人際關係、工作本身、價值觀、成就發展和企業文化。研究人員明顯需要針對這 6 項因素分別設計題項，每項因素可能由多個題項組成（建議每個最小變數由 4~7 個題項組成），因此 6 項因素總共涉及約 30 個題項。要研究影響因素對於離職傾向（Y）的影響，自然還需要題項詢問樣本離職傾向態度。此部分題項設計需要注意以下 4 點，如表 3-1 所示。

表 3-1　量表核心變數題項設計注意事項

| 量表核心變數題項設計注意事項 | 說　　明 |
|---|---|
| 需要有量表參考依據 | 題項是否有參考量表 |
| 變數對應題項合理性 | 每個變數對應題項目數量是否合適 |
| 應變數 Ｙ 對應題項 | 如果研究影響關係，那麼是否有應變數 Ｙ 對應題項 |
| 反向題 | 反向題是否需要，以及是否可以反向處理 |

第一，此部分題項設計需要有量表參考依據，可以結合相關研究參考量表進行設計，或者直接引用相關參考量表題項進行設計，不能隨意主觀設計題項，以免導致後續信度和效度不達標。

第二，每個最小變數盡可能由 **4~7** 個題項表示，避免在後續分析過程中出現信度和效度不達標的現象。當每個變數由多個題項表示時，可以更好地表達對應變數的概念資訊，更具說服力。

第三，如果要研究變數影響關係，即 Ｘ 對於 Ｙ 的影響情況，那麼需要有應變數 Ｙ 的對應題項，否則會導致後續無法進行相關分析或者迴歸分析的尷尬結果，例如要研究工作滿意度的影響情況，題項中涉及各個可能影響工作滿意度因素對應的題項，但是並沒有體現樣本整體工作滿意度的題項，那麼此類問卷無法進行相關分析和迴歸分析以研究各類因素對於工作滿意度的影響關係。

第四，關於反向題（**2.1** 節已具體說明了），當條件允許時，研究人員可以將反向題進行反向處理。

當研究權重情況或者使用此部分量表題項進行樣本細分集群時，很可能每一個題項即為一個小點（方面），研究人員需要仔細考量各個題項的問法，避免因問卷設計有問題帶來樣本回答偏差。如果涉及中介效應或者調節效應檢定，則對應的變數題項均需要有理論文獻參考，以避免因問卷設計有問題導致分析結果出現誤差。如果要研究中介效應或者調節效應，則中介變數或者調節變數也需要有對應的題項。

此部分量表題項適用於各種統計方法，包括信度分析、效度分析、相關分析、迴歸分析、因數分析、集群分析等。

## （6）其他題項

如果研究的目的在於將樣本集群並細分為幾類，並且針對每類樣本提供個性化的建議，比如消費者對某類潛在新產品的選擇偏好情況，那麼此時可以設計題項單獨問及消費者對某類潛在產品的需求偏好或者態度情況。例如研究人員基於這樣的思

維，結合相關題項將樣本進行集群，並且設計一款新型霧霾保險產品，分析不同類別樣本對該產品的偏好差異，最終針對不同類別人群提供不同的產品選擇。

## 3.2　問卷案例解讀

結合 3.1 節量表類問卷設計框架，本節透過列舉兩選取觀察值例來具體展示如何設計量表類問卷，並且對相關注意事項進行説明。其中案例 1 為研究相關因素對於「1990 後」員工離職意願的影響情況；案例 2 為研究旅遊消費者市場細分情況。具體問卷設計和説明分兩個部分進行闡述。

### 3.2.1　案例 1：「1990 後」員工離職傾向調查問卷

本案例研究相關因素對於「1990 後」員工離職傾向的影響情況，相關因素共分為 6 個，分別是薪酬福利、人際關係、工作本身、價值觀、成就發展和企業文化。此問卷核心內容包括 6 個影響因素對應的量表題項，以及離職傾向對應題項。除此之外，問卷中還涉及樣本背景資訊題項、樣本特徵題項和樣本基本態度題項。具體問卷結構結如表 3-2 所示。

表 3-2　量表類問卷設計案例 1：「1990 後」員工離職傾向調查問卷

| 框架內容 | 題項 | 題項內容 |
|---|---|---|
| 篩選題項 | Q1 | 請問您是 1990 後嗎（如果不是，則請結束回答） |
| 樣本背景資訊題項 | Q2 | 性別 |
| | Q3 | 年齡 |
| | Q4 | 婚姻狀況 |
| | Q5 | 學歷 |
| 樣本特徵資訊題項 | Q6 | 從畢業開始，累積工作年限為 |
| | Q7 | 當前公司工作年限為 |
| | Q8 | 您是獨生子女嗎 |
| | Q9 | 您曾有幾次主動離職經歷 |
| | Q10 | 您現在的職位是 |
| | Q11 | 您現在所在單位的性質 |
| 樣本基本態度題項 | Q12 | 如果離職，原因是什麼（複選題） |
| | Q13 | 您對當前公司不滿意的地方有哪些（複選題） |

| | Q14 | 我認為我現在獲得的報酬與付出的代價基本相符 |
|---|---|---|
| | Q15 | 單位的薪資福利和其他單位相比更有吸引力 |
| | Q16 | 我認為我獲得的報酬與付出的代價和同事相比基本公平 |
| | Q17 | 我對所獲得的報酬感到滿意 |
| | Q18 | 當我遇到困難時，能夠得到同事或者領導的關心 |
| | Q19 | 公司員工之間凝聚力強、合作融洽 |
| | Q20 | 我與上司關係和睦 |
| | Q21 | 在公司我有很好的歸屬感 |
| | Q22 | 公司內部的人際關係良好 |
| | Q23 | 我與同事關係融洽 |
| | Q24 | 現在的工作內容豐富 |
| | Q25 | 我現在的工作任務很有挑戰性 |
| | Q26 | 我現在的公司有吸引力的一點是它提供彈性工作時間 |
| | Q27 | 現在的工作環境、條件比較差 |
| 核心變數題項 | Q28 | 如果現在的領導不太有能力，我會不大服從他的指令，甚至跳槽 |
| | Q29 | 在工作中體現我的自我價值，對我來說非常重要 |
| | Q30 | 在工作中能充分表達我的想法和意見，對我來說很重要 |
| | Q31 | 如果工作中不能充分表達我的意見，我會感覺鬱悶 |
| | Q32 | 對我來說，好的工作最主要是自己喜歡，而不是別人的意見 |
| | Q33 | 公司提供了明確的晉升機會和發展空間 |
| | Q34 | 公司效益、發展前景良好 |
| | Q35 | 在現在的工作崗位上，可以實現我的理想 |
| | Q36 | 我現在從事的工作有良好的前景 |
| | Q37 | 公司具有良好的企業文化 |
| | Q38 | 公司的領導者和管理者能夠信守諾言 |
| | Q39 | 公司的領導者和管理者具有獨特的管理風格和管理方法 |
| | Q40 | 公司有明確的價值觀來指導我們日常的工作 |
| | Q41 | 公司有明確的道德準則指導我們的行為，使我們明辨是非 |

《續上頁》

| 框架內容 | 題項 | 題項內容 |
|---|---|---|
| 核心變數題項 | Q42 | 現在還沒找到合適的工作，一旦找到就立刻辭職 |
| | Q43 | 如果現在辭職，經濟上的損失不能承受 |
| | Q44 | 我常常想到辭去我目前的工作 |
| | Q45 | 我在明年可能會離開公司，另謀他就 |
| | Q46 | 假如我繼續待在本單位，我的前景不會好 |

從表 3-2 中可以看出，Q1 是篩選題項，Q2~Q5 是樣本背景資訊題項。Q6~Q11 是樣本基本特徵題項，此部分是當前樣本的基本事實性特徵題項。另外，Q12~Q13 這兩個題項在於瞭解樣本離職相關原因情況，屬於基本態度題項。最後一部分（Q14~Q46）屬於核心變數題項，全部為量表題項（1 表示非常不同意，2 表示比較不同意，3 表示中立，4 表示比較同意，5 表示非常同意）。

針對 Q14~Q46 共 33 個題項，涉及 6 個變數，分別是（薪酬福利、人際關係、工作本身、價值觀、成就發展、企業文化和離職意願），每個變數均由 4~7 個題項表示，其中離職意願（Y）由最後 5 個題項表示（Q42~Q46），有時 Y 可能僅由一個題項表示，例如員工整體滿意度情況、整體的品牌態度情況、整體的消費意願情況等。

Q24~Q27 共 4 個題項是對工作本身這個變數態度的體現，其中 Q27 這一題項（現在的工作環境、條件比較差）為反向題，樣本對此題項打分越高，樣本人群就會對工作本身這個變數表現出越不認可的態度，而其餘 3 個題項（Q24~Q26）分值越高代表樣本越認可工作本身，可以將此題項修改為「現在的工作環境條件較好」。如果不進行題項修改，那麼在後續資料分析前應該進行數值反向處理。

關於此份問卷的分析思維，讀者可以結合第 5 章內容進行學習。在分析思維上，首先對樣本背景資訊進行說明，接著使用次數分析統計樣本的基本特徵情況和樣本基本態度情況，並且利用信度分析研究 6 個影響因素和離職意願變數的信度情況，再使用探索性因數分析進行效度驗證。另外還可以使用敘述統計分析，透過計算平均值瞭解樣本對於 6 個因素或離職傾向的整體態度情況。最後使用相關分析研究 6 個因素（薪酬福利、人際關係、工作本身、價值觀、成就發展和企業文化）分別與離職意願的影響關係，以及使用多元線性迴歸分析研究此 6 個因素對於離職意願的影響關係。還可以使用變異數分析或者 t 檢定，對比不同樣本背景特徵人群對 6 個因素和離職意願的態度差異。

對於問卷中不涉及離職意願的題項（Q42~Q46），不能使用多元線性迴歸分析。當然也許有研究人員在思維上已經假定 6 個因素（薪酬福利、人際關係、工作本身、價值觀、成就發展和企業文化）會影響離職意願，並且想研究此 6 個因素影響權重的情況，第 7 章會詳細闡述這方面的內容。

### 3.2.2　案例 2：旅遊消費者市場細分情況調查問卷

本案例研究消費者對旅遊相關問題的態度情況，並且希望結合研究結果，將樣本分成幾類，深入討論市場上不同類別旅遊消費人群的特點，從而為產品（旅遊卡）設計提供研究支援。本問卷的核心思維是對樣本進行分類，即結合樣本的相關態度，最終將樣本聚集成幾類，並且研究不同類別消費者對旅遊卡的態度差異。具體問卷結構框架如表 3-3 所示。

表 3-3　量表類問卷設計案例 2：旅遊消費者市場細分情況調查問卷

| 框架內容 | 題項 | 題項內容 |
|---|---|---|
| 樣本背景資訊題項 | Q1 | 性別 |
| | Q2 | 年齡 |
| | Q3 | 學歷 |
| | Q4 | 家庭年收入 |
| 樣本特徵資訊題項 | Q5 | 您的旅遊消費觀念是 |
| | Q6 | 您每個月用在旅遊消費方面的支出大約有多少 |
| | Q7 | 您是透過什麼途徑來瞭解旅遊資訊的 |
| 樣本基本態度題項 | Q8 | 您認為旅遊消費是否有必要 |
| | Q9 | 如果您的每月收入提高 1000 元，那麼您會增加多少旅遊費用 |
| | Q10_1 | 您旅遊的目的是什麼（娛樂休閒） |
| | Q10_2 | 您旅遊的目的是什麼（擴大眼界） |
| | Q10_3 | 您旅遊的目的是什麼（釋放生活壓力） |
| | Q10_4 | 您旅遊的目的是什麼（感受生活） |
| | Q10_5 | 您旅遊的目的是什麼（健身保養） |
| | Q10_6 | 您旅遊的目的是什麼（人際交往） |
| | Q10_7 | 您旅遊的目的是什麼（其他） |

《續上頁》

| 框架內容 | 題項 | 題項內容 |
|---|---|---|
| 核心變數題項 | Q11 | 家人或者朋友建議去某景點我一般都同意 |
| | Q12 | 我喜歡去大家都去的景點旅遊 |
| | Q13 | 我覺得旅遊有時候挺麻煩，交通擁堵，景點人又多 |
| | Q14 | 我會提前與旅行社進行一些前期溝通，瞭解相關事宜 |
| | Q15 | 我會隨時關注旅遊景區的官方微博和微信 |
| | Q16 | 我喜歡看旅遊相關書籍或者電視節目 |
| | Q17 | 我會提前留意相關旅遊資訊，以做好相應準備 |
| | Q18 | 去旅遊後，我樂於在自己的社交圈分享自己的感受 |
| | Q19 | 我會隨時與朋友或家人溝通旅遊心得，交換旅遊意見 |
| | Q20 | 我對相關旅行社的負面報導深信不疑 |
| | Q21 | 我對景點的負面評論非常在意 |
| | Q22 | 旅遊結束後，我會告訴同事並且和他們進行討論，有時還會送旅遊紀念禮物 |
| | Q23 | 旅遊時，我樂於在朋友圈、QQ 空間、微博等社交網路平臺分享自己在旅途中的所見所聞 |
| | Q24 | 旅遊時，為了拍好照片，我會不斷更新自己的拍攝裝備 |
| | Q25 | 我更喜歡旅遊後常發微博部落格訊息來分享自己的體驗 |
| | Q26 | 我更願意去交通方便的旅遊景點 |
| | Q27 | 如果購買了自用汽車，那麼我會增加外出旅遊的次數分配表 |
| | Q28 | 如果交通不那麼擁堵，那麼我會開車自駕遊 |
| | Q29 | 在每次工作或學習中取得成就後，我會去旅遊獎勵自己 |
| | Q30 | 我喜歡旅行社幫我整理好一切 |
| 其他題項 | Q31 | 請選擇您偏好的旅遊卡類別 |
| | Q32 | 每張旅遊卡的票面金額偏好情況是 |

從表 3-3 中可以看出，此問卷共有 32 個題項，其中 Q1~Q4 為樣本背景資訊題項，Q5~Q7 為樣本特徵資訊題項，Q8~Q10 為樣本基本態度題項。Q11~Q30 為與旅遊相關的態度題項，此 20 個題項使用五點量表（1 代表非常不同意，2 代表比較不同意，3 代表一般，4 代表比較同意和 5 代表非常同意）。最後 Q31 和 Q32 這兩個題項是針對旅遊卡產品設計的題項。

在此問卷中，核心變數題項共有 20 個（Q11~Q30），而且沒有清晰地顯示出分為幾個變數，原因是研究人員並不知道題項應該用多少個變數表示，或者設計的題項並沒有明顯的理論依據。此類情況在企業研究中較常出現。針對這個問題，在分析時首先需要使用探索性因數分析，將此 20 個題項縮減為少數幾個因數，結合軟體輸出結果進行變數判別，以確認變數與題項的對應關係。在學術研究上，大部分量表題項均有文獻參考依據，因此各個變數與題項的對應關係能夠基本確認，如果量表來自於多個文獻，或者研究人員不能確認題項與變數的對應關係，那麼應該使用探索性因數分析，結合軟體輸出結果和主觀判斷進行變數確認，並且對萃取得到的因數（變數）進行命名，用於後續分析使用。

關於此問卷的分析思維，研究人員可以首先分析樣本的基本背景特徵和基本態度，接著使用探索性因數分析對核心題項（Q11~Q30）進行分析，結合分析結果確認因數數量，以及因數與題項的對應關係。除此之外，最好能對樣本進行分類，可以利用探索性因數分析得到的因數進行樣本集群，最終分成幾個不同類別的樣本，並且對各個類別的樣本特徵進行概括、命名。隨後研究不同類別樣本人群在題項（Q8~Q10）上的態度差異，以及研究集群後不同類別樣本群體對於旅遊卡問題（Q31~Q32）的態度傾向差異情況，最終為企業決策提供資料支援。

# 04

# 非量表類問卷設計和
# 注意事項

本章會闡述非量表類問卷設計和注意事項等內容。本書約定當問卷的大部分
題項（60%以上）或者幾乎所有題項均為非量表題項時，稱之為非量表類問
卷。多數非量表類問卷用於研究某件事情的現狀、樣本的基本態度，然後結
合資料分析結果提供建議措施等。在分析方法上，非量表類問卷可以使用的
分析方法較少，常見的有卡方分析、Logistic 迴歸分析，在部分情況下也可
以使用相關分析或者迴歸分析，其中卡方分析的使用次數分配表最高，單選
題或者複選題均可以使用卡方分析研究題項之間的關係。非量表類題項無法
使用信度分析、效度分析或者探索性因數分析等分析方法。

# 4.1 問卷設計框架

非量表類問卷廣泛使用於各類研究中,尤其在企業進行市場研究時會經常使用此類問卷。如果希望對某個話題現狀,以及樣本態度情況有所瞭解,或者透過問卷研究提供相關建議時,那麼非量表類問卷較為適用。在具體題項設計上,非量表類問卷的題項更多的是結合實際情況而設定的,並沒有相關學術理論依據參考,因而問卷設計思維顯得尤其重要,在題項設計方面存在較多注意事項。

非量表類問卷設計框架可分為 6 個部分,分別是篩選題項、樣本背景資訊題項、樣本特徵資訊題項、樣本基本現狀題項、樣本基本態度題項以及其他題項。非量表類問卷設計框架如圖 4-1 所示。

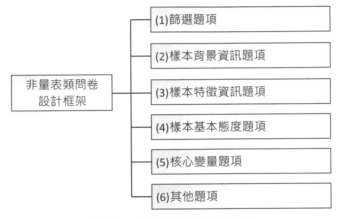

圖 4-1　非量表類問卷設計框架

（1）篩選題項。類似於量表類問卷,如果研究話題對樣本有一定的要求,那麼需要設置篩選題項。

（2）樣本背景資訊題項。通常情況下,問卷中需要加入樣本基本資訊題項（人口學統計學變數）,比如性別、年齡、學歷、月收入、職業等題項。不同樣本背景的樣本,很可能對同樣一件事情有著不一致的態度,因此需要加入此類題項。此類題項通常會進行次數分配表統計,以及卡方分析對比差異,有時候也會將樣本基本資訊題項作為自變數（X）進行 Logistics 迴歸分析。

（3）樣本特徵資訊題項。對於非量表類問卷,通常會有較多的樣本特徵資訊題項,例如研究主題是 P2P 投資態度,其內容可能包括樣本對於 P2P 的瞭解通路,樣本 P2P 投資的資金來源,樣本對 P2P 相關平臺的瞭解情況,樣本以往投資經驗,以及樣本關於 P2P 投資的情況等。此部分題項更多的是為進一步瞭解研究樣本基本背景資訊。由於不同特徵的樣本可能對同一個話題有著差異性態

度，充分瞭解樣本特徵資訊有助於研究人員深入分析某個結論的產生原因。此類題項並非核心研究內容，因此題項不能過多，較為合理的題項目數量比例是占整份問卷題項目數量的 20%左右。在分析方法上，通常是對問卷進行次數統計，以及對相關態度題項進行卡方分析，做差異對比研究。

（4）樣本基本現狀題項。此部分用於瞭解樣本關於某個研究話題的基本現狀情況，例如研究主題是 P2P 投資態度，則可能涉及以下題項：當前是否有過 P2P 投資經歷、P2P 投資時間情況、P2P 投資金額情況、P2P 投資平臺情況、P2P 投資的具體產品情況等。此部分為樣本基本現狀題項，即事實性問題，只有深入瞭解樣本的基本現狀才有可能有更好地展開分析討論。

如果此部分的題項過多，那麼可以按思維拆分成幾個小部分，每一小部分表達某個事項（方面）。此部分內容較為重要，樣本基本現狀情況很可能會影響到樣本的態度情況，因此在分析方法上可以將其與樣本基本態度題項進行卡方分析，實現差異對比，也可以進行迴歸分析（包括多元線性迴歸和 Logistic 迴歸分析），研究影響關係情況。此部分題項目數量占整份問卷題項目數量的 30% 較為合理。

（5）樣本基本態度題項。在非量表類問卷研究中，除了要對樣本基本現狀進行分析，研究人員還需要分析樣本的基本態度。例如上述案例可能會涉及以下題項：願意進行 P2P 投資的原因，不願意進行 P2P 投資的原因，對 P2P 的風險態度認知情況，對 P2P 的前景看法，對 P2P 的關注度情況，對 P2P 相關政策的態度等。此類態度題項可以是複選題或是單選題，也可以是量表題（例如對 P2P 的前景看法可以分為 5 個答項，分別是非常不看好、比較不看好、中立、看好和非常看好）。

如果在研究思維上側重於瞭解樣本的態度，那麼可以在這部分設置較多的題項，並且將題項分為幾類，每類分別代表某方面的態度。在題項目數量上，此部分題項目數量占整份問卷題項目數量的 40%左右較為合理。

在分析樣本基本態度題項時，首先需要對此類題項進行基本次數或者平均值統計，這樣可以瞭解樣本當前基本態度情況；也可以將此類題項與樣本基本特徵或者樣本基本現狀題項進行交叉卡方分析，瞭解不同樣本人群的態度差異；還可以使用迴歸分析（多元線性迴歸或者 Logistic 迴歸分析）研究樣本背景，或者樣本現狀題項對於樣本態度的影響關係。

在設計此部分題項時，可能會由於邏輯跳轉題項導致某些題項放置在其他部分，例如針對為什麼不進行 P2P 投資的原因，明顯應該由沒有進行過 P2P 投資的樣本回答。由此可見，此類題目可能會與樣本基本現狀題項之間建立邏輯

跳轉關係。邏輯跳轉題項在非量表類問卷設計中較為常見，但是邏輯跳轉題項會增加後續分析過程中的複雜性，因此在條件允許的情況下，建議盡可能減少邏輯跳轉題項。

（6）其他題項。在上述案例中，如果研究人員希望設計一款新型投資理財產品，或者需要有一部分單獨的題項以瞭解 P2P 投資者的風險態度，那麼可以設置一部分獨立題項。

## 4.2　問卷案例解讀

結合 4.1 節的非量表問卷設計框架，本節列舉兩選取觀察值例展示非量表類問卷設計，並且對相關注意事項進行說明。其中案例 1 為網購奢侈品消費情況研究；案例 2 為大學生理財現狀情況調查問卷。

### 4.2.1　案例 1：網購奢侈品消費情況研究

本案例研究網購奢侈品樣本人群現狀及相關態度，首先進行樣本篩選，即判斷樣本是否有過網購奢侈品相關經歷。案例設計的核心思維是研究樣本人群現狀及態度，因而在題項設置上大部分是樣本基本現狀或基本態度題項，如表 4-1 所示。

表 4-1　非量表類問卷設計案例 1：網購奢侈品消費情況調查問卷

| 框架內容 | 題項 | 題項內容 |
|---|---|---|
| 樣本篩選題項 | Q1 | 是否網購過奢侈品 |
| 樣本背景資訊題項 | Q2 | 性別 |
| | Q3 | 年齡 |
| | Q4 | 婚姻狀況 |
| | Q5 | 學歷 |
| | Q6 | 年收入 |
| 樣本特徵資訊題項 | Q7 | 網購年限情況 |
| | Q8 | 您主要是使用什麼設備網購奢侈品 |
| | Q9 | 您在網上購買的奢侈品主要是以下哪些類別（複選題） |
| | Q10 | 您網購過的奢侈品品牌有（複選題） |
| | Q11 | 您平常主要透過哪些通路購買（獲得）奢侈品 |
| | Q12 | 網上奢侈品消費占您每年消費額的大致比重是 |

《續上頁》

| 框架內容 | 題項 | 題項內容 |
|---|---|---|
| 樣本特徵資訊題項 | Q13 | 您網購奢侈品次數分配表大致是 |
| | Q14 | 您有網購過奢侈品贗品嗎 |
| 樣本基本態度題項 | Q15 | 您網購奢侈品的目的是什麼 |
| | Q16 | 影響您網購奢侈品的外界因素（複選題） |
| | Q17 | 網購奢侈品時如何防範贗品（複選題） |
| | Q18 | 您對網購奢侈品贗品的態度情況是 |
| | Q19 | 吸引您網購奢侈品的原因有哪些（複選題） |
| | Q20 | 您以後還願意繼續在網購奢侈品嗎 |
| | Q21 | 什麼原因導致您不再網購奢侈品（複選題） |
| | Q22 | 當前網購是一種風尚，您覺得網購奢侈品將會成為一種趨勢嗎 |
| 其他題項 | Q23 | 當您在網購奢侈品的時候，品牌知名度對您的影響有多大 |
| | Q24 | 您在網購奢侈品時，您會覺得有面子的程度是多少 |

從表 4-1 中可以看出，Q1 為樣本篩選題項。Q2~Q6 為樣本背景資訊題項，在具體設計問卷時可以結合實際情況，增加此類題項。Q7 和 Q8 在於瞭解樣本的基本特徵，在具體設計問卷時可結合實際情況，增加此類題項。Q9~Q14 為樣本基本現狀題項，主要目的是瞭解樣本網購消費情況，包括消費金額，消費次數分配表，消費奢侈品類別、品牌以及消費通路情況等。Q15~Q22 共 8 個題項用以瞭解樣本對於奢侈品相關事項的基本態度。

如果樣本基本態度題項過多，那麼可以將題項分為幾個方面，例如對奢侈品正品的態度、對奢侈品贗品的態度、影響因素等。最後 Q23 和 Q24 是瞭解樣本對於面子問題的態度題項，在具體研究時很可能會涉及其他更多的問題。

在案例分析思維上，首先可以對樣本背景資訊進行統計，說明樣本基本特徵情況，然後描述當前樣本現狀情況和基本態度等。在這些過程中，均可以使用次數分析，即分別統計選擇次數，也可以結合圖表進行分析說明。對樣本整體奢侈品購買現狀或者態度有了一定瞭解後，可以繼續研究交叉關係，例如研究網購奢侈品次數分配表與樣本態度（Q15~Q22）的關係，網購奢侈品次數分配表不同的樣本對同一個問題是否有著不同的看法，或者不同的網購消費人群在態度上是否一致。也可以研究

不同背景樣本人群（比如不同收入或者性別）在相關態度題項上的差異性情況。另外，案例中還涉及樣本是否願意以後繼續在網上購買奢侈品題項（Q20），即購買意願題項。因為不同背景或者不同態度的樣本人群有著不同的購買意願，所以可以研究樣本背景、樣本基本特徵、樣本態度對購買意願（Q20）的影響關係。

在本案例中沒有涉及量表題項，因而不能使用信度分析、效度分析和探索性因數分析等分析方法。研究人員可以利用次數分析對樣本背景、特徵或者樣本態度情況進行描述，接著使用卡方分析研究不同背景（或者不同特徵）的樣本在態度題項上所呈現出的差異性。另外，購買意願（Q20）的答項（願意和不願意），可以使用二元 Logistic 迴歸分析研究相關因素對於購買意願的影響情況。

## 4.2.2　案例 2：大學生理財情況調查問卷

本案例研究大學生理財現狀及理財態度情況，首先進行樣本篩選，即只有在校大學生才能回答後續問題。接著對樣本特徵進行瞭解，包括每月開支計畫，理財知識瞭解情況等，並且透過題項瞭解當前大學生的理財行為情況，以及大學生的相關理財態度，包括理財必要性、影響因素、理財意願情況等，如表 4-2 所示。本問卷各部分題項目數量較少，研究人員在具體研究過程中需要結合實際情況以設置題項內容並衡量題項目數量。

表 4-2　非量表類問卷設計案例 2：大學生理財情況調查問卷

| 框架內容 | 題項 | 題項內容 |
|---|---|---|
| 篩選題項 | Q1 | 是否為在校大學生 |
| 樣本背景資訊題項 | Q2 | 性別 |
| | Q3 | 年齡 |
| | Q4 | 專業 |
| | Q5 | 月生活費有多少 |
| 樣本特徵資訊題項 | Q6 | 您每月的支出有計劃嗎 |
| | Q7 | 您對理財方面的知識瞭解多少 |
| | Q8 | 您平時會關注一些理財方面的資訊嗎 |
| | Q9 | 您是否使用過理財產品（跳轉題，選擇否跳到 Q12） |
| | Q10 | 您選擇過哪種投資理財產品（複選題） |
| | Q11 | 您使用過哪種互聯網理財產品 |

《續上頁》

| 框架內容 | 題項 | 題項內容 |
|---|---|---|
| 樣本基本態度題項 | Q12 | 您心目中合理的理財狀態和結構是 |
| | Q13 | 您認為大學生是否需要專業化的理財諮詢和服務 |
| | Q14 | 您認為對大學生有必要制定投資理財規劃嗎（四點量表） |
| | Q15 | 影響您進行投資理財最大的因素是 |
| 樣本基本態度題項 | Q16 | 您最希望透過哪種途徑瞭解理財知識 |
| | Q17 | 您對理財產品的瞭解程度是（四點量表） |
| | Q18 | 您認為導致自己沒有購買投資理財產品的主要因素是 |
| | Q19 | 您未來是否願意或者繼續購買理財產品（願意和不願意） |

從表 4-2 中可以看出，Q1 為篩選題項；Q2~Q5 為樣本背景資訊題項；Q6~Q8 為樣本基本特徵資訊題項。Q9~Q11 為樣本基本現狀題項，其中 Q9 為跳轉題項，如果樣本沒有理財行為，則不需要回答 Q10 和 Q11 這兩個題項，也可以設計題項以瞭解這部分人群沒有理財的原因；最後一部分是樣本基本態度題項，共涉及 8 個題項（Q12~Q19）。由於本案例著重體現思維框架，因而題項較少，在實際研究過程中很可能會涉及更多此類題項。對於 Q14 和 Q17 這兩個題項，可以使用四點量表瞭解樣本人群的理財態度和對理財產品的瞭解情況。

在案例分析思維上，首先統計樣本背景資訊，然後分別對樣本特徵資訊、基本現狀、基本態度進行次數統計。Q14 和 Q17 這兩個題項屬於四點量表，在具體分析時可以進行次數統計，也可以直接計算平均值評分，用平均值評分概括樣本的整體態度情況。

對各部分題項進行次數統計後，還可以進行交叉分析，例如研究有購買經歷和沒有購買經歷（Q9）的樣本人群在基本態度（Q12~Q19）上是否有差異性，或者不同特徵的樣本群體（比如 Q6、Q8 等）在其餘題項上的態度差異情況。另外，本案例中涉及兩個重要的題項，分別是樣本的購買經歷（Q9）和購買意願（Q19），在具體分析時應當對其給予特別關注，透過將這兩個題項與其餘題項進行交叉分析，瞭解購買行為或者意願不同時樣本的態度差異。

在分析方法選擇上，次數分析可用於各個題項的選擇情況統計，以瞭解樣本的基本背景、基本現狀和態度情況；卡方分析可用於研究交叉關係。另外，還可以使用二元 Logistic 迴歸分析研究樣本基本資訊或者態度題項與樣本購買經歷（Q9），或是

購買意願（Q19）之間的影響關係，找出影響因素並且提供相關建議措施。可以把 Q14 和 Q17 這兩個題項看作量表題項，並利用變異數分析研究不同性別、年齡、專業等群體在這兩個題項上的態度差異。

# 第二部分

## 問卷分析六類
## 思維解讀

本書第一部分詳細介紹了問卷研究涉及的基本統計知識、分析方法基本理論以及相關名詞術語，並且詳細闡述了本書提及的兩類問卷的設計框架，並以案例的形式直觀展示了這兩類問卷的設計和具體分析思維。第二部分會具體介紹不同類型的問卷、研究話題的分析思維。筆者透過對問卷星網站中近千份問卷的研究總結並結合自己的分析經驗，將常見的問卷分析思維縮減為六類，分別是量表類問卷影響關係研究、量表類問卷中介調節效應研究、量表類問卷權重研究、「類實驗」類問卷差異研究、集群樣本類問卷研究和非量表類問卷研究，如下圖所示。

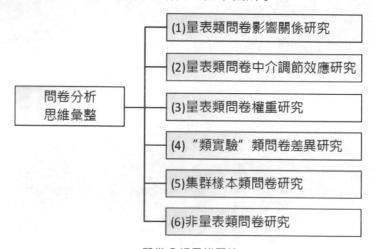

問卷分析思維匯總

這六類問卷分析思維通常適用於社會科學類專業，也適用於工商管理、旅遊管理、市場行銷等經濟類專業，以及心理學類、教育類、語言類等專業。關於這六種思維分析框架的說明具體如下。

第一類分析思維側重影響關係的研究。例如各種因素對員工薪酬滿意度的影響關係研究、員工離職傾向影響關係研究、消費者重複購買意願影響關係研究等。如果要使用此類分析思維框架，那麼在問卷設計上，大部分題項應該為量表題項，少量題項為非量表題項。心理學、管理學、旅遊、市場行銷等專業使用此類分析思維次數分配表較高。

第二類分析思維側重中介效應或者調節效應的研究。例如研究員工工作與生活的平衡對離職傾向影響時，工作滿意度是否起中介效應；研究消費者對產品品質認知對口碑傳播意願影響時，消費者收入水準是否起著調節效應。類似第一類分析思維，如果使用這類分析思維，那麼在問卷設計上大部分題項為量表題項，僅小部分題項為非量表題項。工商管理、市場行銷、心理學、教育學等專業偏好使用此種分析思維，此類分析思維更適用於有一定統計基礎的研究人員。

第三類分析思維側重於權重指標體系構造，即研究人員使用量化形式直觀展示各研究指標的重要性和影響程度等。例如 B2C 電子商務消費意願影響因素指標體系構建以及企業領導力權重模型構建。如果要使用此類分析思維，那麼在問卷設計上通常會有大量量表題項，而且量表題項對應著很多變數。工商管理、旅遊類等專業會使用此類分析思維。

第四類分析思維是根據實驗方法和問卷形式進行的關係研究，通常問卷中會有不同的情景設置。例如在百貨商店中音樂刺激對消費意願的影響研究中，通常在問卷中會設置不同的情景，比如有無背景音樂，或者不同類型的背景音樂等。此類分析思維強調在不同場景或者不同實驗情況下的差異比較，通常情況下會有較多的量表題項。市場行銷、心理學、媒體等相關專業會使用此類分析思維進行各類研究，此類分析思維適用於有一定統計基礎的研究人員。

第五類分析思維側重樣本細分，透過分析將樣本分為幾個類別，繼而對各個類別樣本進行比較。例如在大眾文化消費情況研究中，透過將樣本細分為幾類進行差異對比，然後針對不同類別樣本人群的消費偏好情況提供相關的建議。如果研究人員希望使用此類分析思維，那麼在問卷設計時應該注意量表題項可以用於集群樣本。另外，此類問卷也會有較多非量表題項用於瞭解樣本的特徵情況。社會學、市場行銷類等相關專業常使用此分析思維進行研究，此類分析思維適用於有一定統計基礎的讀者。

第六類分析思維側重於樣本現狀、基本態度和差異對比研究。此類分析思維的特點是問卷基本為非量表類題項，並且大多數題項的目的在於瞭解樣本的現狀情況或者對某件事情的基本態度。例如社區環境管理情況研究、社區商業發展模式探究，以及互聯網金融消費態度研究。此種分析思維適用於非量表題項的分析，社會學類、媒體類等相關專業經常使用此類分析思維進行相關研究，企業問卷研究也比較適用於此類分析思維。

六類問卷分析思維的問卷特點，以及思維說明如下表所示。

六類問卷分析思維的問卷特點及思維說明

| 類別 | 問卷分析思維 | 問卷特點 | 思維說明 |
|------|-------------|---------|---------|
| 1 | 量表類問卷影響關係研究 | 量表題項比重很高 | 研究影響關係 |
| 2 | 量表類問卷中介調節效應研究 | 量表題項比重很高 | 中介效應或者調節效應研究 |
| 3 | 量表類問卷權重研究 | 量表題項比重較高 | 構造權重指標體系 |
| 4 | 「類實驗」類問卷差異研究 | 問卷為實驗形式，量表題項較多 | 問卷為實驗形式，研究差異關係 |
| 5 | 集群樣本類問卷研究 | 量表題項與非量表題項混合 | 對樣本進行分類，並且對比不同類別樣本的差異 |
| 6 | 非量表類問卷研究 | 非量表題項比重很高 | 研究現狀及基本態度 |

如果研究問卷為非量表類問卷，那麼使用第六類分析思維較為合適，這樣可以使用交叉資料表格呈現資料結果，並且對樣本現狀可以有所瞭解，最終提供科學化的建議。非量表類問卷也可以使用集群分析進行研究，即第五類分析思維。如果研究問卷為量表類問卷，那麼可以使用第一類分析思維即影響關係研究，並且可以使用迴歸分析研究變數之間的影響關係。另外，還可以對量表類問卷進行中介效應或者調節效應研究，如果要進行中介效應或者調節效應研究，則需要有充足的量表參考依據。

如果研究人員希望構建指標，那麼可以使用第三類分析思維構建指標權重體系，第四類分析思維主要是對實驗式問卷進行差異分析，而第五類分析思維更多側重於市場細分。

接下來會分別針對這六類分析思維進行詳細剖析，對於每種分析思維框架，分別從分析思維解讀、分析方法說明、案例分析解讀這三部分進行闡述。

# 05

# 量表類問卷影響關係研究

就量表類問卷而言,對變數之間的影響關係研究十分常見。研究人員首先提出假設,即自變數(X)對於應變數(Y)的影響關係,繼而使用相應的統計方法進行驗證假設,發現二者之間的規律,最終提出建議。通常在統計時,可以使用相關分析探索研究變數之間的關係情況,例如研究變數之間是否存在關係,關係緊密程度如何等,最後使用迴歸分析研究變數之間的迴歸影響關係情況。

# 5.1　分析思維解讀

量表類問卷影響關係研究思維分為 9 個部分，分別是樣本背景分析，樣本特徵、行為分析，指標歸類分析，信度分析，效度分析，研究變數敘述性分析，變數相關關係分析，研究假設驗證分析和差異分析，如圖 5-1 所示。

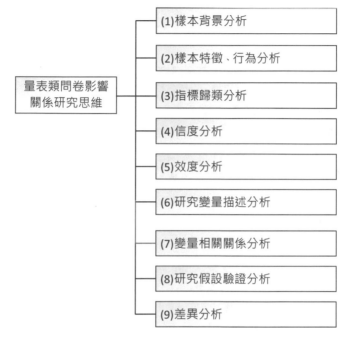

圖 5-1　量表類問卷影響關係研究思維

（1）樣本背景分析。當收集完成樣本資料後，第一個步驟就是分析研究樣本的基本背景情況，通常包括樣本的性別、年齡、學歷、收入和婚姻狀況等人口統計學變數。這一步驟的目的在於對樣本基本情況有一定的瞭解。

（2）樣本特徵、行為分析。多數問卷會涉及與樣本特徵、行為現狀或者態度相關的題項，此類題項的目的在於更深入地瞭解樣本基本情況。透過計算次數、百分比或是平均值等形式可以進一步瞭解樣本人群的特徵行為或者基本態度情況。

（3）指標歸類分析。當問卷有較多量表題項（比如 20 個）時，如果研究人員沒有把握對這些題項進行分類處理，或者研究人員對這些題項的歸類沒有充足的理論依據，那麼此步驟就變得尤為必要。

　　研究人員可以使用探索性因數分析，使用軟體自動找到題項與因數的對應關係，以得到更為嚴謹科學的結論。在此步驟中，探索性因數分析的目的是找出

題項與因數的對應關係，用較少的幾個因數縮減、概述、表達多個題項資訊。如果題項清晰地分為幾個變數，每個變數與題項的對應關係也有較強理論來源，那麼可以跳過此分析步驟。

（4）信度分析。即透過信度分析證明研究樣本資料是真實可信的。信度與效度之間的邏輯關係表現為，信度高但效度並不一定高，而信度低時效度一定低，因此信度分析會放在效度分析之前。使用 SPSS 軟體的信度分析模組進行分析即可。

（5）效度分析。在完成信度分析後，需要繼續對題項的效度情況進行分析。效度分析有很多種方法，對於問卷研究，效度分析通常分為內容效度分析和建構效度分析。通常研究人員可以透過探索性因數分析（EFA）或者驗證性因數分析（CFA）對題項進行效度分析（此處提及的探索性因數分析功能不同於（3）的歸類分析，後面會進一步說明）。

（6）研究變數敘述性分析。問卷在透過信度分析和效度後，即意味著研究資料可信並且有效。接下來透過計算各研究變數或者具體題項的平均值，可以進一步瞭解樣本對各個研究變數的基本態度，並且對各研究變數進行詳細敘述性分析。

（7）變數相關關係分析。相關關係分析用於研究兩個變數之間的關係。透過相關分析，研究人員可以大致瞭解變數之間的基本關係情況如何、是否有相關關係，以及相關關係的緊密程度等基本資訊，還可以為後續研究迴歸影響關係做好打底。相關關係與迴歸影響關係之間的邏輯關係表現為：有相關關係但並不一定有迴歸影響關係，而有迴歸影響關係時一定會有相關關係。因此，相關關係分析要放在迴歸分析之前進行。

（8）研究假設驗證分析。研究人員提出假設並且進行假設驗證分析，這是最為常見的分析思維。在 SPSS 軟體中，迴歸分析是當前假設驗證中最為常見的分析方法。隨著統計技術的發展，SEM 模型（結構方程式模型）也被越來越多的研究人員使用。

（9）差異分析。在完成假設驗證之後，可以繼續深入挖掘樣本資料資訊，以便得到更多有意義的研究結論。例如研究人員可以透過分析不同類別樣本人群對於研究變數的態度差異情況，提出不同的建議措施。這個分析步驟通常使用變異數分析或者 t 檢定進行，有時候也會使用卡方分析研究不同類別樣本群體行為或者態度的差異情況。

# 5.2 分析方法說明

本節在於對分析思維框架涉及的分析方法進行詳細說明，包括每種分析方法的功能、使用技巧及解釋說明等。對於量表類問卷影響關係研究，可能涉及這幾種分析方法，即次數分析、敘述統計分析、探索性因數分析、信度分析、效度分析、相關分析、迴歸分析、變異數分析、t檢定以及卡方分析等。具體分析思維框架與分析方法對應關係如圖 5-2 所示。

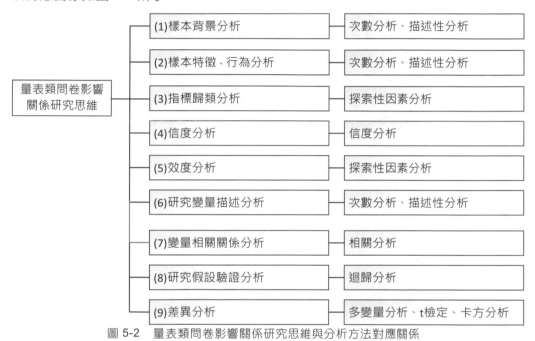

圖 5-2 量表類問卷影響關係研究思維與分析方法對應關係

## 5.2.1 樣本背景分析

樣本背景分析的目的在於對樣本的基本背景資訊進行分析描述。樣本背景分析可以使用次數分析統計樣本的基本特徵，比如性別、學歷、收入區間或婚姻狀況等。

本節的目的僅是描述樣本基本情況，通常情況下會將多個題項次數的統計結果整理為一個表格表示。如果年齡為填空題形式並且無法統計具體數字，那麼可以使用敘述統計分析，即計算平均值或者中位數的形式描述樣本年齡分佈結構情況。

## 5.2.2　樣本特徵、行為分析

樣本特徵、行為分析的目的在於對樣本特徵、行為或態度情況進行進一步的深入分析。多數時候計算各個題項的次數即可，有時為了表達方便，可能會使用計算平均值的形式描述樣本特徵、行為或者態度情況。出於邏輯性考慮，通常會對樣本的特徵、行為或態度分別進行描述，比如將同屬於樣本特徵資訊的題項匯總成一個表格呈現結果。如果此部分涉及題項個數較少（低於 5 個），並且研究人員希望做深入分析說明，那麼每個題項使用一個表格呈現結果也較為合理。

此種研究思維常用於複選題，因為複選題各選項對應樣本數量的和會大於總樣本個數，所以複選題的統計方法為次數分析，即把各個選項的個數和百分比匯總為一個表格或者使用橫條圖直觀展示結果。在使用橫條圖展示時，可以將選項的選擇比例進行降幂展示，某選項的選擇比例越高，那麼其位置會越靠前。此部分可能會涉及的分析方法匯總如圖 5-3 所示。

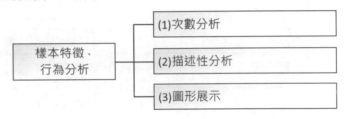

圖 5-3　樣本特徵、行為分析：分析方法匯總

（1）對於樣本基本特徵、行為情況或者基本態度的統計，一般使用次數分析方法，透過計算各個選項的選擇次數和百分比進行分析。

（2）如果相關樣本基本特徵的題項使用定量資料表示，即具體數字，比如年齡或者收入，那麼需要使用敘述統計分析方法。

（3）如果涉及複選題，那麼通常會將複選題各個選項的選擇次數和百分比匯總成表格，也可以使用橫條圖展示樣本的選擇情況並進行分析。

## 5.2.3　指標歸類分析

指標歸類分析的目的在於將研究題項進行分類並縮減成少數因數，便於進一步分析研究。此處使用探索性因數分析，探索性因數分析的功能不僅在於可以縮減萃取因數，還可以進行效度驗證或者權重指標計算。探索性因數分析功能匯總如圖 5-4 所示。

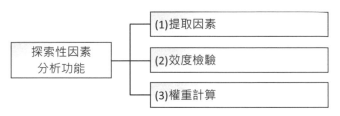

圖 5-4　探索性因數分析功能匯總

（1）探索性因數分析的第 1 個功能為萃取因數。將多個題項進行探索性因數分析，萃取縮減出少數幾個因數，便於後續研究使用。在多數情況下，應變數和自變數需要分別進行探索性因數分析，不能將應變數和自變數對應的所有題項一起放入並進行探索性因數分析。使用萃取因數功能時，通常會經歷以下 5 個步驟，如圖 5-5 所示。

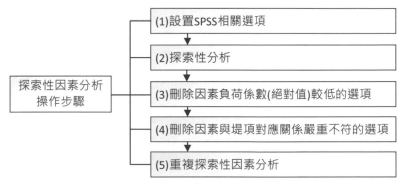

圖 5-5　探索性因數分析操作步驟

① 設置 SPSS 相關選項。設置「KMO 和 Bartlett 球形度檢定」選項，此操作可以輸出 KMO 值等；設置進行「最大變異數旋轉」並設置輸出「依大小排序」和「取消最小係數」（通常設置為 0.4）。

② 探索性分析。在選項設置完成後進行第一次探索性分析，此步驟目的在於大概瞭解因數萃取個數情況以及題項與因數對應關係情況，為下一步做好準備。

③ 刪除因數負荷係數（絕對值）較低的題項。在試驗性因數分析完成後，結合第 2 步操作結果和專業知識確定因數個數（如果探索性因數默認結果萃取的因數個數與專業知識不相符，則應以專業知識為準，並且手動設置萃取因數數量）。然後進行探索性因數分析，移出因數負荷係數絕對值較低（常見以 0.4

作為標準，統計上沒有明確標準）的題項，繼續進行探索性因數分析，並且多次重複此步驟，直到所有題項因數負荷係數絕對值均高於 0.4 為止（通常此步驟刪除的題項非常少，而且很多時候不會涉及題項刪除）。

④ 刪除因數與題項對應關係嚴重不符的題項。完成上一步之後，如果發現某個題項與因數對應關係出現嚴重偏差，即「張冠李戴」的現象，那麼應該將此類題項刪除。刪除完成後繼續進行探索性因數分析，並且多次重複此步驟，直到因數與題項的對應關係與專業知識基本相符為止。另外，如果某個題項對應著多個因數，那麼可以理解該題項為「糾纏不清」，儘管此類題項對應多個因數時的因數負荷係數絕對值均高於 0.4，但還是可以考慮將此類題項刪除後重新進行分析。對於其他具體題項的刪除判斷，除上述兩類必須考慮的情況外，還需要結合自身專業知識情況進行綜合處理。如果某個題項非常重要並且出現「糾纏不清」現象時，則可以考慮不刪除。

⑤ 重複探索性因數分析。多次重複第③步和第④步，直到題項與因數的對應關係與專業知識相符，並且題項的因數負荷係數絕對值均高於常見標準 0.4。萃取得到因數後，需要對因數進行命名。在探索性因數分析中，萃取因數需要不斷重複探索才能得到合理的結果，最終每個題項對應的因數負荷係數絕對值均需要高於 0.4，並且與因數有良好的對應關係，否則可能會導致後續信度分析和效度分析不達標。

（2）探索性因數分析的第 2 個功能為效度驗證，此功能的分析步驟與萃取因數功能完全一致，但其目的在於進行效度驗證而非縮減因數。需要特別說明的是，由於經典量表有著非常強的理論依據，通常不需要進行探索性因數分析，以免出現題項與因數的對應關係與參考量表對應關係不相符的尷尬局面。

（3）探索性因數分析的第 3 個功能為權重計算。使用探索性因數分析進行權重計算時，其操作步驟與之前的內容基本一致，但會涉及較多公式和因數分析的具體理論知識等內容。此功能在第 7 章中會進行詳細說明。

## 5.2.4　信度分析

信度分析的目的在於研究樣本資料是否真實可靠，通俗來講就是研究受訪者是否真實地回答了各個題項。如果受訪者沒有真實回答，則信度不達標。有時即使他們真實回答，可能因為題項設計不規範、未對反向題進行反向處理等因素導致資訊度不達標。信度分析可以分為四類，分別是：α 係數、折半信度、平行信度和再測信度，建議研究人員使用 α 係數對問卷進行信度分析。信度分析分類如圖 5-6 所示。

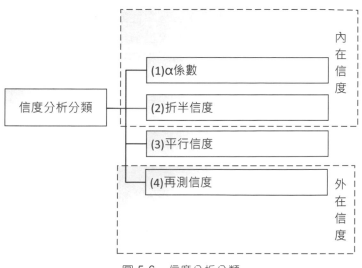

圖 5-6 信度分析分類

（1）α 係數，即內部一致性係數。此類信度分析最為常見，基本上所有問卷信度分析均使用此類分析。具體方法是透過軟體計算出 α 係數，並且用其進行信度水準判斷。進行此分析前，首先需要對反向題進行反向處理，並且 α 係數的測量通常以最小的變數為準。

一般來講：α 係數最好在 0.8 以上，0.7~0.8 屬於可接受範圍，如果量表的 α 係數希望在 0.7 以上， 0.6~0.7 也可以接受。如果 α 係數低於 0.6 則需要考慮修改量表。從 α 係數計算公式來看，變數對應的題項越多，樣本量越大時，此值會越大。根據筆者的經驗，如果某個變數僅由 3 個或者兩個題項組成，並且樣本量在 200 個以下時，α 係數通常會較低（低於 0.6）。此外，1 個題項表達的變數無法進行 α 係數計算。

α 係數是問卷信度分析中最為常見的分析方法，絕大多數時候可以使用 α 係數來測量信度。α 係數也可以用於問卷前測，但問卷前測時會結合 CITC 和刪除某項後的 α 係數值判斷是否修正或者刪除題項，通常來講，當 CITC 值低於 0.4，或者刪除某項後的 α 係數值反而上升 0.1 左右時，就應該考慮對題項進行修正或者刪除處理。

（2）折半信度。折半信度是將變數對應的題項按照單雙號分成兩組，計算兩組題項之間的相關係數，然後透過公式計算得到折半信度係數值，以此衡量信度品質。心理學、教育學類的經典量表常使用此類方法衡量信度品質。其判斷標準可參考 α 係數的判斷標準。

（3）平行信度。平行信度是同樣一組樣本，一次性回答兩份問卷，比如同樣一組學生連續做兩份同樣難度水準的試卷。然後計算兩份樣本相關係數，從而進行信度品質衡量。由於該方法在實際操作過程中存在諸多客觀條件限制，此類分析方法較為少用。

（4）再測信度。再測信度指同樣的樣本，在不同的時間回答同樣一份問卷，繼而計算兩份資料的相關係數，並且透過相關係數衡量信度品質。再測信度可以評估時間差異帶來的資料誤差，但在實際操作中有諸多不便，因而此類分析較為少用。

## 5.2.5 效度分析

效度分析的目的在於判斷研究題項是否可以有效地測量研究人員需要測量的變數，通俗來講就是測量問卷題項是否準確有效。當信度分析不達標時，效度分析必然也不能達標。效度分析常見的有內容效度、建構效度，建議研究人員透過內容效度和建構效度這兩方面對問卷進行效度分析，如圖 5-7 所示。

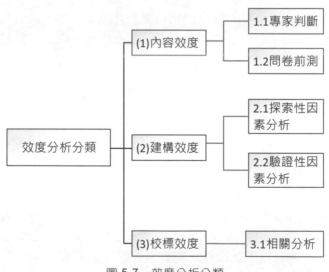

圖 5-7　效度分析分類

（1）內容效度。內容效度是指問卷題項對相關概念測量的適用性情況，簡單來講，即題項設計的合理性情況。內容效度可以從兩個方面進行說明。第一，專家判斷。專家具有權威性，因此如果專家對問卷進行判斷並得出肯定，那麼可以說明問卷具有有效性。此處的專家是指行業內專家或者參考量表、權威來源等。第二，問卷前測。透過前測問卷並結合結果進行題項的修正等工作以充分說明問卷的有效性。

在具體分析過程中，通常內容效度主要體現在研究題項的設計是否有參考量表，是否經過專家、老師的認可，是否得到同專業相關人員的認可等，以及研究人員是否對問卷進行修正工作，比如對問卷進行前測後發現問題，並做出修正工作。內容效度不必使用 SPSS 軟體而是直接進行文字描述即可。在問卷研究過程中，一般問卷需要對內容效度進行說明。

（2）建構效度。建構效度指測量題項與測量變數之間的對應關係。其測量方法有兩種，一種是探索性因數分析，另一種是驗證性因數分析。探索性因數分析是當前使用最廣泛一種建構效度測量方法，此方法可以透過 SPSS 軟體得到實現。其實現方法與探索性因數分析的萃取因數操作步驟相似，只是在進行具體文字分析時會側重於對效度的說明（在上述 5.2.3 節指標歸類分析中有詳細的操作步驟說明）。使用探索性因數分析進行效度驗證時，應該以量表為準，對變數或者量表分別進行分析（比如分別針對自變數 X、應變數 Y 進行），而不能將所有變數或者量表放在一起進行探索性因數分析。

使用探索性因數分析進行效度驗證時，首先需要對 KMO 值進行說明（最為簡單的效度驗證是直接對每個變數進行探索性因數分析，並且透過 KMO 值判斷，不需要判斷題項與因數對應關係等情況，但是此種判斷方法過於簡單，使用較少），KMO 值指標的常見標準是大於 0.6。隨後需要具體說明萃取的因數數量、每個因數的變異數解釋率、總共變異數解釋率值，並且詳細描述各個題項與因數的對應關係，如果對應關係與預期相符（符合專業知識預期），那麼說明問卷有著良好的建構效度。在使用探索性因數分析進行效度驗證時，很可能會刪除對應關係與預期不一致的題項或者因數負荷係數值較低的題項等。

驗證性因數分析則需要借助 AMOS 或者 LISREL 等結構方程式模型軟體進行測量，其對問卷量表品質，以及樣本量和樣本品質均有著較高的要求。如果量表品質並非很高，或者樣本量較少（低於 200 個），那麼驗證性因數分析進行的建構效度測量就很難達標。

## 5.2.6 研究變數敘述統計分析

研究變數敘述統計分析的目的在於研究樣本對變數的整體態度情況。在研究變數敘述統計分析時，首先需要將反向題進行反向處理（習慣上的處理方式是分值越大越滿意），比如當 1 分代表非常同意，5 分代表非常不同意時，就需要將其反向處理為 5 分代表非常同意，1 分代表非常不同意。透過計算變數的平均值去分析，有時也會計算變數的中位數，或者利用折線圖形式以展示變數的平均值排序情況。如果變數僅由一個題項表示，而研究人員希望更深入地分析某變數時，那麼也可以使用

次數統計表示。另外，還可以以題項作為標準統計平均值或中位數，即統計各個具體量表題項的平均評分，詳細分析樣本對具體題項變數的基本態度情況。

## 5.2.7　研究變數相關關係分析

在對研究變數進行敘述性分析後，接著研究兩兩變數之間的相互關係，即透過相關分析研究變數之間的關係情況，包括是否有關係和關係緊密程度。通常一個變數由多個題項表示，因此在進行相關分析之前需要計算出多個題項的平均值用於代表對應變數。相關分析共分兩類，一類為 Pearson 相關係數法，另外一類為 Spearman 相關係數法。在用法上，如果變數呈現出正態性或者近似正態性時，就使用 Pearson 相關係數法，否則就使用 Spearman 相關係數法，如圖 5-8 所示。

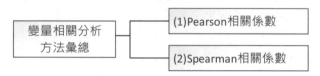

圖 5-8　變數相關分析方法匯總

（1）Pearson 相關係數是當前問卷研究中最為常見的相關分析方法。Pearson 相關係數取值範圍介於-1~1。在分析變數相關關係時，首先分析相關係數值是否呈現出顯著性，如果呈現出顯著性則說明兩變數之間有相關關係，否則說明兩變數之間沒有相關關係。在相關係數呈現出顯著性時，如果 Pearson 相關係數大於 0，則表示兩個變數之間有著正相關關係，反之為負相關。接著判斷兩個變數相關關係的緊密程度，根據經驗以及統計基本情況，在問卷研究中，如果 Pearson 相關係數絕對值大於 0.6 就表示強正相關關係；如果該值大於 0.4，就表示較強正相關關係；如果該值小於 0.4，則說明兩個變數之間的相關緊密程度較低。

（2）Spearman 相關係數的使用次數分配表較低，並且其判斷標準與 Pearson 相關係數法的判斷標準完全一致。從使用次數分配表上看，Pearson 相關係數法的使用次數分配表明顯高於 Spearman 相關係數法，即使研究人員發現變數沒有呈現出正態分佈或者近似正態分佈時，很多研究也會使用 Pearson 相關係數法，究其原因，正態分佈是一種理想狀態，而近似正態分佈才是現實情況。即使變數呈現出非近似正態分佈，Pearson 相關係數法也與 Spearman 相關係數法的結論基本保持一致。

## 5.2.8 研究假設驗證分析

通常來講,研究假設是自變數對應變數的影響關係研究,也可以說是差異關係研究。本分析思維為影響關係研究,研究假設驗證分析方法匯總如圖 5-9 所示。

(1) 多元線性迴歸分析。如果應變數屬於定量變數,那麼使用線性迴歸分析或者 SEM 模型進行假設驗證;如果應變數為種類變數,那麼使用 Logistic 迴歸分析方法。線性迴歸分析根據自變數個數分為兩類,分別是多元線性迴歸分析和簡單線性迴歸分析。當自變數個數超過一個時,使用多元線性迴歸分析;當自變數個數僅為一個時,則使用簡單線性迴歸分析（又稱一元線性迴歸分析）。

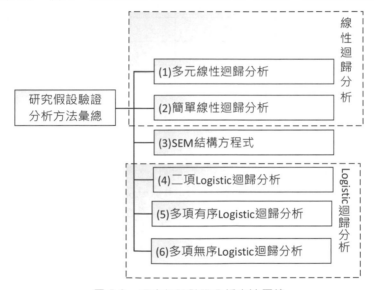

圖 5-9 研究假設驗證分析方法匯總

多元線性迴歸分析方法廣泛用於假設驗證,即驗證自變數對應變數的影響關係。進行假設驗證時,首先分析自變數的顯著性,如果呈現出顯著性,則說明該自變數對應變數產生影響關係。接著判斷該自變數的迴歸係數,如果該值大於 0,則說明為正向影響關係,反之為負向影響關係。使用多元線性迴歸進行假設驗證時,可以將背景資訊題項,比如性別、學歷、年齡、收入和婚姻情況等作為控制變數一併放入模型,以防止樣本個體屬性帶來的干擾（控制變數就是自變數,通常控制變數是性別、年齡、學歷、收入等樣本背景資訊題項）。

如果需要將性別放入模型中進行分析,而性別又是種類變數,那麼此時性別被稱為虛擬變數。首先需要對性別（選項為男性和女性,在問卷中數位編碼分別是 1 和 2）進行重新編碼並處理為一列（兩個選項生成為一列）,此列名稱為

男性。在這一列中數字 1 代表男性，0 代表女性（0 代表女性，那麼女性即為參照對比項。如果將男性作為參照對比項，那麼也做類似處理），並且將重新編碼後名稱為男性的這個變數取代原始資料中「性別」這一變數放入模型中。具體在 SPSS 中的編碼操作會在第三部分進行詳細說明，對性別和專業進行虛擬變數處理後的結果如表 5-1 所示。

表 5-1　性別和專業的虛擬變數處理

| 性　　別 | 男 | 專　　業 | 市場行銷 | 心理學 | 教育學 |
|---|---|---|---|---|---|
| 男（1） | 1 | 市場行銷（1） | 1 | 0 | 0 |
| 男（1） | 1 | 心理學（2） | 0 | 1 | 0 |
| 女（2） | 0 | 教育學（3） | 0 | 0 | 1 |
| 女（2） | 0 | 管理學（4） | 0 | 0 | 0 |

類似地，如果把專業（假設專業有 4 個選項，分別是市場行銷、心理學、教育學和管理學，在問卷裡面這 4 個專業的數位編碼分別是 1、2、3 和 4）也放入模型，那麼應該生成 3 列，這 3 列的名稱分別是市場行銷、心理學和教育學（以管理學作為參照項）。在市場行銷這一列中，數位 1 代表樣本市場行銷專業，數位 0 則代表非市場行銷專業；在心理學這一列中，數位 1 代表樣本為心理學專業，數位 0 則代表非心理學專業；在教育學這一列中，數位 1 代表樣本為教育學專業，數位 0 則代表非教育學專業（此時以管理學作為參照對比項，如果想以其他專業作為對比項也做類似處理）。將重新編碼後名稱分別為「市場行銷」、「心理學」和「教育學」的 3 個變數代替原始資料專業這一變數納入模型。

多元線性迴歸分析主要關注 3 個指標，分別是 F 檢定、R2 和 t 檢定。第一個指標關注的是模型是否透過 F 檢定（也稱為變異數檢定），如果其對應的 P 值小於 0.05，則說明透過 F 檢定，意味著模型有意義：自變數中至少有一個會對應變數產生影響關係。接著需要看第二個指標，即 R2，此值介於 0~1，其代表迴歸方程模型配適情況，如果這個值為 0.5，那麼說明有 50%的樣本分佈在迴歸模型上，R2 表示自變數 X 對於應變數 Y 的解釋力度，此指標越高越好，其本身並沒有固定標準。第三個指標關注每個自變數是否透過 t 檢定，判斷標準是自變數對應的 P 值是否小於 0.05 並且大於 0.01，如果小於 0.05，則說明該自變數對應變數的影響關係在 0.05 水準上顯著，如果小於 0.01 就說明該自變數對應變數的影響關係在 0.01 水準上顯著。有時候也會以 0.1 或者 0.001 作為 P 值標準，但這類情況在問卷研究中較為少見。如果自變數對應變數的影響

關係呈現出顯著性,那麼繼續看自變數的迴歸係數、非標準化迴歸係數或者標準化係數。如果迴歸係數值大於 0,那麼說明對應自變數會對應變數產生正向影響關係,反之為負向影響關係。如果需要對影響程度進行比較,則可以透過對比標準化迴歸係數值的大小進行判斷。

在進行多元線性迴歸分析時,D-W 值和 VIF 值這兩個指標也值得關注,D-W 值代表自相關性判斷指標。自相關性,通俗地講,即前一個樣本的填寫是否會影響下一個樣本的填寫。D-W 值越接近 2 越好,通常,如果數值在 1.8~2.2,則說明沒有自相關性。在問卷研究中,此指標基本上都可以達標,除非樣本之間確實存在互相影響填寫的情況。VIF 值是多重共線性判斷指標。多重共線性是指自變數之間存在著較強的相關關係。通常 VIF 值的判斷標準為在 10 以內,較為嚴格的標準是要求該值在 5 以內。在問卷研究中,通常極少出現多重共線性問題。如果 VIF 值高於 10,那麼說明問卷存在嚴重的多重共線性問題,此時自變數之間的相關係數值也應該非常高(大於 0.7)。出現這種情況時,最好的解決辦法是使用探索性因數分析的萃取因數功能對各個自變數進行重新探索,對應的研究假設也要隨之而改變;另外一種解決辦法為進行多次簡單線性迴歸分析,即比如一個應變數對應 5 個自變數時,進行 5 次簡單線性迴歸分析,最後匯總多次簡單線性迴歸分析結果,將其整理為一個簡潔的表格進行假設驗證。

(2) 簡單線性迴歸分析。簡單線性迴歸分析模型中僅有一個自變數,如果自變數與應變數之間有著顯著相關關係,那麼簡單線性迴歸分析肯定也會得出自變數對應變數有影響關係的結論。與相關分析對比,簡單線性迴歸分析除了多出 R2 這個有意義的指標值,並無其他區別,而且簡單線性迴歸分析的使用次數分配表也比較低。

(3) SEM 結構方程式。隨著統計技術的成熟,以及研究人員分析能力的逐步提升,SEM 結構方程式已經得到較為廣泛的應用。SEM 結構方程式對於樣本數量的要求較高,通常需要在 200 個以上。此外 SEM 結構方程式對於樣本品質、研究變數的概念結構也有很高要求。

在進行建構效度驗證時,如果較多題項的因數負荷係數低於 0.5,或者題項與因數對應結構關係不穩定時,則 SEM 結構方程式分析就會出現配適指標不合格的情況,即 SEM 結構方程式模型不能使用。

如果研究人員希望構建 SEM 結構方程式模型,那麼一定要在進行探索性因數分析或者建構效度驗證時降低因數負荷係數,並且刪除與因數對應關係有偏差的題項,每個細分變數最好有 3 個或者更多題項表示,並且需要研究量表參考

經典量表，這樣才可能取得良好的分析結果。如果相關分析結果顯示變數之間的相關關係不顯著，也或者相關係數值較低（小於 0.3）時，那麼 SEM 結構方程式模型分析結果也不理想。

（4） Logistic 迴歸分析。當應變數為種類變數時，應該使用 Logistic 迴歸分析去驗證假設。

## 5.2.9 差異分析

差異分析的目的在於挖掘出更多有價值的研究結論，例如男性和女性樣本對於研究變數是否有著差異性看法。差異分析通常有 3 種分析方法，分別是變異數分析、t 檢定以及卡方分析。本部分的分析思維更多會使用變異數分析和 t 檢定這兩種分析方法。差異分析的各類分析方法匯總如圖 5-10 所示。

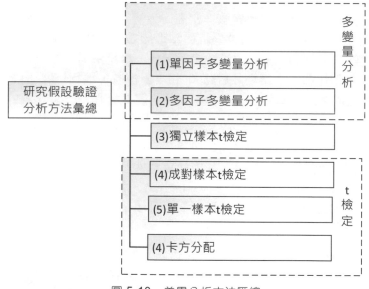

圖 5-10　差異分析方法匯總

（1） 變異數分析。結合問卷資料分析情況，筆者將變異數分析歸納為兩類，分別是單因素變異數分析和多因素變異數分析。變異數分析或者 t 檢定（除了單一樣本 t 檢定）均是研究 X 對 Y 的差異情況。這裡的 X 必須是種類變數，而 Y 必須是定量變數。

在變異數分析或者 t 檢定的選擇上，問卷研究通常會使用變異數分析，但某些專業，比如心理學、教育學等涉及實驗研究的專業，更多地會使用 t 檢定進行分析。另外變異數分析與 t 檢定還有較多差異，接下來會具體說明。

變異數分析分為單因素變異數分析和多因素變異數分析。單因素變異數分析指單一因素（比如性別）對於另一變數的差異情況。如果研究人員的目的是挖掘更多有意義的結論，那麼應該使用單因素變異數分析。透過該分析方法可以研究不同性別或者不同學歷樣本對於研究變數的態度差異情況。在使用單因素變異數分析時，要求每個選項的樣本量大於 30 個，比如男性和女性的樣本量分別是 100 個和 120 個，如果出現某個選項的樣本量過少就應該首先進行組別合併處理，例如在研究不同年齡組人群對於研究變數的差異性態度時，年齡小於 20 歲的樣本量僅為 20 個，那麼需要將小於 20 歲的選項與另外一個選項（例如 20~25 歲）合併為一組，然後再進行單因素變異數分析。

如果出現選項無法合併處理的情況，例如研究不同專業樣本對於變數的態度差異，研究樣本的專業分為市場行銷、心理學、教育學和管理學這 4 個專業，這4 個專業之間為彼此獨立無法合併，由於市場行銷專業樣本量僅為 20 個並沒有代表意義，那麼可以考慮首先篩選出市場行銷專業，僅比較心理學、教育學和管理學這 3 個專業對某變數的差異性態度，當對比的組別超過 3 個，並且呈現顯著性差異時，可以考慮使用事後檢定進一步對比具體兩兩組別之間的差異情況，本書會在第 8 章進一步闡述事後檢定。

多因素變異數分析指多個因素（比如性別和年齡）對於另一個變數的差異情況，多因素變異數分析通常用於「類實驗」類問卷研究。對多因素變異數的分析，會在分析思維框架——「類實驗」類問卷差異研究中具體說明。

（2）t 檢定。t 檢定共分為 3 種，分別是獨立樣本 t 檢定、成對樣本 t 核對總和單一樣本 t 檢定，如圖 5-11 所示。

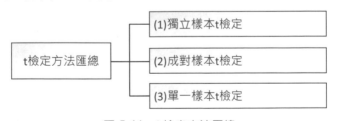

圖 5-11　t 檢定方法匯總

獨立樣本 t 核對總和單因素變異數分析在功能上基本一致，但是獨立樣本 t 檢定只能比較兩個選項的差異，比如男性和女性。如果想比較不同專業（如市場行銷、心理學、教育學和管理學這 4 個專業）時，則只能使用單因素變異數分析。相對來講，獨立樣本 t 檢定在比較實驗時使用次數分配表更高，尤其是在生物、醫學等相關領域。針對問卷研究，如果比較的類別為兩組，則獨立樣本 t 核對總和單因素變異數分析均可實現，研究人員自行選擇即可，二者在結論

上沒有差異。總的來看，心理學、教育學、師範語言類專業偏好使用獨立樣本t 檢定，而市場行銷、管理學類專業更傾向於使用單因素變異數分析。

獨立樣本 t 核對總和成對樣本 t 檢定的功能都是比較差異，而且均是比較兩個組別的差異。但二者有著實質性區別。如果是比較不同性別、婚姻狀況（已婚和未婚）樣本對某變數的差異，那麼應該使用獨立樣本 t 檢定。如果比較組別之間的配對關係時，那麼只能使用成對樣本 t 檢定，配對關係是指類似實驗組和對照組的這類關係。另外獨立樣本 t 檢定的兩組樣本個數可以不相等，而成對樣本 t 檢定的兩組樣本量則需要完全相等，並且獨立樣本 t 檢定與成對樣本 t 檢定在 SPSS 的資料放置格式不同。成對樣本 t 檢定配對關係分為兩種，如圖 5-12 所示。

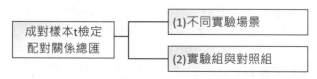

圖 5-12　成對樣本 t 檢定配對關係匯總

第 1 種為不同實驗場景，比如測試商場背景音樂對購買行為是否有影響，即在有背景音樂和沒有背景音樂兩種情況時，樣本的購買行為有無差異。那麼在設計問卷時就會有兩種場景，分別是無音樂背景和有音樂背景。同樣的受訪者需要在兩種場景下回答對應的題項，通俗上講即同樣題項要被回答兩次，但是兩次回答時的假設場景不同（分別是有音樂和無音樂兩種場景）。這樣的問卷需要使用成對樣本 t 檢定對比差異。

第 2 種為實驗組和對照組，比如測試一種新型教學方式是否有效，那麼研究人員首先將兩個成績情況基本一致的班級分成兩組，一組為對照組，另外一組為實驗組，實驗組採用新型教學方式上課。此類配對關係的特點在於將兩組特徵基本一致的樣本分為實驗組和對照組（使用獨立樣本 t 檢定論證兩組成績一致，即特徵一致），對照組不進行任何變化，而實驗組則需要進行實驗刺激。最後在實驗完成後，即新型教學方式完成後，使用成對 t 檢定對比兩組樣本成績的差別，以檢測新型教學方式是否有意義。

成對樣本 t 檢定還有其他類型，但更多地應用在生物、醫療實驗上，在問卷研究中只涉及以上兩種情況。

t 檢定的第 3 種分析方法為單一樣本 t 檢定。例如在問卷中某題項的選項為 1 分代表非常不滿意，2 分代表比較不滿意，3 分代表一般，4 分代表比較滿意，5 分代表非常滿意。當分析樣本對此題項的態度有明顯傾向時，比如明顯高於

3 分或者明顯低於 3 分，可以使用單一樣本 t 檢定。單一樣本 t 檢定是比較某個題項的平均評分是否與某個評分（在例子中是與 3 進行對比）有著明顯的差異，如果呈現出顯著性差異，即說明該題項平均評分明顯不等於 3 分。此分析方法在問卷研究中較少使用，一般平均評分是否明顯不為 3 分可以很直觀地看出，而不需要單獨進行檢定分析。

（3）卡方分析。卡方檢定用於比較種類變數與種類變數之間的差異關係。

## 5.3　案例分析

本節以案例形式對之前提到的分析思維進行解讀，並且對各部分涉及的表格格式進行展示，以及對相關研究方法等進行詳細解讀。本案例為研究某線上英語學習網站上各種因素對課程購買意願的影響情況，初步擬訂是研究產品、促銷、通路推廣、價格、個性化服務和隱私保護這 6 個因素對消費者購買意願的影響情況。問卷核心題項也是針對此 6 個因素設計，另外還包括購買意願相關題項、樣本背景資訊題項和樣本基本特徵或態度題項，量表題項全部為五點量表。問卷整體框架結構如表 5-2 所示。

表 5-2　量表類影響關係研究問卷案例：線上英語學習購買影響因素研究結構

| 題項 | 題項內容 | 題項 | 題項內容 |
|---|---|---|---|
| Q1 | 網站提供多元化的針對性課程 | Q4 | 性別 |
| Q2 | 每一門課程都詳細介紹該課程的特點及學習目的 | Q5 | 年齡 |
| Q3 | 網站提供的課程具有頂尖的教學品質 | Q6 | 月收入水準 |
| Q7 | 網站向註冊使用者免費發送電子報，並定期發送學習資料 | Q23 | 職業 |
| Q8 | 我經常可以在其他網路平臺上看到該網站的廣告 | Q24 | 你為什麼學習外語 |
| Q9 | 我覺得該網站上的一些課程資訊或者視頻內容非常吸引人，我願意分享給其他人 | Q25 | 你有多長線上學習語言的經驗 |
| Q10 | 該線上語言學習網站能在搜尋引擎（如百度）中很容易地被找到，如搜索結果的第一頁 | Q26 | 你購買過多少門課程 |
| Q11 | 我可以在一些主流相關行業網站（如教育網站）上找到該語言學習網站的連結 | Q27 | 讓你決定購買該課程的因素是什麼<br><br>（複選題） |

67

《續上頁》

| 題項 | 題項內容 | 題項 | 題項內容 |
|------|----------|------|----------|
| Q12 | 我可以在該語言學習網站上透過輸入課程價格範圍搜索到相應的課程 | Q27_1 | 課程內容 |
| Q13 | 該語言學習網站上的課程價格會根據購買課程的數量有較大的調整 | Q27_2 | 師資力量 |
| Q14 | 當我再次登錄該網站時，它能顯示我之前的課程訪問瀏覽記錄 | Q27_3 | 教學品質 |
| Q15 | 當我再次登錄該網站時，它會根據我感興趣的課程類型向我推薦相關的新課程 | Q27_4 | 課程價格 |
| Q16 | 該網站會根據我感興趣的課程類型，向我推薦受到一致好評的相關課程或授課老師 | Q27_5 | 優惠折扣 |
| Q17 | 當我填寫個人資訊時，該網站會有「關於個人資訊保密」的標識 | Q27_6 | 其他 |
| Q18 | 該網站有嚴格的客戶隱私保密制度並且容易在網站上找到該資訊 | — | — |
| Q19 | 在參加該線上語言學習網站的課程後，我會再繼續購買該網站的課程 | — | — |
| Q20 | 我會向我的親朋好友推薦該線上語言學習網站的課程 | — | — |
| Q21 | 當我需要再次參加培訓時該線上語言學習網站是我的第一選擇 | — | — |
| Q22 | 我會主動關注該線上語言學習網站開設的課程 | — | — |

從問卷結構來看，Q1~Q15 共 15 個題項均是關於產品、促銷、通路推廣、價格、個性化服務和隱私保護這 6 個因素的問項，答項分別是非常不同意、比較不同意、一般、比較同意和非常同意。Q15~Q19 共 5 個題項針對購買意願而設計，答項類似。Q20~Q23 共 4 個題項是樣本背景資訊題項，Q24~Q27 共 4 個題項是樣本基本特徵或者態度題項。

此案例的核心思維在於研究相關因素對購買意願的影響關係，並且透過比較不同背景樣本對各因素在購買意願上是否有差異性態度。其中，影響因素共涉及 15 個題項，並且從專業知識角度考慮可以分成 6 個變數。出於對嚴謹性的考慮，科學的做法是先進行探索性因數分析，使用軟體進行探索，得出較為合理的結論。接下來會按照量表類影響關係研究這一分析思維並逐一進行分析解讀。

## 5.3.1 案例的樣本背景資訊統計

問卷研究第一步為統計樣本背景資訊，以便詳細瞭解研究樣本的基本特徵情況。本案例共涉及 Q20~Q23 這 4 個題項，分別是性別、年齡、月收入水準和職業。將這 4 個題項的統計結果匯總製成表格如表 5-3 所示。

表 5-3 樣本背景資訊題項統計

| 問題 | 選項 | 頻數 | 百分比 （%） |
|---|---|---|---|
| 性別 | 男 | 86 | 28.7 |
| | 女 | 213 | 71.0 |
| | 遺漏值 | 1 | 0.3 |
| 年齡 | 18 歲及以下 | 18 | 6.0 |
| | 19~22 歲 | 119 | 39.7 |
| | 23~26 歲 | 42 | 14.0 |
| | 27~30 歲 | 28 | 9.3 |
| | 31~34 歲 | 52 | 17.3 |
| | 35~38 歲 | 17 | 5.7 |
| | 39~42 歲 | 10 | 3.3 |
| | 43 歲及以上 | 14 | 4.7 |
| 月收入水準 | 省略 | 省略 | 省略 |
| 職業 | 省略 | 省略 | 省略 |
| 合計 | | 300 | 100 |

在性別選項中有一個樣本為遺漏值，為避免出現百分比相加不等於 100%，以及在最後一行展示樣本總量不符合實際的情況，遺漏值樣本也要列出。如果年齡為單一數字，那麼應該計算平均年齡並且在文字分析中進行說明。

此部分的分析應先描述收入樣本總量、樣本有效率，然後分別對樣本背景資訊進行描述，尤其是對重要資訊點進行說明。例如在此案例中樣本年齡主要集中在 19~22 歲，占樣本總量的比例為 39.7%。

## 5.3.2 案例的樣本基本特徵情況敘述性分析

在對研究樣本背景資訊進行統計、描述後，要進一步對研究樣本的基本態度或者特徵情況等進行分析。在此案例中，Q24~Q27 共 4 個題項均與樣本的基本態度有關。其中 Q24~Q26 這 3 個題項均為單選題，因此分別統計次數選擇情況，可參考表 5-4 對於 Q24「你為什麼學習外語」的展示格式。在進行文字分析時，首先應該關注選擇比例較高的選項，突出重點。此表格中各選項選擇的比例並沒有明顯區別，說明學習外語的因素有很多，而且沒有顯示出格外重要的因素。與此同時，「移民」和「旅遊」這兩項的選擇比例明顯更低，說明樣本對這兩項的認可度相對較低。

表 5-4　你為什麼學習外語

| 選項 | 頻率 | 百分比 | 有效百分比 | 累積百分比 |
|------|------|--------|------------|------------|
| 考試 | 69 | 23.0 | 23.0 | 23.0 |
| 提升工作技能 | 72 | 24.0 | 24.0 | 47.0 |
| 職業發展 | 74 | 24.7 | 24.7 | 71.7 |
| 興趣 | 61 | 20.3 | 20.3 | 92.0 |
| 移民 | 8 | 2.7 | 2.7 | 94.7 |
| 旅遊 | 16 | 5.3 | 5.3 | 100.0 |
| 合計 | 300 | 100.0 | 100.0 | |

在此案例中，複選題（Q27 題）可以使用表格或者橫條圖（見圖 5-13）兩種形式呈現結果。在展示時可以對選擇次數進行降冪排序，這樣能夠將更為重要的資訊明顯列出。表 5-5 是在 SPSS 分析結果基礎上進行資料匯總，並且透過 Excel 進行製圖得到的（SPSS 不能對複選題製圖）。在文字分析過程中，研究人員需要更多關注選擇比例較高選項，在 Q27 這一題項中，「教學品質」和「課程內容」這兩項的選擇比例明顯高於其他各項，而「課程價格」和「師資力量」這兩項的選擇比例也較高。

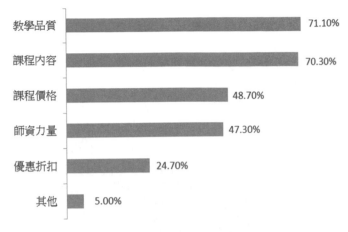

圖 5-13　讓你決定購買課程的因素是什麼？

表 5-5　讓你決定購買課程的因素是什麼？

| 選項 | 頻數 | 百分比 |
|---|---|---|
| 教學品質 | 213 | 71.0% |
| 課程內容 | 211 | 70.3% |
| 課程價格 | 146 | 48.7% |
| 師資力量 | 142 | 47.3% |
| 優惠折扣 | 74 | 24.7% |
| 其他 | 15 | 5.0% |

## 5.3.3　案例的探索性因數分析

本案例涉及的影響因素（Q1~Q15）量表並非經典量表，使用探索性因數分析是科學而又必要的，而應變數購買意願（由 Q16~Q19 表示）分析較為簡單，在此不單獨進行闡述。在問卷研究中，多數情況下會使用主成分分析法萃取因數，並且使用最大變異數法對其進行旋轉處理。

萃取因數的方法較多，比如主成分分析法、未加權最小平方法、最大概似因素法、主因數分解法等，但主成分分析法是當前使用最為普遍而且結果最為穩定的一種方法，SPSS 默認使用該方法。因數旋轉的目的在於將因數與題項的對應關係進行空間旋轉處理，以便更好地對應因數與題項關係以及處理因數命名等問題。因數旋轉的方法較多，比如最大變異數法、最大平衡值法、四次方最大值法等，在問卷研究

中使用次數分配表最高的是最大變異數法。SPSS 沒有預設因數旋轉方法，需要研究人員自行設置。

本案例對影響因素涉及的 15 個題項進行探索性因數分析時，第一步為試驗性分析，軟體會根據初始特徵值值大於 1 這一標準，萃取出 3 個因數。因為這與最初假定的 6 個因素並不相符，所以在第二步探索性因數分析時，可以將因數個數主動設置為 6 個。將因數個數設置為 6 個時，題項的因數負荷係數絕對值均高於 0.4，但是 Q6（我覺得該網站上的一些課程資訊或者視頻內容非常吸引人，我願意分享給其他人）這一題項與因數對應關係和專業知識情況不符，因此刪除 Q6 後繼續進行第三次探索性因數分析。當結果顯示萃取 6 個因數且可以對每個因數進行專業知識命名，說明因數與題項的對應關係符合專業知識情況，並且各個題項的因數負荷係數值也均高於 0.4。至此，探索性因數分析結束。

探索性因數分析是一個不斷迴圈、重複探索的過程，因此僅需要對最終結果表格進行整理，通常探索性因數分析會涉及 3 個表格，分別是 KMO 和 Bartlett 球形檢定表格、變異數解釋表格和旋轉成分矩陣表格。對於探索性因數分析的中間過程，包括題項刪除、因數設定等使用文字表述即可。

表 5-6 為 KMO 核對總和 Bartlett 球形檢定表格，其目的在於檢測題項是否適合進行探索性因數分析。在此表中需要關注兩個指標，一個指標為 KMO 值，其常見標準為 0.6，大於 0.6 即說明適合進行探索性因數分析，此值越大越好；另外一個指標為 Bartlett 球形檢定，判斷標準其是對應的 P 值小於 0.05，當 P 值小於 0.05 時，說明透過 Bartlett 球形檢定。

表 5-6　KMO 核對總和 Bartlett 球形檢定

| 取樣足夠度的 Kaiser-Meyer-Olkin 比例。 | | 0.852 |
|---|---|---|
| Bartlett 球形檢定 | 近似卡方 | 1604.439 |
| | df | 91.000 |
| | 顯著性. | 0.000 |

此案例中的 KMO 值是 0.852，大於常見標準 0.6，並且 Bartlett 球形檢定對應的 P 值為 0.000，小於 0.05 的判斷標準，說明透過 Bartlett 球形檢定。這些資料說明本案例適合進行探索性因數分析。後續探索性因數分析的結果即為萃取的因數個數。後面會對每個因數的變異數解釋率情況等做進一步說明，如表 5-7 所示。

表 5-7　解釋的總變異數

| 因數 | 初始特徵值 | | | 萃取平方和載入 | | | 旋轉平方和載入 | | |
|---|---|---|---|---|---|---|---|---|---|
| | 合計 | 變異數% | 累積% | 合計 | 變異數% | 累積% | 合計 | 變異數% | 累積% |
| 1 | 5.341 | 38.152 | 38.152 | 5.341 | 38.152 | 38.152 | 2.121 | 15.150 | 15.150 |
| 2 | 1.518 | 10.840 | 48.991 | 1.518 | 10.840 | 48.991 | 1.989 | 14.205 | 29.355 |
| 3 | 1.132 | 8.087 | 57.078 | 1.132 | 8.087 | 57.078 | 1.932 | 13.800 | 43.155 |
| 4 | 0.929 | 6.636 | 63.714 | 0.929 | 6.636 | 63.714 | 1.670 | 11.931 | 55.086 |
| 5 | 0.869 | 6.205 | 69.919 | 0.869 | 6.205 | 69.919 | 1.465 | 10.461 | 65.547 |
| 6 | 0.829 | 5.918 | 75.837 | 0.829 | 5.918 | 75.837 | 1.441 | 10.291 | 75.837 |
| 7 | 0.591 | 4.221 | 80.058 | — | — | — | — | — | — |
| 8 | 0.543 | 3.878 | 83.936 | — | — | — | — | — | — |
| 9 | 0.509 | 3.635 | 87.571 | — | — | — | — | — | — |
| 10 | 0.449 | 3.206 | 90.776 | — | — | — | — | — | — |
| 11 | 0.423 | 3.025 | 93.801 | — | — | — | — | — | — |
| 12 | 0.364 | 2.602 | 96.403 | — | — | — | — | — | — |
| 13 | 0.301 | 2.153 | 98.556 | — | — | — | — | — | — |
| 14 | 0.202 | 1.444 | 100.000 | — | — | — | — | — | — |

表 5-7 展示了具體萃取因數的個數，以及每個因數的特徵值值、變異數解釋率和總變異數解釋率情況等。對於特徵值值，軟體會自動以 1 作為標準設定探索出的因數個數，但大部分時候研究人員需要自行設置因數個數，以得到更為合理的結論。變異數解釋率代表某個因數代表的資訊量，比如當其為 15.150% 時，說明該因數可以代表整個問卷 15.150% 的資訊。總變異數解釋率代表全部因數合起來可以解釋整個問卷的資訊量情況，該值並沒有固定標準，通常情況下大於 60% 即說明分析結果較好，50% 說明可以接受。本案例總變異數解釋率為 75.837%，說明這 6 個因數可以解釋整個問卷 75.837% 的資訊量。

表 5-7 為 SPSS 軟體直接生成的表格，其中的第 4 至第 7 列為重複列出，可以刪除。該表格分別列出特徵值值、變異數解釋率和累積變異數解釋率值，以及旋轉前和旋轉後的結果，第 2 列至第 4 列為旋轉前的結果，最後 3 列為旋轉後的結果。

如果研究人員不主動設置因數個數，那麼軟體會自動預設以特徵值值大於 1 作為標準設定因數個數。本案例主動設置成 6 個因數，因此旋轉前特徵值值會出現小於 1 的情況，但通常來講，旋轉後的特徵值值會大於 1。本案例共萃取到 6 個因數，其旋轉後的變異數解釋率分別為: 15.150%、14.205%、13.800%、11.931%、10.461% 和 10.291%，總共累積變異數解釋率為 75.837%，整體探索性因數結果良好。完成探索性因數分析變異數解釋之後，最後需要說明因數與題項的對應關係，即對旋轉後矩陣結果進行分析，以及分析因數與題項的對應關係情況，並且對萃取到的因數進行命名處理。本案例旋轉後矩陣結果如表 5-8 所示。

表 5-8　探索性因數分析旋轉後矩陣結果

| 題項 | 因子 | | | | | |
|---|---|---|---|---|---|---|
| | 1 | 2 | 3 | 4 | 5 | 6 |
| 1. 網站提供多元化的針對性課程 | 0.239 | 0.775 | 0.110 | 0.240 | 0.103 | 0.013 |
| 2. 每一門課程都詳細介紹該課程的特點及學習目的 | 0.097 | 0.685 | 0.124 | 0.226 | 0.269 | 0.132 |
| 3. 網站提供的課程具有頂尖的教學品質 | 0.127 | 0.724 | 0.273 | 0.006 | −0.017 | 0.270 |
| 7. 網站向註冊使用者免費發送電子報，並定期發送學習資料 | 0.103 | 0.269 | 0.115 | −0.042 | 0.771 | 0.199 |
| 8. 我經常可以在其他網路平臺上看到該網站的廣告 | 0.104 | 0.006 | −0.078 | 0.294 | 0.805 | −0.022 |
| 10. 該線上語言學習網站能在搜尋引擎（例如百度）中很容易地被找到，比如搜索結果的第一頁 | 0.164 | 0.222 | 0.238 | 0.777 | 0.111 | 0.186 |
| 11. 我可以在一些主流相關行業網站（如教育網站）上找到該語言學習網站的連結 | 0.269 | 0.170 | 0.052 | 0.799 | 0.149 | 0.116 |
| 12. 我可以在該語言學習網站上透過輸入課程價格範圍搜索到相應的課程 | 0.094 | 0.167 | −0.007 | 0.263 | 0.073 | 0.841 |
| 13. 該語言學習網站上的課程價格會根據購買課程的數量有較大的調整 | 0.286 | 0.158 | 0.357 | 0.014 | 0.130 | 0.687 |
| 14. 當我再次登錄該網站時，它能顯示我之前的課程訪問瀏覽記錄 | 0.806 | 0.122 | 0.155 | 0.096 | −0.050 | 0.228 |
| 15. 當我再次登錄該網站時，它會根據我感興趣的課程類型向我推薦相關的新課程 | 0.836 | 0.119 | 0.078 | 0.189 | 0.234 | 0.065 |

| | | | | | | |
|---|---|---|---|---|---|---|
| 16. 該網站會根據我感興趣的課程類型,向我推薦受到一致好評的相關課程或授課老師 | 0.645 | 0.297 | 0.244 | 0.289 | 0.129 | 0.075 |
| 17. 當我填寫個人資訊時,該網站會有「關於個人資訊保密」的標識 | 0.224 | 0.208 | 0.863 | 0.097 | −0.050 | 0.098 |
| 18. 該網站有嚴格的客戶隱私保密制度並且容易在網站上找到該資訊 | 0.109 | 0.175 | 0.889 | 0.154 | 0.076 | 0.108 |

探索性因數分析旋轉後矩陣表格是各個因數與題項因數負荷係數對應關係的匯總。表格裡面的數位均為因數負荷係數,因數負荷係數代表題項與因數之間的緊密程度。它的取值範圍為−1~+1,絕對值越大,説明其與因數之間的緊密關係程度越高,通常該值以 0.4 作為標準,如果在 0.4 以上,則説明題項與因數之間的關係比較緊密。

對於探索性因數分析旋轉後矩陣表格的解讀,可以分為兩種思維。第一種思維以題項為準,找到某個題項橫向對應的因數負荷係數,絕對值最大的題項與某個因數的緊密程度最高。比如 Q1 對應著 6 個因數負荷係數,其對應的 2 個因數負荷係數絕對值最大為 0.775,因此 Q1 這個題項歸併為第 2 個因數較為合適。第二種思維以因數為準,找到某因數縱向對應的所有因數負荷係數中值較大的題項(通常為大於 0.4),比如第 1 個因數對應 Q14、Q15 和 Q16 這 3 個題項時,因數負荷係數絕對值較大,因此這 3 個題項歸併為第 1 個因數較為合適。

在探索因數與題項關係時,存在兩種常見問題。第一種問題為因數與題項對應關係出現混亂,「張冠李戴」,即完全不相關的幾個題項同屬於一個因數,此時應該考慮調整因數的個數,並做刪除題項處理。第二種問題為某個題項與多個因數有較高的緊密程度,説明該題項與多個因數均有著緊密關係,「糾纏不清」,通常對此類題項做刪除處理,或者結合具體情況進行主觀判斷,將其歸併到更合適的因數裡面。

本案例最終萃取出 6 個因數,因此會有 6 列數字。第 1 列數字代表第 1 個因數分別與 15 個題項的對應關係。可以明顯看出,第 1 個因數分別與 Q14、Q15 和 Q16 這兩個題項的關係較為緊密,因數負荷係數值分別是 0.806、0.836 和 0.645,説明第 1 個因數主要涉及 Q14、Q15 和 Q16 這 3 個題項,第 1 個因數應該結合這 3 個題項進行命名,本案例將其命名為個性化服務。

第 2 個因數與 Q1、Q2 和 Q3 這 3 個題項有著更為緊密的,因此結合題項的內容將第 2 個因數命名為產品。採取類似的做法,第 3~第 6 個因數的命名分別是隱私保護、通路推廣、促銷和價格。

### 5.3.4 案例的信度分析

信度分析需要針對每一具體細分變數或者變數進行。此案例分別對應變數購買意願，以及探索性因數分析得到的 6 個因數（產品、促銷、通路、價格、個性化服務、隱私保護）進行信度分析，並透過 SPSS 軟體計算各變數的 α 係數且進行匯總展示，如表 5-9 所示。

表 5-9　信度分析匯總表 1

| 變數名稱 | 題項個數 | α 係數 |
|---|---|---|
| 購買意願 | 4 | 0.861 |
| 產品 | 3 | 0.727 |
| 促銷 | 2 | 0.553 |
| 通路 | 2 | 0.760 |
| 價格 | 2 | 0.626 |
| 個性化服務 | 3 | 0.796 |
| 隱私保護 | 2 | 0.860 |

由於 α 係數與題項個數有著較大聯繫，所以需要將題項個數列出。α 係數還與樣本量有著聯繫，因而也可以將對應的樣本量列出。通常 α 係數需要大於 0.7，0.6~0.7 屬於可以接受的範圍。在具體研究過程中可能出現小於 0.6 的情況。如表 5-5 中促銷因數的 α 係數值為 0.553，如果出現此類狀況則需要結合具體情況進行說明，通常有兩種處理方法。第一種方法為刪除題項，即直接刪除促銷因數裡的所有題項，但多數時候研究人員出於研究需要，可能希望保留這個變數；第二種方法是加大樣本量，並綜合整體情況進行說明。由於案例中促銷因數僅由兩個題項表示，而且多數研究變數的 α 係數高於 0.7，整體看來此次研究量表具有可信度，信度可以接受。對研究人員來講，更為妥當的做法為進行預測試或者借鑒使用經典量表。預測試，即提前收集小量樣本（通常在 100 個以內）資料，對其進行信度和效度測試，發現問卷設計問題並且進行修正，最大可能減少後續出現問題的機率。經典量表出現信度不達標的機率較低，並且具有權威性，因而研究人員應避免對其進行大篇幅修正。

如果需要進行更深入的分析，比如瞭解具體哪個題項導致信度不達標，或者刪除部分題項後 α 係數是否會有較大提升，那麼可以將 CITC 值和項已刪除的 α 係數這兩個指標列出，如表 5-10 所示。

表 5-10　信度分析匯總表 2

| 購買意願 | 校正的項總計相關性（CITC） | 項已刪除的 α 係數 | 整體 α 係數 |
|---|---|---|---|
| 19. 在參加該線上語言學習網站的課程後，我會再繼續購買該網站的課程 | 0.724 | 0.817 | 0.861 |
| 20. 我會向我的親朋好友推薦該線上語言學習網站的課程 | 0.662 | 0.842 | |
| 21. 當我需要再次參加培訓時該線上語言學習網站是我的第一選擇 | 0.737 | 0.811 | |
| 22. 我會主動關注該線上語言學習網站開設的課程 | 0.711 | 0.822 | |
| 1. 網站提供多元化的針對性課程 | 0.597 | 0.583 | 0.727 |
| 2. 每一門課程都詳細介紹該課程的特點及學習目的 | 0.538 | 0.653 | |
| 3. 網站提供的課程具有頂尖的教學品質 | 0.515 | 0.683 | |
| 省略 | 省略 | 省略 | 省略 |

相比表 5-9，表 5-10 多出兩個指標，即 CITC 值和項已刪除的 α 係數。CITC 代表題項之間的相關性情況，CITC 值越高，α 係數也越高，通常此值大於 0.4 即可。項已刪除的 α 係數代表當某題項被刪除時，其對應變數的 α 係數，例如題項 Q19 被刪除後，購買意願變數就由 3 個題項（Q20~Q22）表示，而且 α 係數為 0.817。如果所有題項對應的 CITC 值較高（高於 0.4），則題項被刪除後的 α 係數不會有明顯提升，並且整體 α 係數均高於 0.6，則説明信度達標，不應該刪除題項。CITC 值或者項已刪除的 α 係數，這兩個值屬於中間過程指標值，最終均會以整體 α 係數作為分析標準。在進行預測試信度分析時，通常會將 CITC 值和項已刪除的 α 係數詳細列出，並且進行分析，以便判斷某題項是否應該被修正，或者做刪除處理。

研究資料具有信度是基本前提，因而分析的結論一定是資料具有可信度，在具體研究時應該重視信度。對於信度分析的具體文字描述，更多的是將具體 α 係數進行説明並且概括總結。信度分析得到結論研究資料的信度，確定能否用於進一步研究使用即可。

## 5.3.5　案例的效度分析

信度分析完成後需要對研究資料效度進行驗證。對於問卷分析，通常會進行內容效度和建構效度的分析。內容效度詳細説明題項設計的參考來源，是否有經過預測試，以及基於什麼理由對題項進行修正處理等。本案例使用的題項均有參考量表，並且

這些題項已經被修正處理，因此具有良好的內容效度，即說明從專業角度上看，題項能夠描述需要描述的概念資訊。

內容效度透過文字描述說明即可，而建構效度可以使用兩種統計分析方法進行，分別是探索性因數分析和驗證性因數分析。本案例使用探索性因數分析進行建構效度驗證，本案例建構效度驗證匯總結果如表 5-11 所示。

表 5-11　建構效度分析匯總表

| 題項 | 因子 | | | | | |
|---|---|---|---|---|---|---|
| | 1 | 2 | 3 | 4 | 5 | 6 |
| 1. 網站提供多元化的針對性課程 | 0.239 | 0.775 | 0.110 | 0.240 | 0.103 | 0.013 |
| 2. 每一門課程都詳細介紹該課程的特點及學習目的 | 0.097 | 0.685 | 0.124 | 0.226 | 0.269 | 0.132 |
| 3. 網站提供的課程具有頂尖的教學品質 | 0.127 | 0.724 | 0.273 | 0.006 | −0.017 | 0.270 |
| 7. 網站向註冊使用者免費發送電子報，並定期發送學習資料 | 0.103 | 0.269 | 0.115 | −0.042 | 0.771 | 0.199 |
| 8. 我經常可以在其他網路平臺上看到該網站的廣告 | 0.104 | 0.006 | −0.078 | 0.294 | 0.805 | −0.022 |
| 10. 該線上語言學習網站能在搜尋引擎（如：百度）中很容易地被找到，如搜索結果的第一頁 | 0.164 | 0.222 | 0.238 | 0.777 | 0.111 | 0.186 |
| 11. 我可以在一些主流相關行業網站（如教育網站）上找到該語言學習網站的連結 | 0.269 | 0.170 | 0.052 | 0.799 | 0.149 | 0.116 |
| 12. 我可以在該語言學習網站上透過輸入課程價格範圍搜索到相應的課程 | 0.094 | 0.167 | −0.007 | 0.263 | 0.073 | 0.841 |
| 13. 該語言學習網站上的課程價格會根據購買課程的數量有較大的調整 | 0.286 | 0.158 | 0.357 | 0.014 | 0.130 | 0.687 |
| 14. 當我再次登錄該網站時，它能顯示我之前的課程訪問瀏覽記錄 | 0.806 | 0.122 | 0.155 | 0.096 | −0.050 | 0.228 |
| 15. 當我再次登錄該網站時，它會根據我感興趣的課程類型向我推薦相關的新課程 | 0.836 | 0.119 | 0.078 | 0.189 | 0.234 | 0.065 |

| 題項 | 因子 | | | | | |
|---|---|---|---|---|---|---|
| | **1** | **2** | **3** | **4** | **5** | **6** |
| 16.該網站會根據我感興趣的課程類型，向我推薦受到一致好評的相關課程或授課老師 | 0.645 | 0.297 | 0.244 | 0.289 | 0.129 | 0.075 |
| 17.當我填寫個人資訊時，該網站會有「關於個人資訊保密」的提示 | 0.224 | 0.208 | 0.863 | 0.097 | −0.050 | 0.098 |
| 18.該網站有嚴格的客戶隱私保密制度並且容易在網站上找到該資訊 | 0.109 | 0.175 | 0.889 | 0.154 | 0.076 | 0.108 |
| 旋轉後特徵值值 | 2.121 | 1.989 | 1.932 | 1.670 | 1.465 | 1.441 |
| 旋轉後變異數解釋率 | 15.150 | 14.205 | 13.800 | 11.931 | 10.461 | 10.291 |
| 累積變異數解釋率 | 15.150 | 29.355 | 43.155 | 55.086 | 65.547 | 75.837 |
| KMO 值 | 0.852 | | | | | |
| Bartlett 球形檢定 | 1604.439 | | | | | |
| 顯著性. | 0.000 | | | | | |

在 5.3.3 節已經使用探索性因數分析對題項進行縮減，並且縮減得到 6 個因數，但 5.3.3 節是使用探索性因數分析的萃取因數分析功能，而此部分是利用探索性因數分析進行效度驗證。表 5-7 和表 5-11 內容基本類似，事實上使用探索性因數分析進行萃取因數或是進行效度驗證，具體分析過程均一致，區別僅在於使用目的不同。建構效度在於說明題項是否真實有效地測量了需要測量的資訊，如果探索性因數分析結果顯示題項與因數對應關聯式結構符合專業知識情況，而且各個題項均可以有效地表達因數概念（因數負荷係數較高），那麼說明建構效度良好。使用探索性因數分析進行建構效度驗證時有兩個關鍵點，第一是題項與因數的對應關係情況；第二是題項因數負荷係數的說明。而其他分析指標，比如旋轉後特徵值值、旋轉後變異數解釋率、累積變異數解釋率等僅需要列出，不必過多解釋說明。

對於本案例，探索性因數分析結果顯示 KMO 值是 0.852，並且透過 Bartlett 球形檢定，最終萃取到 6 個因數。這 6 個因數與題項均有著良好的對應關係，這種對應關係與專業知識完全相符，並且所有題項的因數負荷係數值均高於 0.6，最小為 0.645。因數旋轉後累積變異數解釋率為 75.837%，並且 6 個因數的旋轉後變異數解釋率均高於 10%。因此綜合說明本案例量表具有良好的建構效度。

建構效度分析是綜合概括的分析，並沒有絕對性的判斷指標。題項與因數的對應關係基本上均符合專業情況，因數負荷係數值高於 0.4，即可說明效度較好。類似信度分析，建構效度分析的目的是證明資料有效。建議研究人員對問卷量表進行前測，儘量使用高品質量表，以免出現效度不達標的尷尬局面。

## 5.3.6　案例的研究變數敘述統計分析

完成研究量表信度分析和效度分析後，需要對研究變數進行敘述統計分析。敘述統計分析的目的在於整體上瞭解樣本對各研究變數的態度情況。透過各研究變數的平均值分析樣本的態度情況，有時也可以對變數的中位數值進行分析。此案例使用五點量表，1 分代表非常不同意，2 分代表比較不同意，3 分代表一般，4 分代表比較同意，5 分代表非常同意。在分析時，結合平均評分值與具體分值代表的意義進行描述即可，本案例中購買意願的平均評分為 3.52 分，即說明樣本的購買意願態度介於一般到比較認可。在敘述統計分析過程中，如果某個變數的平均評分值明顯較高或者較低，那麼研究人員應該對該變數進一步分析說明。如表 5-13 所示，案例中「促銷」這一變數的平均評分明顯較低，說明樣本對此變數表現出一定的不認可態度。而「隱私保護」的平均評分為 4.17 分，說明樣本對此變數表現出明顯的認可態度，如表 5-12 所示。

表 5-12　研究變數敘述統計分析

| 變數名稱 | 樣本量 | 最小值 | 最大值 | 平均值 | 標準差 |
|---|---|---|---|---|---|
| 購買意願 | 300 | 1.00 | 5.00 | 3.52 | 0.70 |
| 產品 | 300 | 1.00 | 5.00 | 3.50 | 0.86 |
| 促銷 | 300 | 1.00 | 5.00 | 2.64 | 0.92 |
| 通路 | 300 | 1.00 | 5.00 | 3.36 | 0.95 |
| 價格 | 300 | 1.00 | 5.00 | 3.40 | 0.1990 |
| 個性化服務 | 300 | 1.00 | 5.00 | 3.46 | 0.84 |
| 隱私保護 | 300 | 1.00 | 5.00 | 4.17 | 0.99 |

通常情況下，敘述統計分析以變數為單位進行即可，如果希望進行更深入的分析，那麼需要對變數對應的各個題項進行統計平均值。如果某個變數特別重要而且僅由少數題項表示，例如本案例中的應變數「購買意願」，則可以透過計算各選項的次數和百分比進行深入分析說明。另外，對於問卷題項中的排序題，也可以使用敘述統計分析，透過計算平均值描述、分析選項的排名情況。

## 5.3.7　案例的相關分析

本節利用相關分析探究各研究變數之間的相關關係。相關分析需要放在迴歸分析前，研究變數之間有相關關係，才可能會有迴歸關係。相關分析的目的在於分析兩個變數彼此之間的相關關係情況，使用相關係數表示變數之間的關係情況。相關係數有兩類，分別是 Spearman 相關係數和 Pearson 相關係數，絕大多數情況下是使用 Pearson 相關係數表示相關關係。Pearson 相關係數值介於–1~1，大於 0 則為正相關，反之為負相關，絕對值越大，則說明相關關係越為緊密。相關分析是對研究變數進行分析，通常研究變數對應多個題項，因而首先需要計算多個題項平均值，以平均值代表對應研究變數，最後分析以研究變數為準。

在相關關係的具體分析過程中，首先需要分析相關係數是否呈現出顯著性。如果呈現出顯著性，那麼說明變數之間有著相關關係。然後分析相關關係的緊密程度，如果沒有呈現出顯著性，就說明變數之間沒有相關關係，更不可能有緊密相關程度之說。本案例在於研究產品、促銷、通路、價格、個性化服務和隱私保護這 6 個因素對樣本購買意願的影響，因此需要首先確認這 6 個因素與樣本購買意願之間是否有相關關係，倘若有相關關係，那麼相關關係緊密程度情況如何。在使用 SPSS 軟體進行相關分析時，SPSS 直接生成結果會包括具體樣本量值和具體 P 值，但樣本量值已經在上述分析中說明，而 P 值可以使用\*號代表表示，因而需要將 SPSS 軟體生成相關分析結果最終進行整理，如表 5-13 所示。

表 5-13　研究變數相關分析

| 變量 | 1 | 2 | 3 | 4 | 5 | 6 | 7 |
|---|---|---|---|---|---|---|---|
| 購買意願 | 1 | | | | | | |
| 產品 | .502** | 1 | | | | | |
| 促銷 | .363** | .358** | 1 | | | | |
| 通路 | .446** | .41990** | .368** | 1 | | | |
| 價格 | .372** | .468** | .282** | .418** | 1 | | |
| 個性化服務 | .498** | .487** | .316** | .526** | .458** | 1 | |
| 隱私保護 | .382** | .468** | .122* | .356** | .396** | .428** | 1 |

\* P<0.05，\*\* P<0.01

就本案例而言，產品、促銷、通路、價格、個性化服務和隱私保護這 6 個因素分別與購買意願之間呈現 0.01 水準上的顯著性，並且相關係數值均大於 0.3，因而說明這些因素分別與購買意願之間有著顯著的正相關關係，此 6 個因素與購買意願有著較為緊密的相關關係。除此之外，研究人員也可以繼續分析 6 個因素彼此之間的相關關係情況，顯而易見，這 6 個因素之間有著顯著的正相關關係，但它們之間的相關關係並非研究重點，因此不需要過多闡述。

## 5.3.8　案例的多元線性迴歸分析

上文提到，以上 6 個因素均與購買意願之間有著較為緊密的正相關關係，因而此部分利用多元線性迴歸分析探討其對樣本購買意願的影響情況。為了防止樣本個人基本背景資訊對模型的干擾，應當將性別、年齡、月收入水準和職業這 4 項也作為控制變數納入模型。迴歸分析的目的在於研究影響關係情況，通常用於進行假設驗證。迴歸分析可以分為很多類型，比如線性迴歸分析、Logistic 迴歸分析等；如果應變數（本案例為購買意願）為定量資料，那麼需要使用線性迴歸分析。如果應變數為分類資料，那麼應該考慮使用 Logistic 迴歸分析進行研究。本案例研究 6 個因素對於購買意願的影響，並且購買意願為五點量表，屬於定量資料，因而使用多元線性迴歸分析進行研究。

線性迴歸分析通常需要對以下指標進行解讀，分別是 F 檢定（變異數檢定）、R2、自變數的顯著性檢定，以及 D-W 值和 VIF 指標。F 檢定（變異數檢定）是判定多個自變數中是否有某一個或某幾個自變數會對應變數（購買意願）產生影響關係，通俗地講，即判定模型是否適用以及模型是否有意義。而 R2 是判定自變數對應變數的解釋力度，迴歸係數 t 檢定研究自變數對於應變數的影響關係情況（是否有影響關係）。如果確認有影響關係，那麼還需要分析是正向還是負向影響關係，有時還對 D-W 值和 VIF 值這兩個指標進行分析說明。在進行迴歸分析時，SPSS 會輸出多個表格結果，其中重要的表格有 3 個，分別是模型摘要表格、變異數表格，以及係數表格，分別如表 5-14、表 5-15 和表 5-16 所示。

從表 5-14 可知，本案例的 R2 為 0.380，也即說明產品、促銷、通路、價格、個性化服務和隱私保護這 6 個因素可以解釋樣本購買意願 38% 的變化原因，通俗理解為樣本的購買意願有 38% 的原因是這 6 個因素，模型配適情況較好。另外 D-W 值為 2.145，接近 2，說明無自相關性產生。

表 5-14　　**模型摘要** [a]

| 模型 | **R** | **R2** | 調整 **R2** | 標準誤 | **D-W** 值 |
|------|-------|--------|------------|--------|------------|
| 1 | .638[b] | .407 | .380 | 0.553 | 2.191 |

a.　應變數：購買意願

b.　預測變數：（常數）、隱私保護、中層管理者、企業家、高層管理者、促銷、性別、公司職
　　員、價格、通路、個性化服務、產品、年齡、月收入水準。

從表 5-15 可知，模型的 P 值為 0.000，小於 0.01。這說明模型透過 F 檢定，也說
明在產品、促銷、通路推廣、價格、個性化服務和隱私保護這 6 個因素中，至少有
1 個會對購買意願產生影響關係。變異數表格僅說明模型是否透過 F 檢定（變異數
檢定），而模型透過 F 檢定（變異數檢定）是基本前提，如果沒有透過 F 檢定（變
異數檢定），則說明這 6 個因素均不會對購買意願產生影響關係，這與基本情況不
符合，因而有時顯得多餘，可以不必列出。

表 5-15　　**變異數** [a]

| 模　　型 | | 平方和 | **df** | 均　　方 | **F** | 顯著性. |
|----------|-----|--------|--------|----------|-------|---------|
| 1 | 迴歸 | 59.737 | 13 | 4.595 | 15.025 | 0.000[b] |
| | 殘差 | 87.162 | 285 | 0.306 | | |
| | 總計 | 146.899 | 298 | | | |

a.　應變數：購買意願

b.　預測變數：（常數）、隱私保護、中層管理者、企業家、高層管理者、促銷、性別、公司職
　　員、價格、通路、個性化服務、產品、年齡、月收入水準。

從係數表格（見表 5-16）可知、產品、促銷、個性化服務、隱私保護這 4 個變數的
迴歸係數均呈現出顯著性，P 值均小於 0.05，因而說明此 4 個變數均會對購買意願
產生影響關係，但是通路和價格這兩個變數並沒有呈現出顯著性，因而說明這兩個
變數並不會對樣本的購買意願產生影響關係。產品、促銷、個性化服務、隱私保護
這 4 個變數的迴歸係數值分別是 0.160、0.113、0.180 和 0.099，均大於 0，因而
說明這 4 個因素均會對購買意願產生正向影響關係。因此本研究中會有 4 個假設成
立，另外兩個假設並不成立。

表 5-16　係數 [a]

| 模　　型 | 非標準化係數 | | 標準係數 | t | 顯著性. | 共線性統計資料 | |
| --- | --- | --- | --- | --- | --- | --- | --- |
| | B | 標準誤差 | 試用版 | | | 容差 | VIF |
| 常數 | 1.042 | 0.216 | | 4.830 | 0.000 | | |
| 性別（女） | 0.007 | 0.075 | 0.004 | 0.089 | 0.929 | 0.886 | 1.129 |
| 年齡 | 0.048 | 0.027 | 0.126 | 1.794 | 0.074 | 0.422 | 2.371 |
| 月收入水準 | 0.031 | 0.036 | 0.070 | 0.854 | 0.394 | 0.308 | 3.248 |
| 公司職員 | −0.069 | 0.119 | −0.045 | −0.576 | 0.565 | 0.337 | 2.966 |
| 中層管理者 | −0.083 | 0.150 | −0.043 | −0.557 | 0.578 | 0.350 | 2.861 |
| 高層管理者 | 0.161 | 0.206 | 0.047 | 0.782 | 0.435 | 0.579 | 1.728 |
| 企業家 | −0.092 | 0.232 | −0.021 | −0.396 | 0.692 | 0.732 | 1.366 |
| 產品 | 0.160 | 0.050 | 0.195 | 3.213 | 0.001 | 0.566 | 1.766 |
| 促銷 | 0.113 | 0.040 | 0.148 | 2.818 | 0.005 | 0.759 | 1.318 |
| 通路 | 0.074 | 0.043 | 0.101 | 1.710 | 0.088 | 0.598 | 1.671 |
| 價格 | 0.031 | 0.044 | 0.040 | 0.708 | 0.479 | 0.656 | 1.525 |
| 個性化服務 | 0.180 | 0.051 | 0.214 | 3.563 | 0.000 | 0.575 | 1.740 |
| 隱私保護 | 0.099 | 0.041 | 0.140 | 2.414 | 0.016 | 0.623 | 1.606 |

a. 應變數：購買意願

在進行迴歸分析時，可能會出現壓抑現象（Suppression Effect），即相關分析結論與迴歸分析結論相矛盾，比如相關分析顯示變數之間為正向相關關係，但進行迴歸分析時卻出現負向影響關係，或者進行相關分析顯示無顯著相關關係，但進行迴歸分析時卻出現迴歸影響關係。諸如此類結論出現時，研究人員應該謹慎處理，如果某自變數與應變數之間為顯著正向相關關係，卻呈現出負向影響關係，那麼可以考慮將該自變數單獨對應變數進行迴歸分析。如果顯示無相關關係，卻有迴歸影響關係，就應該以無影響關係作為最終結論，因為無相關關係時，一定不會有迴歸影響關係。

另外 6 個因素對應的 VIF 值均小於 5 時，説明沒有多重共線性產生，在問卷研究中一般不存在著共線性問題，因而可以列出數字而不用過多分析説明。另外，在線性迴歸分析時可以列出模型公式，本案例研究模型公式為：購買意願=1.042 + 0.007*性別 + 0.048*年齡 + 0.031*月收入水準−0.069*公司職員 -0.083*中層管理者+0.161*高層管理者-0.092*企業家+0.160*產品+0.113*促銷+0.074*通路+0.031*價

格+0.180*個性化服務+0.099*隱私保護。對於性別、年齡、月收入水準和職業這 4 個控制變數來講,性別和職業這兩項為虛擬變數,性別以男性作為參照,職業以學生作為參照(職業共有 5 個選項,分別是學生、公司職員、中層管理者、高層管理者和企業家);月收入水準和職業這兩項被視為定量資料,因而不需要將此兩項設置為虛擬變數。

上述 3 個表格(模型摘要表格、變異數表格、係數表格)均為 SPSS 軟體直接輸出結果,通常情況下不需要進行如此詳細的解釋,可以對以上 3 個表格中有意義的資料資訊進行整理,得到匯總表格,如表 5-17 所示。

表 5-17　多元線性迴歸匯總表

| 應變數 | 自變數 | 非標準化係數 | | 標準化係數 | t | P | R2 | 調整 R2 | F |
|---|---|---|---|---|---|---|---|---|---|
| | | B | 標準誤 | **Beta** | | | | | |
| 購買意願 | 常數 | 1.042 | 0.216 | - | 4.830 | 0.000 | 0.407 | 0.38 | 15.025** |
| | 性別 | 0.007 | 0.075 | 0.004 | 0.089 | 0.929 | | | |
| | 年齡 | 0.048 | 0.027 | 0.126 | 1.794 | 0.074 | | | |
| | 月收入水準 | 0.031 | 0.036 | 0.070 | 0.854 | 0.394 | | | |
| | 公司職員 | −0.069 | 0.119 | −0.045 | −0.576 | 0.565 | | | |
| | 中層管理者 | −0.083 | 0.150 | −0.043 | −0.557 | 0.578 | | | |
| | 高層管理者 | 0.161 | 0.206 | 0.047 | 0.782 | 0.435 | | | |
| | 企業家 | −0.092 | 0.232 | −0.021 | −0.396 | 0.692 | | | |
| | 產品 | 0.160** | 0.050 | 0.195** | 3.213 | 0.001 | | | |
| | 促銷 | 0.113* | 0.040 | 0.148* | 2.818 | 0.005 | | | |
| | 通路 | 0.074 | 0.043 | 0.101 | 1.710 | 0.088 | | | |
| | 價格 | 0.031 | 0.044 | 0.040 | 0.708 | 0.479 | | | |
| | 個性化服務 | 0.180** | 0.051 | 0.214** | 3.563 | 0.000 | | | |
| | 隱私保護 | 0.099* | 0.041 | 0.140* | 2.414 | 0.016 | | | |

* P<0.05,** P<0.01

## 5.3.9　案例的變異數分析

本節對研究變數進行差異對比,差異對比的目的在於深入分析,便於提供相關建議措施等。變異數分析和 t 檢定有著類似的功能,但如果比較的題項有多組,比如本案例對比不同月收入樣本與研究變數的差異情況,收入可分為 2000 元以下、2001~4000 元、4001~8000 元、8000 元以上共 4 組,只能使用變異數分析去對比差異。研究人員也可以結合具體情況將組別進行合併處理,比如將 2001~4000 元

和 4001~8000 元這兩組的樣本資料合併處理為 20001~8000 元,如果某個組別樣本較少(小於 30 個),就需要進行合併組別處理。

對於變異數分析或者 t 檢定的解釋,首先需要分析資料是否呈現出顯著性,當 P 值小於 0.05 時,資料呈現出顯著性,說明不同類別樣本對某變數有著不一致的態度,具體差異則需要對比平均值評分進一步分析說明。如果沒有呈現出顯著性,那麼說明樣本態度一致,通常不需要進一步說明。

如表 5-18 所示,不同收入樣本在購買意願上呈現出顯著性差異,即說明不同收入樣本在購買意願方面有著不同的態度看法。收入在 8000 元以上的樣本的購買意願的平均打分值為 3.70 分,明顯高於其餘 3 個組別樣本打分,因而說明差異表現為收入在 8000 元以上的樣本組別的購買意願有著明顯更高的認可態度。而不同收入的樣本組別對於另外 6 個因素,即產品、促銷、通路、價格、個性化服務、隱私保護並沒有產生差異態度,P 值均高於 0.05。

表 5-18　案例 1:變異數分析匯總表

| 變數 | 月收入水準(平均值±標準差) | | | | F | P |
|---|---|---|---|---|---|---|
| | 2000 元以下<br>(n=110) | 2001~4000 元<br>(n=54) | 4001~8000 元<br>(n=67) | 8000 元以上<br>(n=69) | | |
| 購買意願 | 3.40±0.64 | 3.47±0.79 | 3.56±0.65 | 3.70±0.75 | 2.72 | 0.04* |
| 產品 | 3.51±0.84 | 3.33±0.92 | 3.54±0.85 | 3.61±0.84 | 1.15 | 0.33 |
| 促銷 | 2.61±0.86 | 2.65±0.99 | 2.60±0.92 | 2.72±0.96 | 0.24 | 0.87 |
| 通路 | 3.25±0.97 | 3.20±0.92 | 3.51±0.80 | 3.51±1.07 | 2.09 | 0.10 |
| 價格 | 3.45±0.83 | 3.22±0.99 | 3.46±0.79 | 3.38±1.04 | 0.1990 | 0.44 |
| 個性化服務 | 3.40±0.77 | 3.38±0.91 | 3.43±0.79 | 3.63±0.91 | 1.36 | 0.26 |
| 隱私保護 | 4.30±0.92 | 4.08±1.06 | 4.14±0.91 | 4.04±1.09 | 1.26 | 0.29 |

* P<0.05,** P<0.01

在本案例中,不同收入組別的樣本在購買意願方面有著差異性態度,如果研究人員希望更深入地對比 4 個組別樣本中具體哪兩個組別之間有著顯著性差異,則需要使用事後檢定進行分析(事後檢定將在第 8 章進一步闡述),通常情況下可以根據平均值得出較為直觀的判斷。對於差異對比的意義,進一步分析可以提出相關建議措施,在此案例中不同收入群體對於購買意願抱有差異性態度,而且可以明顯地看出收入在 8000 元以上的樣本購買意願更強,也即說明購買意願與收入有聯繫,企業

不僅需要關注有影響關係的 4 個因素（產品、促銷、個性化服務、隱私保護），還需要考慮到使用者群體的收入情況，結合具體情況提供更恰當的費用標準，以爭取更多用戶購買課程。

本案例針對線上英語學習網站課程購買意願影響因素進行了分析，透過探索性因數將相關影響因素萃取為 6 個，分別是產品、促銷、通路、價格、個性化服務和隱私保護因素。完成研究量表信度分析和效度分析後，使用相關分析研究 6 個因素與購買意願之間的相關關係，並且使用迴歸分析研究 6 個因素對於購買意願的影響情況。最終研究發現共有 4 個因素即產品、促銷、個性化服務和隱私保護會對購買意願產生正向影響關係，而通路和價格這兩個因素並不會對購買意願產生影響關係。另外，本案例還研究了不同背景的樣本對購買意願以及 6 個因素的態度差異情況，透過分析發現，高收入群體（收入在 8000 元以上）樣本的購買意願更強。

# 06

# 量表類問卷中介效應和
# 調節效應研究

在量表類問卷研究中，中介效應和調節效應研究也較為常見。中介和調節應研究是影響關係的延伸，中介效應研究是指研究 X 影響 Y 的過程中，是否會透過中介變數（以符號 M 表示）起橋樑作用。調節效應研究是指研究 X 影響 Y 的過程中，不同的調節變數（以符號 Z 表示）是否會導致 X 對 Y 的影響程度有不同。

中介效應和調節效應研究是影響關係研究的延伸，此兩種研究多用於學術研究，企業在進行研究時較少使用中介和調節效應研究。此兩種研究在研究步驟上依然會遵循影響關係研究的步驟，即首先進行相關分析研究變數之間的關係情況，接著研究影響關係，最後進一步分析中介效應或者調節效應。中介效應和調節效應有著實質性區別，但也有著較多共同點。本章將中介效應和調節效應合併在一起進行說明，便於讀者深入理解兩類研究。

# 6.1 分析思維解讀

量表類問卷的中介效應和調節效應研究通常會分成 9 個部分,分別是樣本背景分析,樣本特徵、行為分析,信度分析,效度分析,研究變數敘述統計分析,變數相關關係分析,變數影響關係分析,中介效應或者調節效應分析和差異分析,如圖 6-1 所示。

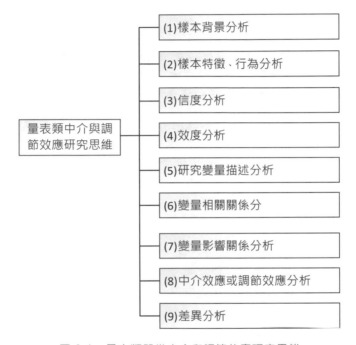

圖 6-1　量表類問卷中介和調節效應研究思維

（1）樣本背景分析和樣本特徵、行為分析。這兩部分的具體分析方法或者分析內容與第 5 章保持一致,均是使用次數分析對研究樣本背景資訊進行統計,對研究樣本特徵、行為特徵情況進行分析,深入瞭解研究樣本的基本情況。

（2）信度分析和效度分析。通常情況下,研究中介效應或者調節效應,需要有較強的理論依據,並且量表題項均有參考量表,在具體研究時,很可能需要對不合適的題項進行刪除處理。如果在進行信度分析或者效率分析時發現題項不適合,比如某題項會使信度降低,或者某題項與變數的對應關係與專業知識不符合,那麼需要刪除該類題項,以得到良好的信度水準和效度水準。

（3）研究變數敘述統計分析。中介效應或者調節效應研究通常是針對變數進行分析，通常情況下，一個變數由多個題項表示，因此需要計算多個題項平均值，使用多個題項平均評分代表對應變數整體情況，並且對各變數進行敘述統計分析，即計算變數的平均值、標準差等，透過分析平均值評分情況，可以深入分析樣本對於各個研究變數的整體態度情況，在具體研究中，也可以對題項進行敘述統計分析。

（4）變數相關關係分析和變數影響關係分析。中介效應或者調節效應是影響關係的延伸，在進行中介效應或者調節效應分析前，首先需要分析自變數（X）對於應變數（Y）的影響關係，存在確認影響關係才可能會有後續中介效應或者調節效應關係。相關關係研究是影響關係研究的基礎，因此研究分析步驟分為相關關係分析，緊接著為迴歸分析，繼而才會進行中介效應或者調節效應研究。

（5）中介效應或調節效應研究。中介效應用於研究 X 對 Y 的影響過程中，中介變數 M 是否起著中介橋樑作用，即自變數 X 透過調節變數 M 影響應變數 Y；調節效應則是指，自變數 X 與應變數 Y 的關係受到調節變數 Z 的影響。中介效應和調節效應均用於假設驗證，二者有共同點，也有實質性區別。中介效應和調節效應研究需要單獨進行，便於讀者理解，本章將中介效應和調節效應合併在一起進行對比說明。

（6）差異分析。差異分析的目的在於進一步分析不同背景樣本或者不同特徵樣本對於研究變數的態度差異情況，通常會使用變異數分析或者 t 檢定進行研究，此部分的具體說明可以參考第 5 章內容。

# 6.2　分析方法說明

本節會詳細介紹問卷資料分析涉及的分析方法，在第 5 章中已經對次數分析、敘述性分析、信度分析、探索性因數分析、相關分析和迴歸分析進行了詳細說明，本章將重點放在中介效應和調節效應分析上。中介效應和調節效應需要結合資料類型選擇相應的分析和驗證方法，然後在迴歸分析基礎上進行中介效應或者調節效應檢定。量表類問卷中介效應和調節效應研究思維與分析方法的對應關係如圖 6-2 所示。

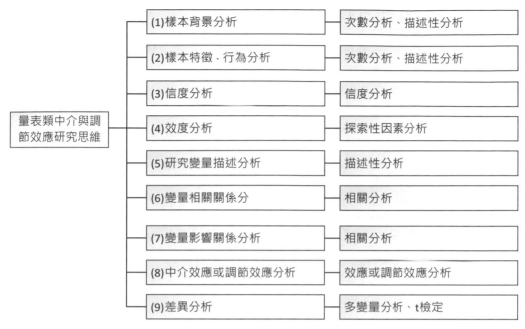

圖 6-2　量表類問卷中介效應和調節效應研究思維與分析方法對應關係

## 6.2.1　研究變數相關關係和迴歸影響關係分析

相關分析研究變數之間的相關關係情況，變數之間有了相關關係，才可能會有迴歸影響關係，而中介效應或者調節效應研究是在迴歸影響關係（自變數 X 對應變數 Y 的影響關係）基礎上進行的，因此首先需要對研究變數進行相關關係和迴歸影響關係研究。針對中介效應研究，中介變數 M 通常具有這樣的特徵：它與自變數 X 或者應變數 Y 均有著較為緊密的相關關係，在相關關係研究中，如果發現中介變數與自變數 X 或者應變數 Y 之間相關關係很弱（相關係數小於 0.2），或者並沒有顯著的相關關係時，那麼很可能不會有中介效應。

針對調節效應研究，調節變數 Z 與自變數 X 或者應變數 Y 之間不會有很強的相關關係，因此在相關關係研究時出現調節變數 Z 與自變數 X 或者應變數 Y 之間相關關係很弱，或者沒有相關關係，均屬於正常現象。針對相關關係和迴歸影響關係研究，讀者可以參考第 5 章相關內容。接下來會分別對中介效應和調節效應進行深入剖析。

## 6.2.2 中介效應分析

中介效應檢定可以使用 SPSS 軟體或者結構方程式軟體 AMOS 進行，當前絕大部分研究使用 SPSS 軟體進行。本節介紹的中介效應的檢定原理和檢定步驟參考了國內中介效應研究權威學者溫忠麟的相關研究，並且進行了總結和歸納，有興趣的讀者可以參考相關文獻資料。本節分別從中介效應基本原理、中介效應研究分析方法、中介效應模型、中介效應分析操作步驟和中介效應檢定共 5 部分進行闡述。

中介效應是研究在自變數 X 對應變數 Y 的影響過程中，自變數 X 是否會透過中介變數 M 再對應變數 Y 產生影響關係。如果在自變數 X 對應變數 Y 的影響過程中，中介變數 M 起著中介橋樑的作用，那麼說明中介效應存在，反之則說明中介效應不存在。本節從中介效應研究基本原理、檢定方法、操作步驟等進行闡述。在實際研究中，中介效應涉及的自變數 X 可能會有多個，中介變數 M 也可能會有多個，甚至應變數 Y 也可能會有多個，研究人員在進行研究時應該結合實際情況進行重複操作，將複雜的模型拆分為多個簡單模型，最終完成中介效應研究。中介效應原理的基本圖示如圖 6-3 所示。

圖 6-3　中介效應示意圖

從中介效應示意圖中可以看出，研究中介效應時會涉及自變數與中介變數的迴歸影響關係，中介變數對應變數的迴歸影響關係，以及自變數對應變數的迴歸影響關係。中介模型會涉及多個迴歸係數，分別是自變數 X 對於中介變數 M 的迴歸係數（用符號 a 表示），中介變數 M 對於應變數 Y 的迴歸係數（用符號 b 表示），還會涉及自變數 X 對於應變數 Y 的兩個迴歸係數（用符號 c 和 c´表示）。其中自變數 X 對於應變數 Y 的影響關係共涉及兩個模型，分別是自變數 X 對於應變數 Y 的迴歸模型，以及自變數 X 與中介變數 M 同時作為自變數時對於應變數 Y 的迴歸模型，自變數 X 會在兩個模型中出現，因此自變數 X 共有兩個迴歸係數，具體會在接下來的內容中進行說明。在闡述中介效應檢定模型前，首先簡單地說明一下分析方法的使用，如表 6-1 所示。

表 6-1　中介效應分類

| 自變數（**X**）<br>中介變數（**M**） | 分類 | 定量 |
|---|---|---|
| 分類 | — | — |
| 定量 | — | 分層迴歸分析 |

中介效應通常只存在一種研究情況，即自變數 X 為定量資料，並且中介變數 M 也是定量資料。實際上，無論中介效應還是調節效應，應變數 Y 均為定量資料。在研究方法上，中介效應研究使用分層迴歸分析，分層迴歸分析是普通迴歸分析的一種延伸。通俗地講，普通迴歸分析是一個模型，而分層迴歸分析是兩個（或者更多）模型，第 1 個模型是普通迴歸模型（模型中的自變數就是 X），第 2 個模型是在第 1 個普通迴歸模型的基礎上，再加入相關變數（此處為中介變數 M），形成第 2 個模型（第 2 個模型中的自變數是 X 和 M）。並且從第 1 個模型向第 2 個模型轉變時，SPSS 軟體會記錄下相關指標值（比如 R2，F 變化值等）。完成分層迴歸分析說明後，下面對中介效應檢定涉及的模型進行具體說明，具體如圖 6-4 所示。

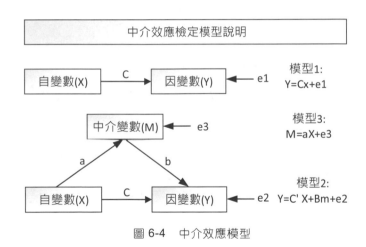

圖 6-4　中介效應模型

如圖 6-4 所示，中介效應檢定會涉及 3 個模型，共有 4 個迴歸係數值。其中，模型 1 為自變數 X 對應變數 Y 的迴歸模型，模型 2 為自變數 X 和中介變數 M 對應變數 的迴歸模型，從模型 1 和模型 2 來看，模型 2 是在模型 1 的基礎上多出一個自變數（中介變數 M），模型 1 和模型 2 的構建使用分層迴歸方法。模型 3 為中介變數 M 對應變數 Y 的迴歸模型。從圖 6-4 中可以明顯看出：中介變數 M 在模型 2 中是自變數，但是其在模型 3 時為應變數，這也正是中介研究的精髓所在。

對中介效應所涉及的 4 個迴歸係數值,分別使用符號 a、b、c、c´ 表示。在模型 1 中,X 對 Y 的迴歸係數值用符號 c 表示;模型 2 中涉及兩個迴歸係數值,分別是 X 對 Y 的迴歸係數值(符號 c´)和 M 對於 Y 的迴歸係數值(符號 b);模型 3 涉及一個迴歸係數值(符號 a),表示 X 對於 M 的迴歸係數值。模型中另外 3 個符號 e1、e2、e3 分別代表對應模型的殘差值。另外,常見迴歸模型運算式為 Y=Constant+b1*X1+b2*X2+e,運算式中涉及常數項(Constant),但在此 3 個模型中沒有出現,原因在於自變數 X、中介變數 M 和應變數 Y 均進行過標準化處理,如圖 6-5 所示為中介效應分析步驟。

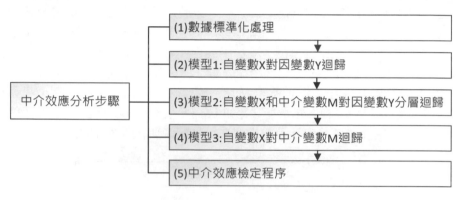

圖 6-5　中介效應分析步驟

第一步,資料標準化處理。對於自變數 X、中介變數 M 和應變數 Y,通常情況下它們均由多個題項組成,而中介研究是針對變數而非具體題項,因而首先需要計算對應題項的平均評分,並且以平均評分代表對應的變數,比如滿意度變數由 4 個題項表示,則應該計算此 4 個變數的平均評分用於表示滿意度這一變數。接著需要對自變數 X、中介變數 M 和應變數 Y 全部進行標準化處理,標準化處理這一步驟可以由 SPSS 軟體直接完成,完成標準化處理後,模型中使用的變數即全部為標準化處理後的新資料。除了可以對資料進行標準化處理,也可以對其進行中心化處理,中心化處理和標準化處理的目的均是減少多重共線性問題,但中心化處理無法直接透過 SPSS 操作完成。

第二步和第三步分別是建立模型 1 和模型 2。這兩個步驟涉及多層迴歸模型,可直接使用 SPSS 軟體操作完成。

第四步,建立模型 3。此步驟類似多元線性迴歸模型的構建,直接使用 SPSS 軟體操作完成。

第五步，中介效應檢定。完成 3 個模型的建立之後，得到 4 個迴歸係數值，結合此 4 個迴歸係數值的顯著性情況進行中介效應檢定，具體中介效應檢定步驟如圖 6-6 所示。

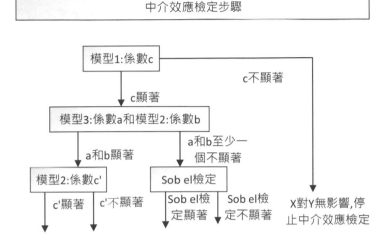

圖 6-6　中介效應檢定步驟

對於中介效應檢定，首先要判斷係數 c 是否呈現出顯著性（顯著性通常以 0.05 和 0.01 作為標準，P 值小於 0.05 則說明顯著，P 值小於 0.01 則為 0.01 水準顯著，P 值小於 0.05（並且大於 0.01）則為 0.05 水準顯著）。如果係數 c 不顯著，那麼說明自變數 X 對應變數 Y 不會有影響關係，沒有影響關係也就不應該有中介效應，因而中介效應檢定結束。如果係數 c 顯著，則接著進行中介效應檢定。

中介效應具體分為兩類，分別是部分中介效應和完全中介效應。部分中介效應是指在自變數 X 對應變數 Y 的影響過程中，一部分是透過中介變數 M 實現的，另一部分是自變數 X 直接對應變數 Y 產生影響關係。完全中介效應是指在自變數 X 對應變數 Y 的影響過程中，自變數 X 完全透過中介變數 M 影響應變數 Y。如果係數 c´ 顯著，則說明為部分中介效應；如果係數 c´ 不顯著，則說明為完全中介效應。

當確認係數 c 顯著之後，接著要對係數 a 和係數 b 進行判斷。如果這兩個係數均顯著，則說明中介效應一定存在；如果這兩個係數中至少有一個不顯著（其中一個不顯著，或者兩個均不顯著），那麼需要進行 Sobel 檢定。SPSS 軟體無法直接進行 Sobel 檢定，需要自行進行計算（Sobel 檢定公式為：$(a*b)/\sqrt{a^2 s_b^2 + b^2 s_a^2}$，其中 sa 為係數 a 對應的標準誤，sb 為係數 b 對應的標準誤），或者使用相關網站直

接計算 Sobel 檢定統計值。如果 Sobel 檢定統計值的絕對值大於 1.96( 1.96 是 0.05 水準顯著的臨界值），那麼説明為部分中介效應，反之則説明無中介效應。

上述中介效應檢定步驟針對自變數 X、中介變數 M 或者應變數 Y 均為一個的情況，如果自變數 X 有多個時，則會涉及多個 c 和 c´。如果中介變數 M 有多個時，那麼研究人員可以將模型拆分成多個以簡化分析。如果將多個中介變數 M 合併處理，那麼會出現多個 b 值。如果應變數 Y 有多個時，那麼研究人員需要將模型進行拆分後再進行處理。

## 6.2.3　調節效應分析

本節會介紹調節效應研究。調節效應是檢定自變數 X 對應變數 Y 的影響時，另外一個變數即調節變數 Z 不同時，X 對 Y 的影響程度是否會有明顯差異，如果有明顯差異，那麼説明調節效應存在，反之則不存在。本節從調節效應研究的基本原理、檢定方法、檢定模型和操作步驟共四方面進行闡述。類似中介效應檢定，在實際研究過程中，調節效應可能涉及多個自變數 X 和調節變數 M，甚至多個應變數 Y，研究人員在進行研究時應該將複雜的模型拆分為多個簡單模型，最終完成調節效應研究。調節效應原理如圖 6-7 所示。

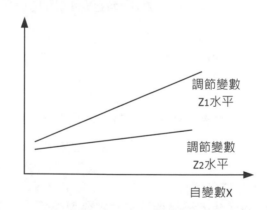

圖 6-7　調節效應原理

從圖 6-7 中可以直觀地看出，自變數 X 與應變數 Y 之間有著正向相關關係，當 X 增大時，Y 也會隨之增大，而當調節變數 Z 在不同水準時，X 與 Y 之間的關係程度不一致。相對於調節變數 Z 在 Z2 水準，調節變數 Z 在 Z1 水準時，X 與 Y 之間的同向增加幅度會更強。當有類似此類關係現象出現時，則稱變數 Z 為調節變數，此類研究被稱為調節效應研究。上述特徵為調節效應的基本特徵，具體的調節效應研究會更為複雜，接下來會對調節效應涉及的分析方法進行説明，如表 6-2 所示。

表 6-2　調節效應分類

| 自變數 **X**<br>調節變數 **Z** | 分類 | 定量 |
|---|---|---|
| 分類 | 多因素變異數分析 | 分層迴歸分析或分組迴歸 |
| 定量 | 分層迴歸分析 | 分層迴歸分析 |

結合自變數 X 和調節變數 Z 的資料類型情況，調節效應研究可分為四種類型，這四種調節效應研究的應變數 Y 均為定量資料，應變數 Y 為分類資料的情況不在本書的討論範疇。

第一種調節效應研究為自變數 X 和調節變數 Z 均為分類資料，此時應該使用多因素變異數分析方法，此類方法的使用會在第 8 章中說明。第二種調節效應研究為自變數 X 為定量資料，調節變數 Z 為分類資料，此時應該使用分層迴歸分析或者分組迴歸分析。分組迴歸分析是將資料拆分成幾個部分進行建模，不能充分有效地利用樣本資料，筆者建議使用分層迴歸分析方法。第三種調節效應研究為自變數 X 為分類資料，調節變數 Z 為定量資料，此時應該使用分層迴歸分析方法，在實際研究中此類情況非常少見。第四種類型為自變數 X 和調節變數 Z 均為定量資料，此時應該使用分層迴歸分析方法，在實際研究中此類情況最為常見。

第一種調節效應研究需要使用多因素變異數分析方法，此類分析方法會在第 8 章中進行說明。除第一種調節效應研究外，後三種調節效應研究均可以使用分層迴歸分析，類似於中介效應檢定中提及的分層迴歸分析方法。分層迴歸分析相當於兩個模型，第一個模型包括部分自變數，第二個模型是在第一個模型的基礎上加入新的自變數，SPSS 軟體會記錄下兩個模型的相關變化值（比如 $R^2$ 變化，F 值變化等）。接下來對調節效應研究涉及的分層迴歸模型進行詳細說明。

如圖 6-8 所示，在使用分層迴歸分析方法研究調節效應時，共涉及兩個模型，其構建透過分層迴歸分析完成。在模型 1 中自變數為 X 和 Z（調節變數），而在模型 2 中自變數多出一個，即在模型 1 的基礎上加入交互項（X 與 Z 的乘積項），因為自變數 X 或者調節變數 Z 的數量可能為多個，也或者自變數 X 或者調節變數 Z 為分類資料，所以交互項通常不止一個。針對第一種調節效應研究，需要使用多因素變異數分析方法進行研究。針對第二種調節效應研究，調節變數 Z 為分類資料，因而需要對調節變數 Z 進行虛擬變數設置，使用處理後的虛擬變數資料進行分析。針對第三種調節效應研究，自變數 X 為分類資料，因而需要對自變數 X 進行虛擬變數設置，使用處理後的虛擬變數資料進行分析。針對第四種調節效應研究，自變數 X 和調節變數 Z 均為定量資料，不需要進行虛擬變數處理。完成調節效應的模型後，接下來針對調節效應分析的具體操作步驟和調節效應檢定進行剖析，如圖 6-9 所示。

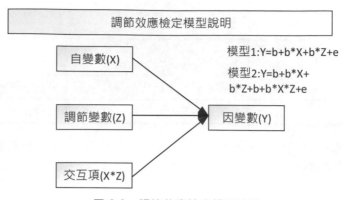

圖 6-8　調節效應檢定模型說明

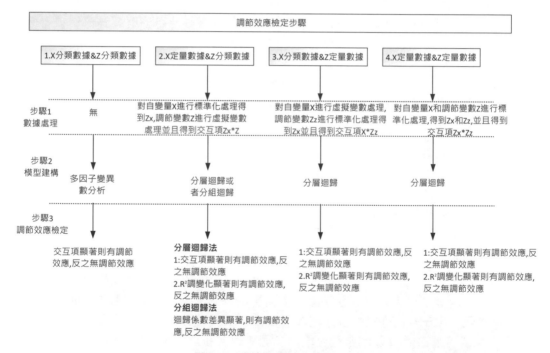

圖 6-9　調節效應檢定步驟

針對第一種調節效應研究，不需要進行資料處理，直接使用多因素變異數分析方法，將交互項是否顯著作為調節效應的判斷標準。如果交互項顯著，那麼說明有調節效應，反之則說明調節效應不存在。在使用多因素變異數分析方法進行調節效應研究時，在多數情況下會結合交叉圖進行調節效應說明。第四種調節效應研究也可以轉換為第一種調節效應研究，將自變數 X 和調節變數 Z 進行分組處理變成分類資料，

然後使用第一種調節效應研究。關於多因素變異數分析的詳細說明，讀者可以參考第 9 章內容。

針對第二種調節效應研究，首先需要對其進行標準化資料處理，另外調節變數 Z 為分類資料，需要對其進行虛擬變數處理。例如變數 X 為國籍，並且國籍有 3 個，分別是中國、美國和英國，此時應該進行虛擬變數處理，最終將國籍變成兩列資料，名稱分別是美國和英國。對於美國，樣本國籍為美國，數值為 1，否則為 0；對於英國，樣本國籍為英國，數值為 1，否則為 0，而中國則作為參照項（如果美國或者英國作為參照項，則做類似處理）。對自變數 X 進行標準化處理（ZX）和對調節變數 Z 進行虛擬變數處理後，還需要將處理後的資料進行乘項處理得到交互項（乘積項，標準化處理後的 X 與虛擬變數處理後的調節變數項進行相乘），如表 6-3 所示。

表 6-3　交互項生成（X 為定量資料，Z 為分類資料）

| 編號 | 自變數為定量資料，標準化處理 | 調節變數為分類資料，虛擬變數處理 | 交互項 |
|---|---|---|---|
| 1 | ZX | 美國 | ZX*美國 |
| 2 | ZX | 英國 | ZX*英國 |

在表 6-3 中，自變數 X 僅有 1 個，而虛擬變數處理為兩列資料（分別是美國和英國，以中國作為參照項），則會生成兩個交互項。

完成資料處理之後，接著使用處理後的資料進行分層迴歸分析建模（建議使用分層迴歸）。透過分層迴歸建模，共得到兩個模型，結合模型結果進行調節效應檢定。調節效應檢定可以分為兩種，第一種為直接看交互項的顯著性，如果交互項顯著，則說明具有調節效應，反之則說明無調節效應，建議使用此類檢定方法。第二種為判斷 R2 變化值的顯著性，分層迴歸共得到兩個模型，模型 2 是在模型 1 的基礎上加入交互項。如果 R2 變化值呈現出顯著性，那麼說明存在調節效應，反之則無調節效應。在實際研究中，交互項通常有多個，但 R2 變化值僅有 1 個，如果使用 R2 變化值判斷調節效應，那麼需要多次使用分層迴歸分析進行檢定。多次使用分層迴歸分析進行檢定使得輸出結果較多並且不便於文字分析，因此不建議使用這種檢定方法。

第二種調節效應研究可以使用分組迴歸方法，分組迴歸將樣本拆分為多組，如果調節變數如同上述例子中的國籍（中國、美國和英國），那麼將樣本拆分 3 組進行研究。使用分組迴歸研究調節效應的具體檢定方法是透過驗證兩個分組迴歸模型，觀察每個自變數對應的迴歸係數是否有顯著差異（F 檢定），如果有顯著差異，那麼

說明有調節效應，反之則說明無調節效應。分組迴歸沒有充分利用樣本資料資訊，因而在實際研究中使用相對較少，建議使用分層迴歸分析進行研究。

針對第三種調節效應研究，自變數 X 為分類資料，首先需要對其進行虛擬變數處理；調節變數 Z 為定量資料，需要對其進行標準化處理。在自變數 X 進行虛擬變數處理和調節變數 Z 進行標準化處理後，類似第二種調節效應研究，還需要生成交互項（交互項不能再進行標準化處理），即虛擬變數處理後的自變數與標準化處理後的調節變數相乘。比如自變數為國籍（中國、美國和英國），調節變數為定量資料，則交互項生成如表 6-4 所示。

表 6-4　交互項生成（X 為分類資料，Z 為定量資料）

| 編號 | 自變數為分類資料，虛擬變數處理 | 調節變數為定量資料，標準化處理 | 交互項 |
|------|-----------------------------|------------------------------|--------|
| 1 | 美國 | Zz | 美國*Zz |
| 2 | 英國 | Zz | 英國* Zz |

完成資料處理後，使用處理後的資料進行分層迴歸分析模型構建。類似第二種調節效應研究，完成分層迴歸建模後，透過交互項的顯著性情況判斷是否具有調節效應，如果交互項顯著，那麼說明具有調節效應，否則說明無調節效應。與第二種調節效應研究類似，研究人員也可以透過 $R^2$ 變化值的顯著性情況判斷調節效應。第三種調節效應研究和第二種調節效應研究的思維基本一致，均需要提前對資料進行虛擬處理或者標準化處理。

針對第四種調節效應研究，自變數 X 為定量資料，調節變數 Z 也為定量資料，首先需要對 X 和 Z 進行標準化處理，然後使用標準化後的 X 與 Z 相乘，得到 X 與 Z 交互項（交互項不能再進行標準化處理）。針對第四種調節效應研究，自變數 X 和調節變數 Z 均為定量資料，進行分析時可以將自變數 X 或者調節變數 Z 進行分組處理，通常情況下是以平均值或者中位數作為分組標準，完成分組處理，即將自變數 X 或者調節變數 Z 由定量資料轉換成分類資料，也就是將第四種調節效應研究轉換成第一種調節效應研究。

除第一種調節效應研究外，另外 3 種調節效應研究基本類似，均需要進行資料虛擬變數處理或者標準化處理，生成交互項，並且利用處理後的資料進行分層迴歸模型構建，最終透過交互項顯著性或者 $R^2$ 變化值顯著性進行調節效應檢定。資料處理分成虛擬變數處理和標準化處理，並且先進行虛擬變數處理和標準化處理後才能生成交互項，在模型中均使用處理後的資料。另外，在這四種調節效應研究中，均不需要對應變數 Y 進行處理。

# 6.3 案例分析

本案例研究員工對工作的滿意度對創新績效的影響關係，並且以創新氛圍作為中介變數。問卷整體框架結構如表 6-5 所示。

表 6-5 中介調節效應問卷案例：員工對工作的滿意度對創新績效的影響關係
（以創新氛圍作為中介變數）

| 框架內容 | 題項 | 題項內容 |
|---|---|---|
| 樣本背景資訊 | P1 | 性別 |
| | P2 | 年齡 |
| | P3 | 婚姻 |
| | P4 | 教育程度 |
| 樣本基本特徵 | P5 | 職位 |
| | P6 | 工作年限 |
| | P7 | 企業性質 |
| | P8 | 所在部門 |
| 個人發展 | AA1 | 當前工作有利於我發揮個人的才能 |
| | AA2 | 我在工作中有自由運用個人判斷力的機會 |
| | AA3 | 我在工作中有可以按照個人方式處理事情的機會 |
| | AA4 | 我從當前工作中能獲得成就感 |
| 工作特性 | AB1 | 我目前的工作量適中 |
| | AB2 | 我目前工作的穩定性良好 |
| | AB3 | 我目前所處的工作環境及條件良好 |
| | AB4 | 我與同事之間的人際關係和諧 |
| 領導管理 | AC1 | 上司對待下屬的方式恰當 |
| | AC2 | 上司的決策能力良好 |
| | AC3 | 公司的管理方式合理 |
| 工作回報 | AD1 | 我的勞動付出與工作收入匹配 |
| | AD2 | 我的工作能帶給我晉升的機會 |
| | AD3 | 我因工作出色而獲得獎勵或讚賞 |

《續上頁》

| 框架內容 | 題項 | 題項內容 |
|---|---|---|
| 工作自由 | BA1 | 我的工作內容有我可以自由發揮的空間 |
| | BA2 | 我的工作十分具有挑戰性 |
| | BA3 | 我可以自由設定我的工作目標與進度 |
| | BA4 | 我可以不受干擾獨立地工作 |
| | BA5 | 我的工作環境和諧良好、工作空間舒適自由，令人滿意 |
| | BA6 | 我可以自由安排與佈置我的工作環境 |
| | BA7 | 我的工作環境可以使我更有創意的靈感 |
| | BA8 | 在我的工作中，經常可以獲得他人的肯定與支援 |
| 團隊合作 | BB1 | 我的工作夥伴與團隊成員能夠相互支持與協助 |
| | BB2 | 我的工作夥伴與團隊成員能夠多方討論、交換心得 |
| | BB3 | 我的工作夥伴與團隊成員具有良好的共識與一致的目標 |
| | BB4 | 我的工作夥伴與團隊成員能以溝通協調來解決問題與衝突 |
| 創新績效 | C1 | 我因為提供創新建議而獲得獎勵 |
| | C2 | 我能把創新性想法轉換成實際應用 |
| | C3 | 透過學習，我能提出一些獨創性的解決問題的方案 |
| | C4 | 我能用系統的方法介紹創新性的思想 |
| | C5 | 我能使企業重要的組織成員關注創新性的思維 |

從問卷結構來看，P1~P4 共 4 個題項表示樣本背景資訊，P5~P8 共 4 個題項表示樣本基本特徵。核心題項全部為五點量表題項（1 代表非常不同意，2 代表不同意，3 代表一般，4 代表比較同意，5 代表非常同意），AA1~C5 共 31 個題項，此 31 個題項均有相關參考量表。自變數為工作滿意度，並且工作滿意度由 4 個變數表示，分別是個人發展、工作特性、領導管理、工作回報；中介變數為創新氛圍，其由兩個變數表示，分別是工作自由和團隊合作；應變數創新績效不再細分變數。

此案例的核心研究思維是研究工作滿意度對於創新績效的影響關係，並且在分析工作滿意度 4 個變數對於創新績效的影響時，創新氛圍的兩個變數是否會起中介效應。另外，本案例還研究工作滿意度 4 個變數在影響創新績效時，性別是否會起調節效應，即對於不同性別的人群，工作滿意度對創新績效的影響幅度是否有著明顯差異。

在本案例中，首先需要對樣本背景資訊，以及樣本基本特徵進行統計分析。接著需要進行信度分析和效度分析，雖然本案例的量表題項均有參考依據，但結合具體樣本情況時，可能某些題項並不適合，因而在使用探索性因數分析進行建構效度驗證時，可能會對題項進行刪除處理，以達到更好的效度水準。完成信度分析和效度分析之後，接著需要對研究變數進行敘述統計分析，計算各個研究變數，包括自變數、中介變數和應變數的平均評分情況，從而能從整體上描述樣本對各研究變數的態度情況。本案例最核心的分析內容為變數關係研究，首先使用相關分析研究變數之間相關關係，接著使用多元線性迴歸分析研究自變數對於應變數或者自變數對於中介變數的影響關係，最後進行中介效應檢定。完成中介效應檢定之後，最後對性別是否會起調節效應進行驗證。

出於篇幅的考慮，以及在第 5 章有相關內容說明，因而本案例省略樣本背景資訊和基本特徵統計分析，以及研究變數敘述性分析等內容。

## 6.3.1　案例的信度分析和效度分析

在絕大多數情況下，在研究中介效應或者調節效應時，研究量表均為經典量表，並且均有著理論參考依據，在實際研究中，研究量表可能沒有良好的信度水準或效度水準，尤其是效度水準有可能不達標，在使用探索性因數分析進行建構效度驗證時，需要將不合理的題項刪除後再進一步分析。

本節以員工滿意比例表為例，使用探索性因數分析進行建構效度驗證，在建構效度驗證過程中涉及題項的刪除處理，因而信度分析應該在刪除題項後再進行。從分析報告順序上看，信度分析也可以放在效度分析之後，但通常情況下會先進行信度分析再進行效度分析。因為可信是基礎，在可信的基礎上才會討論是否有效。建構效度驗證通常使用探索性因數分析方法進行分析，透過探索性因數分析，會得出因數（變數）與題項的對應關係。研究人員也會有對變數與題項對應關係的預期，如果軟體生成的結果與預期基本一致，則說明具有良好的效度水準。使用探索性因數分析對員工滿意比例表進行效度驗證的過程和說明分別如表 6-6 和表 6-7 所示（創新氛圍和創新績效量表不單獨說明）。

從量表參考來源可知，員工滿意度共分為 4 個變數（個人發展、工作特性、領導管理和工作回報），因此在使用探索性因數分析時，首先設置生成為 4 個因數，而不是由軟體自動識別生成因數個數。第一次探索性因數分析後的旋轉成分矩陣結果如表 6-6 所示。

表 6-6　員工滿意比例表：第一次探索性因數分析旋轉成分矩陣結果

| 題項 | 因子 | | | |
|---|---|---|---|---|
| | **1** | **2** | **3** | **4** |
| AA4 當前工作有利於我發揮個人的才能 | 0.359 | 0.705 | 0.156 | 0.146 |
| AA5 我在工作中有自由運用個人判斷力的機會 | 0.118 | 0.792 | 0.236 | -0.134 |
| AA6 我在工作中有可以按照個人方式處理事情的機會 | 0.121 | 0.747 | 0.258 | 0.208 |
| AA7 我從當前工作中能獲得成就感 | 0.283 | 0.720 | 0.107 | 0.303 |
| AB1 我目前的工作量適中 | 0.21 | 0.22 | 0.24 | 0.845 |
| AB2 我目前工作的穩定性良好 | 0.096 | 0.181 | 0.809 | 0.105 |
| AB3 我目前所處的工作環境及條件良好 | 0.321 | 0.092 | 0.726 | 0.255 |
| AB4 我與同事之間的人際關係和諧 | 0.29 | 0.315 | 0.575 | 0.068 |
| AC1 上司對待下屬的方式恰當 | 0.458 | 0.366 | 0.615 | 0.057 |
| AC2 上司的決策能力良好 | 0.602 | 0.318 | 0.439 | -0.075 |
| AC3 公司的管理方式合理 | 0.737 | 0.257 | 0.359 | 0.014 |
| AD1 我的勞動付出與工作收入匹配 | 0.771 | 0.063 | 0.094 | 0.391 |
| AD2 我的工作能帶給我晉升的機會 | 0.798 | 0.177 | 0.193 | 0.152 |
| AD3 我因工作出色而獲得獎勵或讚賞 | 0.734 | 0.315 | 0.24 | 0.088 |

從表 6-6 中可以明顯看出：AA4~AA7 這 4 個題項表示個人發展變數，而且此 4 個題項合併在一起後，因數負荷係數值均高於 0.7，因而認為此 4 個題項沒有問題。AB1~AB4 這 4 個題項表示工作特性變數，但 AB1 這個題項明顯存在問題，其與 AB2~AB4 這 3 個題項並沒有對應著同一個因數，而是單獨萃取為一個因數，說明此題項應該刪除。

從 AC1~AC3 來看，此 3 個題項也有可能出現問題，AC1 同時對應著兩個因數（對應兩個因數時的因數負荷係數值均高於 0.4），對應因數 1 的負荷係數為 0.458，對應因數 3 的負荷係數值是 0.615。AC2 這一題項也同時對應看兩個因數，對應因數 1 的負荷係數為 0.602，對應因數 3 的負荷係數是 0.439。因此 AC1 和 AC2 這兩個題項也應該值得關注。AD1~AD3 這 3 個題項合併對應著同一個因數，並沒有問題。從表 6-6 中可以看出，AC1~AD3 共 6 個題項均對應著同一個因數，這種情況也不應該被接受，但這是第一次探索性因數分析，上述分析已經發現 AB1 這個題項應該被刪除，因此可以先將 AB1 這個題項刪除後進行第二次探索性因數分析。第二次探索性因數分析旋轉成分矩陣結果如表 6-7 所示。

表 6-7　員工滿意比例表：第二次探索性因數分析旋轉成分矩陣結果

| 題項 | 因　子 | | | |
|---|---|---|---|---|
| | **1** | **2** | **3** | **4** |
| AA4 當前工作有利於我發揮個人的才能 | 0.721 | 0.351 | 0.183 | 0.132 |
| AA5 我在工作中有自由運用個人判斷力的機會 | 0.787 | 0.049 | 0.143 | 0.210 |
| AA6 我在工作中有可以按照個人方式處理事情的機會 | 0.739 | 0.072 | 0.320 | 0.132 |
| AA7 我從當前工作中能獲得成就感 | 0.736 | 0.296 | 0.202 | 0.057 |
| AB2 我目前工作的穩定性良好 | 0.225 | 0.116 | 0.197 | 0.854 |
| AB3 我目前所處的工作環境及條件良好 | 0.131 | 0.337 | 0.320 | 0.711 |
| AB4 我與同事之間的人際關係和諧 | 0.264 | 0.112 | 0.648 | 0.303 |
| AC1 上司對待下屬的方式恰當 | 0.311 | 0.255 | 0.729 | 0.321 |
| AC2 上司的決策能力良好 | 0.243 | 0.355 | 0.732 | 0.124 |
| AC3 公司的管理方式合理 | 0.210 | 0.554 | 0.622 | 0.124 |
| AD1 我的勞動付出與工作收入匹配 | 0.115 | 0.855 | 0.140 | 0.147 |
| AD2 我的工作能帶給我晉升的機會 | 0.201 | 0.788 | 0.246 | 0.11990 |
| AD3 我因工作出色而獲得獎勵或讚賞 | 0.312 | 0.663 | 0.371 | 0.153 |

從第二次探索性因數分析旋轉成分矩陣結果可知：AB4 本應該與 AB2、AB3 對應同一個因數，但實際上卻對應著另外一個因數，因而可以考慮將 AB4 刪除後，再次進行探索性因數分析。而 AC3 對應著兩個因數，但問題不大，原因在於 AC1~AC3 這 3 個題項依然同屬於一個因數。AD1~AD3 這 3 個題項同屬於一個因數，沒有問題。刪除 AB4 這一題項後再次進行探索性因數分析，結果如表 6-8 所示。

表 6-8　員工滿意比例表：第三次探索因數分析旋轉成分矩陣結果

| 題項 | 因　子 | | | |
|---|---|---|---|---|
| | **1** | **2** | **1** | **4** |
| AA4 當前工作有利於我發揮個人的才能 | 0.720 | 0.341 | 0.186 | 0.130 |
| AA5 我在工作中有自由運用個人判斷力的機會 | 0.792 | 0.057 | 0.098 | 0.212 |
| AA6 我在工作中有可以按照個人方式處理事情的機會 | 0.752 | 0.069 | 0.281 | 0.156 |
| AA7 我從當前工作中能獲得成就感 | 0.739 | 0.292 | 0.193 | 0.063 |
| AB2 我目前工作的穩定性良好 | 0.233 | 0.111 | 0.150 | 0.863 |

| 題項 | 因子 | | | |
|---|---|---|---|---|
| | **1** | **2** | **1** | **4** |
| AB3 我目前所處的工作環境及條件良好 | 0.141 | 0.325 | 0.293 | 0.732 |
| AC1 上司對待下屬的方式恰當 | 0.342 | 0.233 | 0.688 | 0.380 |
| AC2 上司的決策能力良好 | 0.257 | 0.266 | 0.819 | 0.181 |
| AC3 公司的管理方式合理 | 0.222 | 0.496 | 0.680 | 0.167 |
| AD1 我的勞動付出與工作收入匹配 | 0.111 | 0.857 | 0.161 | 0.139 |
| AD2 我的工作能帶給我晉升的機會 | 0.201 | 0.782 | 0.264 | 0.193 |
| AD3 我因工作出色而獲得獎勵或讚賞 | 0.328 | 0.685 | 0.321 | 0.173 |

從表 6-8 中可以看出，除了 AC3 這一題項對應著兩個因數（「雙負荷」現象），其餘題項與因數對應關係均正常。雖然 AC3 這一題項出現「雙負荷」現象，但是它依然與 AC1、AC2 這兩個題項對應著同一個因數，因而結果可以接受。最終驗證說明員工滿意量表具有良好的效度水準。題項與因數對應關係情況是效度驗證最關鍵的部分，另外在進行效度驗證時，還可以對探索性因數分析的其餘指標進行綜合說明，比如 KMO 值、Bartlett 球形檢定、變異數解釋率、特徵值等（具體可以參考第 5 章內容）。

在實際驗證過程中，研究人員需要進行多次分析，將對應關係出現問題的題項刪除。並且在其他的研究中，包括信度分析，也應該以刪除後的題項作為標準進行分析。

使用探索性因數分析進行建構效度驗證時，處理方法並不固定，同樣一份資料，可能會有多種刪除結果，研究人員需要綜合具體情況進行處理，並且對建構效度驗證應該進行綜合說明，不能一概而論。通常情況下，刪除題項後每個變數應該至少還有兩個題項表示，最好有 3 個或者更多。

## 6.3.2 案例的研究變數相關關係和迴歸影響關係分析

完成信度分析和效度分析後，還應該對研究變數的相關關係和迴歸影響關係進行分析，然後再研究中介效應或者調節效應。在進行中介效應研究之前，首先要研究各個變數之間的相關關係（自變數 X、中介變數 M 和應變數 Y），接著進行迴歸影響關係分析（自變數 X 對於中介變數 M 的迴歸影響關係，自變數 X 對於應變數 Y 的迴歸影響關係，以及中介變數 M 對於應變數 Y 的迴歸影響關係）。在進行作用研

究之前，首先需要分析自變數 X 與應變數 Y 的相關關係，以及自變數 X 與應變數 Y 之間的迴歸影響關係，不需要分析自變數 X 與調節變數 Z，或者調節變數 Z 與應變數 Y 的相關關係或者迴歸影響關係（自變數 X 與調節變數 Z，或者調節變數 Z 與應變數 Y 通常不會有相關關係或者迴歸影響關係）。

針對本案例的中介效應研究，首先使用相關分析研究自變數 X 員工滿意度對應的 4 個變數分別與中介變數 M 創新氛圍（兩個變數）的相關關係或者迴歸影響關係，並且分析自變數 X 員工滿意度與應變數 Y 創新績效的相關關係或者迴歸影響關係，以及分析中介變數 M 創新氛圍與應變數 Y 創新績效的相關關係或者迴歸影響關係。

在本案例中，研究調節效應時，應該首先分析自變數 X 員工滿意度與應變數 Y 創新績效的相關關係和迴歸影響關係，不需要分析自變數 X 員工滿意度或者應變數 Y 創新績效與調節變數 Z 性別的相關關係或者迴歸影響關係。

對於本案例中 3 個量表的相關關係或者迴歸關係表格呈現以及文字說明，本節不單獨進行展示，讀者可參考第 5 章相關內容。

## 6.3.3　案例的中介效應分析

本節主要分析和研究中介效應。本案例涉及 3 個量表，分別為員工滿意比例表、創新氛圍量表和創新績效量表。其中員工滿意比例表共分為 4 個研究變數，分別為個人發展、工作特性、領導管理和工作回報。創新氛圍量表分為兩個研究變數，分別為工作自由和團隊合作。創新績效不再繼續細分二級維度。在研究時，自變數 X 為員工滿意度（4 個變數），　中介變數 M 為創新氛圍（兩個變數分別是工作自由和團隊合作），應變數 Y 為創新氛圍。中介變數相當於兩個變數，本案例僅以團隊合作變數為例進行中介效應分析。

在進行中介效應分析之前，首先應該對自變數 X（4 個變數）、中介變數 M（兩個變數）和應變數 Y 分別進行資料標準化處理。處理完成後使用分層迴歸分析方法進行中介效應驗證。如果在迴歸分析中顯示某個自變數 X 對於應變數 Y 不會有影響關係，那麼在此種情況下不可能有對應的中介效應，因此可以直接放棄該自變數的中介效應分析，即不納入模型中（納入也沒有問題）。將 SPSS 軟體輸出的結果進行整理並規範地放置在一張表格中進行中介效應分析，最後整體表格結果如表 6-9 所示。

表 6-9　中介效應分析結果匯總

| 模　　型 | 模型 1 | | 模型 2 | | 模型 3 | |
| --- | --- | --- | --- | --- | --- | --- |
| | 創新績效 | | 創新績效 | | 團隊合作 | |
| | **B** | 標準誤 | **B** | 標準誤 | **B** | 標準誤 |
| 常數 | 0.000 | 0.041 | 0.000 | 0.040 | 0.000 | 0.036 |
| 個人發展 | 0.316** | 0.054 | 0.223** | 0.055 | 0.308** | 0.047 |
| 工作特性 | 0.219** | 0.053 | 0.165** | 0.052 | 0.177** | 0.046 |
| 領導管理 | -0.075 | 0.067 | -0.137* | 0.066 | 0.202** | 0.058 |
| 工作回報 | 0.244** | 0.059 | 0.191** | 0.058 | 0.174** | 0.051 |
| 團隊合作 | - | - | 0.304** | 0.057 | - | - |
| R2 | 0.341 | | 0.386 | | 0.506 | |
| 調整 R2 | 0.334 | | 0.378 | | 0.501 | |
| 模　　型 | 模型 1 | | 模型 2 | | 模型 3 | |
| | 創新績效 | | 創新績效 | | 團隊合作 | |
| | B | 標準誤 | B | 標準誤 | B | 標準誤 |
| F 值 | 49.572** | | 48.186** | | 98.287** | |
| ΔR2 | 0.341 | | 0.046 | | - | |
| ΔF 值 | 49.572** | | 28.463** | | - | |

\* P<0.05，\*\* P<0.01

下面分析個人發展、工作特性、領導管理、工作回報在影響創新績效的過程中，團隊合作是否會起著中介效應。中介效應分析共涉及 3 個模型，模型 1 的應變數為創新績效，自變數為個人發展、工作特性、領導管理、工作回報；模型 2 是在模型 1 的基礎上加入中介變數，即把團隊合作作為自變數，模型 3 的應變數是團隊合作，自變數為個人發展、工作特性、領導管理、工作回報。

模型 1 和模型 2 的建構是使用分層迴歸分析進行的，從模型 1 向模型 2 變化時，主要變化在於模型 2 在模型 1 的基礎上，將中介變數團隊合作放入模型中，因此會涉及 R2 或者 ΔF 這兩個指標值。從模型 1 向模型 2 變化時，R2 為 0.046（模型 1 對應的 R2，或者 ΔF 變化就是自身值），ΔF 值為 28.463，並且呈現出顯著性。模型 3 使用普通迴歸分析進行。由於所有變數均經過標準化處理，因而在表 6-9 中可以看出常數的迴歸係數 B 值為 0.000，在實際研究中通常不會列出常數這一行資料。

另外，表 6-9 中列出標準誤值，原因在於在具體研究中可能會涉及 Sobel 檢定（本案例並不涉及此檢定）。具體中介效應的檢定應該嚴格按照檢定步驟進行。

下面分析個人發展在影響創新績效的過程中，團隊合作是否起著中介效應。在模型 1 中，個人發展呈現出 0.01 水準的顯著性，因此說明其會對創新績效產生顯著的影響關係。在模型 3 中，個人發展也呈現出 0.01 水準顯著性，並且在模型 2 中團隊合作也呈現出 0.05 水準顯著性，因此說明中介效應存在，最後檢定是部分中介效應還是完全中介效應。從模型 2 來看，個人發展也呈現出顯著性，因此說明為部分中介效應，即說明在個人發展對於創新績效的影響過程中，一部分是自身去影響，還會有一部分透過團隊合作去影響。

下面分析工作特性在影響創新績效的過程中，團隊合作是否起著中介效應。在模型 1 中，工作特性呈現出 0.01 水準顯著性，因此說明其會對創新績效產生顯著的影響關係。接著在模型 3 中工作特性呈現出 0.01 水準顯著性，並且在模型 2 中團隊合作也呈現出 0.05 水準顯著性，因此說明中介效應存在，最後檢定是部分中介效應還是完全中介效應。從模型 2 來看，工作特性也呈現出 0.01 水準顯著性，因此說明為部分中介效應，即說明在工作特性對於創新績效的影響過程中，一部分是自身去影響，還會有一部分透過團隊合作去影響。

下面分析在領導管理對於創新績效的影響過程中，團隊合作是否起著中介效應。在模型 1 中，領導管理並沒有呈現出顯著性，因此說明其並不會對創新績效產生顯著的影響關係，更不會有中介效應，因此中介效應分析結束。（前面的迴歸分析也顯示領導管理不會對創新績效產生影響關係，因而領導管理可以直接不納入模型中，這裡將這一變數納入中介效應分析是出於完整性考慮。）

下面分析在工作回報對於創新績效的影響過程中，團隊合作是否起著中介效應。在模型 1 中，工作回報呈現出 0.01 水準顯著性，因此說明其會對創新績效產生顯著的影響關係。接著在模型 3 中，工作回報呈現出 0.01 水準顯著性，並且在模型 2 中，團隊合作也呈現出 0.05 水準顯著性，因此說明中介效應存在，最後檢定是部分中介效應還是完全中介效應。從模型 2 來看，工作回報也呈現出 0.01 水準顯著性，因此說明為部分中介效應，即說明在工作回報對於創新績效的影響過程中，一部分是自身去影響，還會有一部分透過團隊合作去影響。

如果研究中涉及 Sobel 檢定，那麼應該使用 Sobel 檢定公式（a*b）$/\sqrt{a^2 s_b^2 + b^2 s_a^2}$，其中 sa 為係數 a 對應的標準誤，sb 為係數 b 對應的標準誤。計算得到一個數值，並且將其與 1.96 這一臨界值進行對比，如果絕對值高於 1.96，則說明顯著，有部

分中介效應；反之則說明不存在中介效應。例如，如果在表 6-9 中個人發展這一變數涉及 Sobel 檢定（提示：僅舉例），那麼具體計算應該為：（0.316*-0.137）/ $\sqrt{0.316^2 * 0.066^2 + (-0.137)^2 * 0.054^2}$。

## 6.3.4 案例的調節效應研究

完成對此案例的中介效應研究後，下面進行調節效應研究。此案例研究員工滿意度（個人發展、工作特性、領導管理和工作回報）對於創新績效的影響關係，並且分析性別變數的調節效應。這裡設置女性作為參照項。最後將 SPSS 生成的表格結果進行整理匯總，如表 6-10 所示。

表 6-10　調節效應結果匯總

| 模型 | 模型 1 | | 模型 2 | |
|---|---|---|---|---|
| | B | 標準誤 | B | 標準誤 |
| 常數 | 3.933** | 0.043 | 3.965** | 0.043 |
| 個人發展 | 0.211** | 0.036 | 0.127** | 0.064 |
| 工作特性 | 0.152** | 0.036 | 0.128** | 0.057 |
| 領導管理 | -0.058 | 0.045 | -0.012 | 0.072 |
| 工作回報 | 0.158** | 0.04 | 0.011 | 0.07 |
| 性別 | -0.250** | 0.057 | −0.273** | 0.056 |
| 個人發展*性別 | - | 0.12 | | 0.077 |
| 工作特性*性別 | - | 0.031 | | 0.073 |
| 領導管理*性別 | - | - | -0.055 | 0.092 |
| 工作回報*性別 | - | - | 0.198** | 0.085 |
| R2 | 0.372 | | 0.400 | |
| 調整 R2 | 0.364 | | 0.386 | |
| F 值 | 45.369** | | 28.105** | |
| ΔR2 | - | | 0.028 | |
| ΔF 值 | - | | 4.470** | |

* P<0.05，** P<0.01

在本案例中，自變數 X 為定量資料，而調節變數 Z（性別）為分類資料，因而應該使用 6.2.3 節中提到的第二種調節效應研究方法。在進行調節效應研究之前，應該將自變數（個人發展、工作特性、領導管理、工作回報）分別進行標準化處理，然後生成相應的交互項。應變數創新績效不需要進行標準化處理。

研究調節效應透過分層迴歸分析方法進行，分層迴歸分析共涉及兩個模型。從表 6-10 可知，模型 1 將個人發展、工作特性、領導管理、工作回報作為自變數，將調節變數性別納入模型，並且將創新績效作為應變數。模型 2 在模型 1 的基礎上將個人發展、工作特性、領導管理、工作回報與性別的交互項作為自變數納入模型。由模型 1 可以看出，個人發展、工作特性和工作回報均會對創新績效產生顯著的正向影響關係。領導管理並不會對創新績效產生影響關係，因而調節效應研究結束，在研究時領導管理這個變數也可以不放入模型中。

檢定調節效應有兩種方法，第一種方法是直接分析交互項的顯著性。第二種方法是看ΔR2 是否顯著，看ΔF 值是否具有顯著性，表 6-10 中的ΔF 值為 4.470，並且呈現出 0.01 水準的顯著性，因此說明調節效應存在。但是性別與這 4 個變數中具體哪一個變數有著調節效應，依然需要看交互項的顯著性。建議直接透過檢定交互項的顯著性進行調節效應檢定，如果交互項呈現出顯著性，那麼說明具有調節效應，並且接著對交互項的正負號判斷調節效應的方向。

透過具體分析後發現，調節效應、個人發展、工作特性與性別之間的交互項均沒有呈現出顯著性，因此說明在個人發展對於創新績效的影響過程中，性別不會起調節效應；在工作特性對於創新績效的影響過程中，性別不會起調節效應；領導管理並不會對創新績效產生影響關係，因而更不可能會有調節效應；工作回報與性別之間的交互項呈現出 0.01 水準的顯著性，並且互項的迴歸係數值為 0.198，大於 0，因而說明在工作回報對於創新績效的影響過程中，性別起著正向調節效應；由於性別以女性作為參照項，因而說明在工作回報對於創新績效影響過程中，男性比女性的影響程度會更大。

本案例研究在員工滿意度對於創新績效的影響過程中，創新氛圍是否會起中介效應，並且研究影響性別變數的調節效應情況。研究發現，個人發展、工作特性和工作回報這 3 個變數均會對創新績效產生顯著的正向影響關係，而領導管理並不會對創新績效產生影響關係；在個人發展、工作特性和工作回報這 3 個變數對於創新績效的影響過程中，團隊合作均會起著部分中介效應；在工作回報對於創新績效產生影響過程中，性別會起著調節效應，男性比女性在工作回報對創新績效的影響幅度上會更高；而在個人發展和工作特性影響創新績效時，性別不會起調節效應。

# 07

# 量表類問卷權重研究

對於量表類問卷，指標權重計算在學術研究和企業研究中較為常見。量表類問卷權重研究的重心在於各個指標的權重評分，而非影響關係，透過計算各個指標或者題項的權重評分，最後構建完善的權重體系，並且結合各指標權重情況提出科學的建議。權重研究的分析方法非常多，但均針對量表類問卷，基本無法對非量表類問卷進行權重體系構建。量表類問卷的權重體系構建常見於企業財務競爭力體系、績效權重體系或者管理者領導力權重體系模型等。

量表類問卷權重研究方法在通常情況下可以分為兩類，即主觀評價法和客觀評價法。主觀評價法包括專家諮詢法、AHP 層次分析法等。專家諮詢法是由多位專家討論共同決定各指標的權重值情況。而 AHP 層次分析法也是利用專家打分，並且透過資料計算最終生成各指標權重值。客觀評價法包括因數分析法、熵值法等，因數分析法和熵值法直接使用收集的資料進行計算，最終生成指標權重值。

主觀評價法和客觀評價法各有利弊。主觀評價法使用專家意見，相對來講具有權威性，但同時也帶有主觀判斷因素。客觀評價法完全使用收集的資料進行分析，更加客觀，但其權威性會受到較多質疑。研究人員可以綜合主觀評價法和客觀評價法的利弊，使用組合賦值法，將主觀評價法（通常為 AHP 層次分析法）和客觀評價法（通常為因數分析法或者熵值法）的權重進行綜合，生成最終指標體系。

權重指標體系的構建有很多種方法，從實際問卷研究來看，AHP 層次分析法、因數分析法和熵值法的使用較為廣泛，綜合主觀評價法和客觀評價法後的組合賦值法的應用也較多。AHP 層次分析法、熵值法、組合賦值法均無法直接使用 SPSS 軟體進行計算，AHP 層次分析法通常可以直接使用 Excel 進行矩陣計算，但操作較為複雜，因而可以使用諸如 yaahp 等軟體進行計算。

因數分析法權重計算可以使用 SPSS 軟體，使用因數分析法生成結果後，再結合小量資料計算處理生成權重體系。熵值法的計算相對較為簡單，直接使用 Excel 軟體便可。組合賦值法是在主觀評價法（通常是 AHP 層次分析法）和客觀評價法（通常是因數分析法或者熵值法）的權重結果基礎上，綜合計算出最終權重體系的方法，其計算方法相對簡單，可以直接使用 Excel 軟體完成。

AHP 層次分析法、熵值法和組合賦值法均無法透過 SPSS 軟體完成，因而不在本書的討論範疇之內，有興趣的讀者可以參考相關文獻。本章對因數分析法進行說明，分別從分析思維解讀、分析方法說明、案例分析這 3 個模組進行闡述。

# 7.1　分析思維解讀

量表類問卷權重體系研究通常分成 8 個部分，分別是樣本背景分析，樣本特徵、行為分析，探索性因數分析，信度分析，效度分析，權重體系研究，研究變數敘述性分析和差異分析等。分析思維框架如圖 7-1 所示。

（1）樣本背景分析和樣本特徵、行為分析。這兩部分與第 5 章類似，使用次數分析瞭解樣本的基本資訊情況，並對基本特徵或者行為題項進行分析。

（2）探索性因數分析。使用探索性因數分析會研究量表題項，即對需要計算權重值的題項進行分析，將題項縮減為幾個因數，並且在後續權重體系研究中，基於探索性因數分析進行權重構造，權重構造完全使用探索性因數分析方法進行。在本研究思維中，探索性因數分析承載著兩個功能，一是縮減因數，二是權重體系構建。可以將這兩個部分的分析合併在一起進行，如果合併在一起，那麼信度分析和效度分析應該放置在其前面。

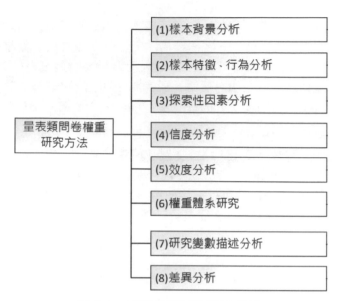

圖 7-1　量表類問卷權重研究思維

（3）信度分析和效度分析。完成探索性因數分析後，接著進行信度分析和效度分析，證明研究資料的信度和有效性。

（4）權重體系研究。此部分內容會延伸探索性因數分析，並且此部分為核心研究內容，研究人員應該重視此部分。本章討論的權重體系構建是使用探索性因數分析方法進行的，因此探索性因數分析和權重體系研究這兩部分可以合併為一個整體進行解讀。

　　針對探索性因數分析的詳細操作，讀者可以參考第 5 章內容。需要特別注意的是，在使用探索性因數分析結果進行權重構建時，需要使用「成分評分係數矩陣」結果，因而此部分在進行探索性因數分析時應該對 SPSS 輸出選項進行手工設置（SPSS 軟體預設不輸出），即在進行探索性因數分析時，在「探索性因數分析」介面右側的「評分」對話方塊中勾選「顯示因數評分係數陣」核取方塊。如果研究人員希望得到綜合評價評分，那麼此時應該在「評分」對話方塊中勾選「保存為變數」核取方塊，並且設置默認方法為「迴歸」（SPSS 軟體預設不輸出），然後進行相應計算，生成最終綜合評分資料。綜合評分資料在問卷研究中的使用次數分配表極低。

（5）研究變數敘述性分析。在完成最為核心的權重體系構建之後，需要繼續深入研究樣本對於各指標變數的基本態度情況。透過計算平均值瞭解樣本對於各指標變數的基本態度情況。此部分具體說明可參考第 5 章內容。

（6）差異分析。如果需要對比不同背景的樣本人群對於各指標變數的態度差異，則可以使用變異數分析或者獨立樣本 t 檢定進行。此部分具體操作說明可參考第 5 章內容。

## 7.2　分析方法說明

本節會詳細介紹量表類問卷權重分析思維框架涉及的分析方法。在第 5 章和第 6 兩章中已經對次數分析、敘述性分析、信度分析、敘述統計分析、差異分析等進行了詳細說明，本節進一步說明探索性因數分析，以及使用探索性因數分析進行權重體系構建。量表類問卷權重研究分析框架與分析方法的對應關係如圖 **7-2** 所示。

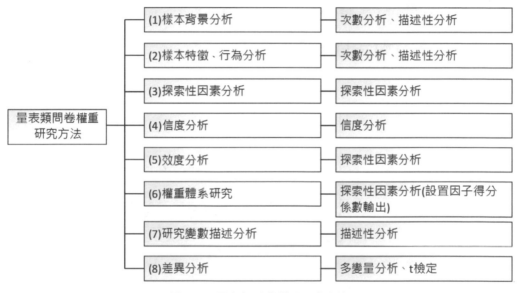

圖 7-2　量表類問卷權重研究方法

### 7.2.1　指標歸類分析

探索性因數分析可分為三個功能，分別是萃取因數、效度驗證和權重計算，本節所介紹的量表類問卷權重研究會同時使用此三個功能。

首先使用探索性因數分析的第一個功能，即萃取因數功能，進行指標歸類分析。萃取因數的作用在於將多個題項縮減為少數幾個因數，將題項使用幾個因數進行概括。此部分的具體說明可參考第 5 章，在進行探索性因數分析的過程中，切記要將「張冠李戴」的題項和「糾纏不清」的題項刪除。

最終此部分得到的結論應該涵蓋萃取得到的因數情況，包括每個因數的命名情況，以及因數與題項之間的對應關係情況等內容。從而可以為權重體系研究做好準備，權重體系研究也是使用探索性因數分析方法，其會使用探索性因數分析的理論知識，構建公式並且計算得到各指標權重值。

## 7.2.2　效度分析

在進行指標歸類分析後，將繼續重複效度分析。效度分析的目的在於說明研究量表的有效性，即題項是否可以有效地表達變數的概念資訊。事實上，如果完成指標歸類分析，則說明每個變數與題項之間有著良好的對應關係，也說明研究量表肯定有效，因而此部分僅是重複工作，將表格整理規範，在進行文字敘述性分析時，傾向於量表有效性的說明，而非萃取因數或者構建權重指標。有時也可以放棄此部分。

## 7.2.3　因數分析法指標權重構建

指標權重構建可分為四個步驟，具體如圖 7-3 所示。

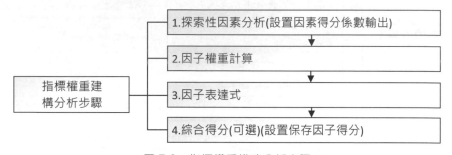

圖 7-3　指標權重構建分析步驟

（1）第一步為探索性因數分析。使用探索性因數分析的探索因數功能時，應該設置因數評分係數陣輸出，此表格的輸出會說明我們構建因數與題項的關聯運算式。在 SPSS 軟體中的操作步驟為：在「探索性因數分析」介面右側的「評分」對話方塊中勾選「顯示因數評分係數陣」核取方塊。

另外，如果需要計算綜合評價評分，那麼應該設置保存因數評分。在 SPSS 軟體中的操作為：在進行探索性因數分析時，在「探索性因數分析」介面右側的「評分」對話方塊中勾選「保存為變數」核取方塊，並且設置默認方法為「迴歸」（SPSS 軟體預設不輸出）。「顯示因數評分係數陣」的目的在於構建因數與題項之間的關聯運算式，SPSS 軟體預設不生成因數評分係數陣。另外設置因數評分的目的在於生成各因數評分資料，並且為後續計算綜合評分做好準備，SPSS 軟體預設不生成因數評分，手動設置後，會在 SPSS 生成的資料中多生成幾列資料，SPSS 軟體預設的名稱通常以「FAC」開頭。

（2）第二步為因數權重計算。完成上一步探索性因數分析後，會生成「解釋的總變異數」表格，如表 **7-1** 所示。

表 7-1　解釋的總變異數

| 成分 | 初始特徵值 | | | 萃取平方和載入 | | | 旋轉平方和載入 | | |
|---|---|---|---|---|---|---|---|---|---|
| | 合計 | 變異數解釋率（%） | 累積（%） | 合計 | 變異數解釋率（%） | 累積（%） | 合計 | 變異數解釋率（%） | 累積（%） |
| 1 | 5.130 | 42.749 | 42.749 | 5.130 | 42.749 | 42.749 | 2.808 | 23.397 | 23.397 |
| 2 | 1.803 | 15.028 | 57.777 | 1.803 | 15.028 | 57.777 | 2.295 | 19.126 | 42.523 |
| 3 | 1.250 | 10.413 | 68.190 | 1.250 | 10.413 | 68.190 | 2.051 | 17.090 | 59.613 |
| 4 | 0.982 | 8.180 | 76.370 | 0.982 | 8.180 | 76.370 | 2.011 | 16.756 | 76.370 |
| 5 | 0.526 | 4.382 | 80.752 | - | - | - | - | - | - |
| 6 | 0.477 | 3.972 | 84.724 | - | - | - | - | - | - |
| 7 | 0.448 | 3.729 | 88.453 | - | - | - | - | - | - |
| 8 | 0.353 | 2.942 | 91.396 | - | - | - | - | - | - |
| 9 | 0.316 | 2.630 | 94.026 | - | - | - | - | - | - |
| 10 | 0.294 | 2.453 | 96.479 | - | - | - | - | - | - |
| 11 | 0.231 | 1.928 | 98.407 | - | - | - | - | - | - |
| 12 | 0.191 | 1.593 | 100.000 | - | - | - | - | - | - |

萃取方法：主成分分析。

從表 **7-1** 中可以看出，本問卷總共有 **4** 個因數，經過旋轉後這 **4** 個因數的變異數解釋率分別是 **23.397%**、**19.126%**、**17.090%** 和 **16.756%**，**4** 個因數的累積變異數解釋率為 **76.370%**。變異數解釋率代表因數對於題項資訊的萃取程度，比如變異數解釋率為 **23.397%** 說明因數 **1** 共萃取出題項 **23.397%** 的資訊量，此案例中的 **4** 個因數共萃取出題項 **76.370%** 的資訊量。

接著進行因數權重運算式研究。由於 **4** 個因數共萃取出題項 **76.370%** 的資訊量，但在實際研究中會認為因數即代表著所有題項（總變異數解釋率應該為 **100%**，而非 **76.370%**），因此，此處需要進行加權換算操作，即 **4** 個因數的變異數解釋率分別應該為：**23.397% / 76.370%=30.636%**，**19.126% / 76.370%=25.044%**，**17.090% / 76.370%=22.378%**，**16.756% / 76.370%=21.941%**。此步驟的目的在於將 **4** 個因數的變異數解釋率進行加權處理，即最終 **4** 個因數的變異數解釋率相加為 **1**，相當

於用 4 個因數表達所有題項資訊。本例中 4 個因數在進行加權處理後的變異數解釋率分別是：30.636%、25.044%、22.378%和 21.941%。

經過上一步加權操作後，事實上已經清楚地得出 4 個因數的權重係數，即加權後的變異數解釋率，分別是 30.636%、25.044%、22.378%和 21.941%。此 4 個因數的權重係數加和值為 1，可以直接對比大小，因數 1 的權重最高為 30.636%，因數 4 的權重最低為 21.941%。對於權重計算而言，此步驟為核心步驟，在此之後，對應可以寫出綜合評分運算式：F（綜合評分）=30.636%*因數 1 + 25.044%*因數 2 + 22.378%*因數 3 + 21.941%*因數 4。綜合評分計算運算式在後續第四步驟中還會繼續使用，此公式中的因數 1、因數 2、因數 3 和因數 4 具體是指什麼呢？即為 SPSS 軟體直接生成的因數評分值。

（3）第三步為因數運算式。此步驟的目的在於生成因數與題項之間的關聯運算式，並且可以直觀地分析出題項對因數的重要程度。此部分因數運算式的生成需要結合「成分評分係數矩陣」進行，「成分評分係數矩陣」需要研究人員主動進行設置才會輸出（SPSS 軟體預設不輸出），如表 7-2 所示。

表 7-2　成分評分係數矩陣

| 題項編號 | 成分 | | | |
|---|---|---|---|---|
| | **1** | **2** | **3** | **4** |
| A1 | 0.466 | 0.027 | -0.341 | -0.021 |
| A2 | 0.313 | -0.080 | -0.039 | 0.037 |
| A3 | 0.270 | -0.154 | 0.038 | 0.111 |
| A4 | 0.265 | 0.065 | 0.037 | -0.173 |
| B1 | -0.021 | 0.506 | -0.174 | -0.075 |
| B2 | -0.048 | 0.483 | -0.084 | -0.118 |
| B3 | -0.051 | 0.247 | 0.068 | 0.039 |
| C1 | -0.001 | -0.066 | 0.500 | -0.253 |
| C2 | -0.085 | 0.021 | 0.382 | -0.006 |
| C3 | -0.218 | -0.137 | 0.457 | 0.212 |
| D1 | -0.008 | -0.063 | -0.163 | 0.527 |
| D2 | -0.013 | -0.054 | -0.025 | 0.435 |

萃取方法：主成分分析，旋轉法：具有 Kaiser 標準化的正交旋轉法；構成評分。

表 7-2 為「成分評分係數矩陣」，也被稱因數評分係數陣。生成此表格的目的是建立因數與題項運算式。具體生成因數與題項的對應關係如下述四個線性運算式：

因數 1=0.466*A1+0.313*A2+0.270*A3+0.265*A4−0.021*B1−0.048*B2−
　　　　0.051*B3−0.001*C1−0.085*C2−0.218*C3−0.008*D1−0.013*D2

因數 2=0.027*A1−0.080*A2−0.154*A3+0.065*A4+0.506*B1+0.483*B2+
　　　　0.247*B3−0.066*C1+0.021*C2−0.137*C3−0.063*D1−0.054*D2

因數 3=−0.341*A1−0.039*A2+0.038*A3+0.037*A4−0.174*B1−0.084*B2+
　　　　0.068*B3+0.500*C1+0.382*C2+0.457*C3−0.163*D1 −0.025*D2

因數 4=−0.021*A1+0.037*A2+0.111*A3−0.173*A4−0.075*B1−0.118*B2+
　　　　0.039*B3−0.253*C1−0.006*C2+0.212*C3+0.527*D1+0.435*D2

上述為 4 個因數分別與所有題項的線性關聯運算式。根據筆者的研究經驗，上述 4 個運算式意義有限，研究人員僅可以列出關聯運算式，並且可以從中看出題項與因數的關係程度，比如 A1 這一題項與因數 1 最為緊密（係數為 0.466），除此之外沒有其他意義。

（4）第四步為綜合評分計算。此步驟為可選項，如果研究人員沒有相關需要，那麼可以省略此步驟。此步驟在問卷研究中使用相對較少，如果用以研究企業的財務資料，那麼可能涉及企業綜合競爭力排名問題。綜合競爭力情況由綜合評分表示，綜合評分越高，說明企業綜合競爭力越高，反之說明企業綜合競爭力越低。但對於問卷而言，填寫問卷的樣本為個體，這種比較通常沒有實際意義。但在其他研究中（比如研究物件為企業），綜合評分具有對比意義，因而可以將綜合評分作為應變數 Y，研究自變數 X 對綜合評分的影響關係。

關於綜合評分的計算公式，在上述第二步已有涉及，在本例中應該為 F（綜合評分）=30.636%*因數 1 + 25.044%*因數 2 + 22.378%*因數 3 + 21.941%*因數 4。在此運算式中，因數 1、因數 2、因數 3 和因數 4 是軟體自動生成的，並且通常名稱以「FAC」開頭，此資料需要研究人員自行設定，SPSS 軟體中的操作步驟為：在「探索性因數分析」介面右側的「評分」對話方塊中勾選「保存為變數」核取方塊，並且設置默認方法為「迴歸」（SPSS 軟體預設不輸出）。具體綜合評分需要研究人員自行進行計算，並最終生成綜合評分資料。

## 7.2.4 分析方法總結

上面詳細解讀了量表類問卷使用探索性因數分析方法進行指標權重構建的過程。經過上述步驟，研究人員只能得到每個因數的權重指標值、因數與題項的線性運算式以及綜合評分，似乎意義並不大。雖然使用探索性因數評分進行權重計算能得到因數的權重係數，但無法得到每個題項的權重係數。

在實際研究中，可以使用熵值法進行題項權重係數計算，並結合探索性因數分析得到的各因數權重值，最終構建更完善的指標權重體系。另外，AHP 層次分析法的使用也較為廣泛，首先使用探索性因數分析萃取得到因數，接著利用專家打分建立打分矩陣，然後計算因數的權重評分。對這種分析方法的詳細操作步驟有興趣的讀者可以閱讀相關資料。在上述第三步中，因數與題項的運算式可以用於展示分析過程，並且對題項與因數的關係情況做進一步剖析。如果希望進行更深入的權重計算，那麼可以結合組合賦值法進行分析。

綜合評分是對所有題項的概括表示，可以將其看作應變數 Y（研究人員可以結合具體研究對其進行命名，比如綜合競爭力、綜合滿意度、綜合影響力等），並且使用迴歸分析研究其他相關項對它的影響情況。

# 7.3 案例分析

本節以案例的形式對問卷分析思維進行解讀，並且對涉及的表格格式進行展示及詳細解讀。此案例用於構建企業員工滿意度權重體系，共涉及 12 個指標題項，並且指標題項全部為五點量表，另外還包括 3 個樣本背景資訊題項，問卷框架結構如表 7-3 所示。

表 7-3　指標權重研究問卷案例框架

| 框架內容 | 題項 | 題項內容 |
|---|---|---|
| 樣本背景資訊題項 | P1 | 性別 |
| | P2 | 年齡 |
| | P3 | 工作年限 |
| 指標題項 | A1 | 休假制度 |
| | A2 | 資金制度 |
| | A3 | 薪資水準 |

《續上頁》

| 框架內容 | 題項 | 題項內容 |
|---|---|---|
| 指標題項 | B1 | 上司個人領導風格 |
| | B2 | 上司管理水準 |
| | B3 | 管理制度 |
| | C1 | 員工建議採納 |
| | C2 | 員工參與管理情況 |
| | C3 | 工作才能充分發揮 |
| | D1 | 工作挑戰性 |
| | D2 | 工作趣味性 |

由於篇幅限制，此問卷較為簡單，集中說明了使用探索性因數分析方法進行權重指標構建的過程。另外，筆者已經對案例進行過編輯，此 12 個指標題項不再需要進行刪除題項處理。本案例直接對樣本背景資訊題項進行分析，接著使用探索性因數分析方法進行因數探索，然後進行信度分析和效度分析。完成信度分析和效度分析後，對指標體系構建進行詳細分析。在指標體系構建完成後，具體分析樣本對 12 個指標題項的整體態度情況，此處使用敘述統計分析即可。也可以分別分析不同背景樣本資訊，例如性別、年齡和工作年限不同的樣本對此 12 個指標題項的態度差異情況。

樣本基本資訊描述、信度分析、變數敘述統計分析和差異對比分析已經在第 5 章中詳細說明了，此處不再贅述。

## 7.3.1 案例的探索性因數分析

量表類問卷權重研究需要進行探索性因數分析（使用探索性因數分析的萃取因數功能），從而刪除不合理的題項（包括因數負荷係數較低，「張冠李戴」和「糾纏不清」的題項），最終得到因數與題項的對應關係。本節會對具體的探索性因數分析過程和旋轉成分矩陣進行詳細描述，以及歸納出因數與題項的對應關係。本案例的旋轉成分矩陣結果如表 7-4 所示。

表 7-4　旋轉成分矩陣[1]

| 題項 | 成分 | | | |
|---|---|---|---|---|
| | **1** | **2** | **3** | **4** |
| A1 休假制度 | 0.875 | 0.115 | -0.085 | 0.075 |
| A2 資金制度 | 0.784 | 0.087 | 0.272 | 0.203 |
| A3 薪資水準 | 0.753 | 0.024 | 0.356 | 0.311 |
| A4 晉升制度 | 0.721 | 0.262 | 0.355 | -0.066 |
| B1 上司個人領導風格 | 0.108 | 0.903 | 0.064 | 0.166 |
| B2 上司管理水準 | 0.096 | 0.875 | 0.159 | 0.105 |
| B3 管理制度 | 0.190 | 0.624 | 0.347 | 0.315 |
| C1 員工建議採納 | 0.399 | 0.114 | 0.772 | -0.201 |
| C2 員工參與管理情況 | 0.269 | 0.346 | 0.689 | 0.224 |
| C3 工作才能充分發揮 | 0.014 | 0.140 | 0.675 | 0.477 |
| D1 工作挑戰性 | 0.100 | 0.167 | -0.018 | 0.877 |
| D2 工作趣味性 | 0.204 | 0.235 | 0.198 | 0.798 |

萃取方法：主成分；旋轉法：具有 Kaiser 標準化的正交旋轉法。
1. 旋轉在 6 次反覆運算後收斂。

從表 7-4 中可以看出，本次研究員工滿意量表共萃取出 4 個因數，此 4 個因數對應的題項分別為 4 個、3 個、3 個和 2 個。將因數與題項的對應關係進行歸納，如表 7-5 所示。

表 7-5　因數與題項的對應關係

| 因數 **1**（福利待遇） | 因數 **2**（管理及制度） | 因數 **3**（員工自主性） | 因數 **4**（工作性質） |
|---|---|---|---|
| A1 休假制度 | B1 上司個人領導風格 | C1 員工建議採納 | D1 工作挑戰性 |
| A2 資金制度 | B2 上司管理水準 | C2 員工參與管理情況 | D2 工作趣味性 |
| A3 薪資水準 | B3 管理制度 | C3 工作才能充分發揮 | - |
| A4 晉升制度 | - | - | - |

表 7-5 歸納出因數與題項的對應關係，並且對 4 個因數分別進行命名，分別是福利待遇因數、管理及制度因數、員工自主性因數和工作性質因數。使用探索性因數分析的探索因數功能後，為後續權重計算做好了準備工作。通常探索性因數分析萃取功能應該在信度分析和效度分析之前進行，7.3.2 節會對本案例進行效度分析說明。

## 7.3.2 案例的效度分析

本節使用探索性因數分析的目的在於進行效度驗證，本案例將探索性因數分析生成的表格結果進行歸納整理，如表 7-6 所示。

表 7-6 效度分析匯總表格

| 因數（變數） | 題　　項 | 因數負荷係數 | | | |
|---|---|---|---|---|---|
| | | **1** | **2** | **3** | **4** |
| 福利待遇 | A1 休假制度 | 0.875 | 0.115 | -0.085 | 0.075 |
| | A2 資金制度 | 0.784 | 0.087 | 0.272 | 0.203 |
| | A3 薪資水準 | 0.753 | 0.024 | 0.356 | 0.311 |
| | A4 晉升制度 | 0.721 | 0.262 | 0.355 | -0.066 |
| 管理及制度 | B1 上司個人領導風格 | 0.108 | 0.903 | 0.064 | 0.166 |
| | B2 上司管理水準 | 0.096 | 0.875 | 0.159 | 0.105 |
| | B3 管理制度 | 0.190 | 0.624 | 0.347 | 0.315 |
| 員工自主性 | C1 員工建議採納 | 0.399 | 0.114 | 0.772 | -0.201 |
| | C2 員工參與管理情況 | 0.269 | 0.346 | 0.689 | 0.224 |
| | C3 工作才能充分發揮 | 0.014 | 0.140 | 0.675 | 0.477 |
| 工作性質 | D1 工作挑戰性 | 0.100 | 0.167 | -0.018 | 0.877 |
| | D2 工作趣味性 | 0.204 | 0.235 | 0.198 | 0.798 |
| 特徵值值 | | 2.808 | 2.295 | 2.051 | 2.011 |
| 變異數解釋率 | | 23.397 | 19.126 | 17.090 | 16.756 |
| 累積變異數解釋率（%） | | 23.397 | 42.523 | 59.613 | 76.370 |
| KMO 值 | | 0.833 | | | |
| Bartlett 球形檢定 | | 913.723 | | | |
| 顯著性. | | 0.000 | | | |

從表 7-6 可知,對員工滿意量表來講,在使用探索性因數分析進行建構效度驗證時,KMO 值是 0.833,大於 0.7,並且透過 Bartlett 球形檢定,說明研究量表題項具有良好的結構性。探索性因數分析萃取出 4 個因數旋轉後的變異數解釋率分別為:23.397%、19.126%、17.01990%和 16.756%,總共累積變異數解釋率為 76.370%,說明因數可以有效地萃取出研究量表題項資訊。另外,各個題項對應的因數負荷係數值均高於 0.6,最低值為 0.624,題項與因數之間均有著良好的對應關係,題項與因數的對應關係符合專業知識情況,因而綜合說明員工滿意比例表具體良好的建構效度,研究資料可用於後續研究使用。

## 7.3.3　案例的因數分析法指標權重構建

在完成探索性因數分析,並且對研究量表進行信度分析和效度分析後,本節會進行工作滿意比例表權重計算。指標權重構建通常包括探索性因數分析、因數權重計算、因數運算式和綜合評分計算 4 個步驟。其中探索性因數分析在 7.3.1 節已經完成,最終對員工滿意比例表萃取出 4 個因數,分別是福利待遇因數、管理及制度因數、員工自主性因數和工作性質因數。

本節僅進行因數權重計算和因數運算式計算,並不需要進行綜合評分計算。如表 7-7 所示,因數權重計算結合解釋變異數表格進行,此表格在 7.3.1 節已經生成,本節直接使用即可。因數運算式需要結合成分評分係數矩陣進行,如果需要輸出此表格,則需要在 SPSS 中進行選項設置(在 SPSS 軟體中的操作步驟為:在「探索性因數分析」介面右側的「評分」對話方塊中勾選「顯示因數評分係數陣」核取方塊),綜合評分計算的目的在於生成研究量表綜合評分。

表 7-7　因數的變異數解釋率

| 成分 | 初始特徵值 | | | 萃取平方和載入 | | | 旋轉平方和載入 | | |
|---|---|---|---|---|---|---|---|---|---|
| | 合計 | 變異數解釋率(%) | 累積(%) | 合計 | 變異數解釋率(%) | 累積(%) | 合計 | 變異數解釋率(%) | 累積(%) |
| 1 | 5.130 | 42.749 | 42.749 | 5.130 | 42.749 | 42.749 | 2.808 | 23.397 | 23.397 |
| 2 | 1.803 | 15.028 | 57.777 | 1.803 | 15.028 | 57.777 | 2.295 | 19.126 | 42.523 |
| 3 | 1.250 | 10.413 | 68.190 | 1.250 | 10.413 | 68.190 | 2.051 | 17.090 | 59.613 |
| 4 | 0.982 | 8.180 | 76.370 | 0.982 | 8.180 | 76.370 | 2.011 | 16.756 | 76.370 |
| 5 | 0.526 | 4.382 | 80.752 | - | - | - | - | - | - |
| 6 | 0.477 | 3.972 | 84.724 | - | - | - | - | - | - |

《續上頁》

| 成分 | 初始特徵值 | | | 萃取平方和載入 | | | 旋轉平方和載入 | | |
|---|---|---|---|---|---|---|---|---|---|
| | 合計 | 變異數解釋率（%） | 累積（%） | 合計 | 變異數解釋率（%） | 累積（%） | 合計 | 變異數解釋率（%） | 累積（%） |
| 7 | 0.448 | 3.729 | 88.453 | - | - | - | - | - | - |
| 8 | 0.353 | 2.942 | 91.396 | - | - | - | - | - | - |
| 9 | 0.316 | 2.630 | 94.026 | - | - | - | - | - | - |
| 10 | 0.294 | 2.453 | 96.479 | - | - | - | - | - | - |
| 11 | 0.231 | 1.928 | 98.407 | - | - | - | - | - | - |
| 12 | 0.191 | 1.593 | 100.000 | - | - | - | - | - | - |

萃取方法：主成分分析。

在本案例中，首先進行因數權重計算，本案例共萃取出 4 個因數，分別是福利待遇因數、管理及制度因數、員工自主性因數和工作性質因數。如表 7-7 所示，4 個因數旋轉後的變異數解釋率分別是 23.397%、19.126%、17.090%和 16.756%。這 4 個因數的總共累積變異數解釋率為 76.370%，表示 4 個因數共萃取出問卷中 76.370%的資訊量。因為在實際研究中認為因數即代表著所有題項（總變異數解釋率應該為 100%，而非 76.370%），因此研究人員需要對這 4 個因數進行加權換算操作，即 4 個因數的變異數解釋率分別應該為：23.397% ／ 76.370%=30.636%，19.126% ／ 76.370%=25.044%，17.090% ／ 76.370%= 22.378%，16.756% ／ 76.370%=21.941%。

這 4 個因數進行加權處理後的變異數解釋率分別是：30.636%、25.044%、22.378%和 21.941%，即說明因數 1 福利待遇可以代表 30.636%的員工滿意度，因數 2 管理及制度代表 25.044%的員工滿意度，因數 3 員工自主性代表 22.378%的員工滿意度和因數 4 工作性質代表 21.941%的員工滿意度。結合 4 個因數加權處理後的權重（旋轉後變異數解釋率），可以得到綜合評分運算式為：

F（綜合評分）=30.636%=因數 1 + 25.044%*因數 2 + 22.378%=因數 3 + 21.941%=因數 4。

接著利用成分評分係數矩陣可以得到 4 個因數，並且可以得到此 4 個因數分別與 12 個題項的關聯運算式，本案例成分評分係數矩陣如表 7-8 所示。

表 7-8　成分評分係數矩陣

| 題項 | 成分 | | | |
|---|---|---|---|---|
| | **1** | **2** | **3** | **4** |
| A1 休假制度 | 0.466 | 0.027 | -0.341 | -0.021 |
| A2 資金制度 | 0.313 | -0.080 | -0.039 | 0.037 |
| A3 薪資水準 | 0.270 | 0.154 | 0.038 | 0.111 |
| A4 晉升制度 | 0.265 | 0.065 | 0.037 | -0.173 |
| B1 上司個人領導風格 | -0.021 | 0.506 | -0.174 | -0.075 |
| B2 上司管理水準 | -0.048 | 0.483 | -0.084 | -0.118 |
| B3 管理制度 | -0.051 | 0.247 | 0.068 | 0.039 |
| C1 員工建議採納 | -0.001 | -0.066 | 0.500 | -0.253 |
| C2 員工參與管理情況 | -0.085 | 0.021 | 0.382 | -0.006 |
| C3 工作才能充分發揮 | -0.218 | -0.137 | 0.457 | 0.212 |
| D1 工作挑戰性 | -0.008 | -0.063 | -0.163 | 0.527 |
| D2 工作趣味性 | -0.013 | -0.054 | -0.025 | 0.435 |

萃取方法：主成分；旋轉法：具有 Kaiser 標準化的正交旋轉法；構成評分。

表 7-8 為成分評分係數矩陣，也被稱為因數評分係數陣。生成此表格的目的是建立因數與題項的關聯運算式。該表格的閱讀按列進行，具體生成的因數與題項的對應關係如下述 4 個運算式所示：

因數 1 福利待遇=0.466*A1+0.313*A2+0.270*A3+0.265*A4-0.021*B1-0.048*B2-0.051*B3-0.001*C1-0.085*C2-0.218*C3-0.008* D1- 0.013*D2

因數 2 管理及制度=0.027*A1-0.080*A2-0.154*A3+0.065*A4+0.506*B1+0.483*B2+0.247*B3-0.066*C1+0.021*C2-0.137*C3-0.063*D1- 0.054*D2

因數 3 員工自主性=-0.341*A1-0.039*A2+0.038*A3+0.037*A4-0.174*B1-0.084*B2+0.068*B3+0.500*C1+0.382*C2+0.457* C3-0.163*D1-0.025*D2

因數 4 工作性質=−0.021\*A1+0.037\*A2+0.111\*A3−0.173\*A4−0.075\*B1−
0.118\*B2+0.039\*B3−0.253\*C1−0.006\*C2+0.212\*C3+
0.527\* D1+0.435\*D2

綜合上述 4 個運算式可以看出，在因數 1 福利待遇的關聯運算式中，A1、A2、A3 和 A4 的運算式係數值分別是 0.466、0.313、0.270 和 0.265，因而 A1、A2、A3 和 A4 與因數 1 福利待遇的關係程度排序為 A1>A2>A3>A4。類似地，B1、B2、B3 與因數 2 管理及制度的關係程度排序為 B1>B2>B3。C1、C2、C2 與因數 3 員工自主性的關係程度排序為 C1>C3>C2。D1 和 D2 與因數 4 工作性質的關係程度排序為 D1>D2。

在計算因數指標權重時，有時會計算綜合評分，運算式為 F（綜合評分）=30.636%\* 因數 1 + 25.044%\*因數 2 + 22.378%\*因數 3 + 21.941%\*因數 4。如果需要 SPSS 軟體生成綜合評分資料，那麼需要利用此運算式，結合 SPSS 軟體直接生成的 4 個因數評分資料（在 SPSS 軟體中的操作步驟為：在「探索性因數分析」介面的「評分」對話方塊中勾選「保存為變數」核取方塊，並且設置默認方法為「迴歸」），然後使用 SPSS 軟體的計算變數功能，最終生成綜合評分資料。

本案例使用探索性因數分析完成指標權重計算。在實際研究中，通常還會結合其他分析方法，比如主觀評價法（AHP 層次分析法），或者客觀評價法（熵值法）進行權重計算，抑或是在主觀評價法和客觀評價法基礎上，結合組合賦值法完成最終權重計算。有興趣的讀者可以參考相關文獻資料。

# 08

# 「類實驗」類問卷
# 差異研究

本書約定「類實驗」類問卷是指帶有實驗式背景的問卷。通常實驗式問卷分為兩類，第一類為實驗組和對照組實驗式問卷，比如研究新型教學方式是否有效，將學生分為兩組，其中一組為實驗組，另外一組為對照組。實驗組使用新型教學方式，對照組不做任何處理。第二類為實驗前與實驗後實驗式問卷，比如測驗新型教學方式是否有效，分別測量學生接受新型教學方式（實驗）前後的成績然後進行對比。「類實驗」類問卷的分類如圖 8-1 所示。

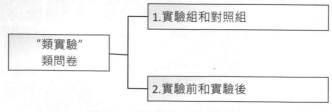

圖 8-1 「類實驗」類問卷分類

在通常情況下，「類實驗」類問卷使用實驗形式研究影響關係，但影響關係研究並不透過迴歸分析，而是透過差異研究，如果具有差異性即說明變數之間有影響關係，反之則說明沒有影響關係。「類實驗」類問卷研究常見於教育類、心理學、市場行銷或者管理類專業，並且也在商業研究中得到廣泛使用。

研究「類實驗」類問卷的目的在於透過對比實驗組和對照組的差異，或者對比實驗前和實驗後的差異，最終驗證實驗或者刺激是否有效。在分析方法使用上，研究「類實驗」類問卷會使用變異數分析，包括單因素變異數分析和多因素變異數分析，以及 t 檢定。本章分別從分析思維解讀、分析方法說明和案例分析這 3 個模組對「類實驗」類問卷研究進行闡述。

# 8.1　分析思維解讀

「類實驗」類問卷研究分為 7 個部分，分別是樣本背景分析，樣本特徵、行為分析，信度分析，效度分析，交互作用研究，研究變數敘述性分析和差異分析，如圖 8-2 所示。

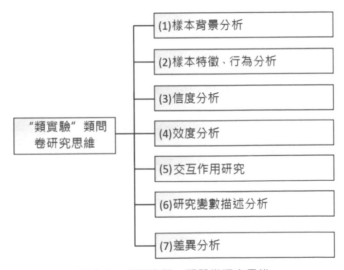

圖 8-2　「類實驗」類問卷研究思維

（1）樣本背景分析和樣本特徵、行為分析。這兩部分與第 5 章類似，使用次數分析瞭解樣本的背景資訊情況，並對基本特徵或者行為題項進行分析。

（2）信度和效度分析。這兩部分類似第 5 章中的對研究量表進行信度和效度分析。針對信度分析，有時會將實驗組和對照組的樣本分別進行研究，或者對實驗前和實驗後的樣本分別進行信度分析。

（3）交互作用研究是「類實驗」類問卷的核心研究步驟，通常情況下，「類實驗」類問異研究會分析實驗組和對照組或者實驗前和實驗後的樣本差異情況。對比差異是基礎分析，在實際研究中，也會涉及此類研究，例如分析在不同實驗水準下（實驗組和對照組，或者實驗前和實驗後），X 對 Y 的影響幅度是否一致時，X 對 Y 的影響關係就是透過差異對比進行研究的。

研究人員也可以研究實驗（實驗組和對照組，或者實驗前和實驗後）對 Y 的影響差異情況，或者另外一個變數在不同水準時，Y 的差異幅度是否一致。諸如上述描述的兩種研究，均為交互作用研究，其與第 6 章介紹的調節效應原理類似，讀者可以閱讀相關內容以便理解。

（4）研究變數敘述性分析。在進行研究變數敘述性分析時，如果研究問卷使用量表，那麼可以分別對實驗組和對照組，或者對實驗前和實驗後的研究量表平均評分情況進行分析。

（5）最後一個步驟，即差異分析，是在交互作用研究中發現差異性的基礎上進行的。

## 8.2　分析方法說明

本節詳細介紹「類實驗」類問卷研究涉及的分析方法。在第 5 章中已經對樣本背景分析，樣本特徵、行為分析，信度分析和效度分析等進行了詳細說明，本章不再進行闡述。本章會詳細介紹交互作用研究，「類實驗」類問卷研究方法的具體分析思維與分析方法的對應關係如圖 8-3 所示。

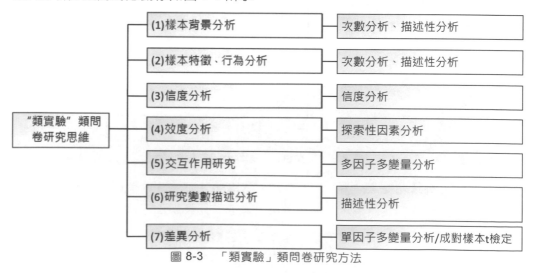

圖 8-3　「類實驗」類問卷研究方法

## 8.2.1　交互作用研究

交互作用研究是指研究兩個分類自變數 X 對於應變數 Y（Y 為定量資料）的影響，即研究兩個分類自變數 X 分別在不同水準時，對 Y 的影響幅度。比如研究吸煙和飲酒對於心臟病發生率的影響，要研究在飲酒和不飲酒的兩種情況下，吸煙對心臟病發病率的影響是否有區別，以及在吸煙和不吸煙的兩種情況下，喝酒對心臟病發病率的影響是否有區別。類似上述說明的研究即為交互作用研究。交互作用研究透過多因素變異數分析進行（自變數 X 有兩個，即為兩因素變異數分析）。交互作用研究思維如圖 8-4 所示。

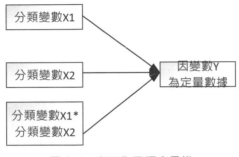

圖 8-4　交互作用研究思維

在研究交互作用時，通常自變數 X 為兩個，如上例中所提到的吸煙和飲酒這兩項。自變數 X 均為分類資料，而種類變數可能會涉及多個水準，比如分成 3 個水準（飲酒少、飲酒適量和飲酒多），而應變數 Y 為定量資料。在研究交互作用時，模型中會涉及兩個分類自變數的交互項（種類變數 X1*種類變數 X2），具體在 SPSS 中操作時並不需要生成兩個種類變數之間的交互項，因此可以直接使用軟體生成的結果。

通常情況下，交互作用研究僅涉及兩個或多個分類自變數。當自變數的個數多於兩個時，研究會變得複雜難懂，一般為兩個分類自變數。當研究涉及多個分類自變數時，具體分析方法與兩個自變數的情況基本一致，但過程更為複雜。通常情況下，研究交互作用透過多因素變異數分析進行，多因素變異數分析的步驟如圖 8-5 所示。

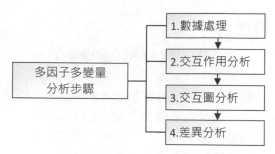

圖 8-5　多因素變異數分析步驟

（1）資料處理。通常涉及兩種資料處理，即分別把問卷文字轉換為資料處理或者處理定量資料。第一種，將問卷文字轉換成資料處理。在使用問卷進行「類實驗」式研究時，通常會使用文字描述背景情境，比如假定在特定情境時樣本回答相關問題。如果問卷中有使用文字描述背景情境的情況，那麼需要將文字式情境編碼並錄入 SPSS 軟體中。比如背景情境為吸煙狀態，可以編碼為 1，背景情境為無煙狀態時，可以編碼為 2。第二種，處理定量資料。如果研究的自變數 X 為定量資料，那麼需要將定量資料處理成分類資料，因為多因素變異數分析的自變數均為分類資料。在將定量資料轉換成分類資料時，通常將定量資料處理成兩組，具體分組的判定標準為平均值或者中位數值。如果研究人員希望將定量資料處理為三組或者更多組，那麼可以使用百分位數進行轉換，將定量資料轉換為分類資料後，分類資料的組別數量即為水準個數。

（2）交互作用分析。在利用 SPSS 軟體進行分析時，首先應該檢定自變數 X 是否呈現出顯著性，比如上述例子中吸煙和飲酒這兩個變數是否呈現出顯著性，如果吸煙這個分類自變數呈現出顯著性，那麼說明其會對心臟病發生率產生影響。類似地，如果飲酒這個分類自變數呈現出顯著性，則說明其會對心臟病發生率產生影響。

如果某個自變數沒有呈現出顯著性，比如吸煙並沒有呈現出顯著性，那麼說明其並不會對心臟病發生率產生影響，因而就不可能再繼續分析吸煙對心臟病發生率的影響時，飲酒對其的影響幅度問題。如果兩個分類自變數均沒有呈現出顯著性，則交互作用研究結束，因為兩個自變數均不會對應變數 Y 產生影響，更不可能會有交互作用。

當兩個分類自變數 X 中有一個或者兩個均呈現出顯著性，接著應該分析交互項的顯著性，如果交互項呈現出顯著性，那麼說明存在交互作用，之後才可以繼續使用交叉圖進行直觀分析。

（3）交叉圖分析。當在第二步發現交互項呈現出顯著性時，說明存在交互作用。本步驟深入分析交互作用，使用交叉圖直觀展示交互作用情況，比如研究在分類自變數 X2 處於不同水準時，X1 對 Y 的影響幅度有何不同，或者研究在 X1 處於不同水準時，X2 對 Y 的影響幅度有何不同。如果自變數 X1 對應變數 Y 不產生影響作用，那麼即便交互項呈現出顯著性，也不應該研究當 X2 處於不同水準時，X1 對 Y 的影響情況。

（4）差異分析。差異分析可以使用單因素變異數分析或者 t 檢定進行。單因素變異數分析是相對於多因素變異數分析而言的，其僅能研究一個分類自變數 X 對應變數 Y 的差異。如果在上述分析中發現分類自變數呈現出顯著性，那麼可以使用單因素變異數分析繼續深入研究單個自變數在不同水準時應變數 Y 的差異情況，也或者使用 t 檢定進行研究。

交互作用研究與調節效應研究較為類似，同時也有區別。其相同點為均研究 X 對於 Y 產生影響時，是否會受到第三個變數干擾導致影響幅度不同。其不同點共有 3 點：第一，在進行交互作用研究時，通常並不區分自變數和調節變數，自變數均有相同的「地位」，而在進行調節效應研究時，會嚴格區分自變數和調節變數。第二，交互作用研究的自變數 X 必須是分類資料，而調節效應的自變數可以是分類資料，也可以為定量資料。第三，交互作用研究透過多因素變異數分析實現，而調節效應研究需要結合資料類型選擇分析方法。在進行調節效應研究時，如果自變數為定量資料，調節變數為分類資料，那麼可以將自變數轉換成分類資料，然後使用多因素變異數分析進行研究，值得說明的是，其研究性質依然是調節效應研究，可以人為地區分自變數和調節變數。

## 8.2.2　差異分析

在完成上述交互作用研究後，如果自變數 X 呈現出顯著性，則研究人員可以繼續深入對比自變數 X 在不同水準時，應變數 Y 的具體情況，進一步挖掘細節資訊。差異分析可以使用單因素變異數分析、事後檢定、獨立樣本 t 檢定、成對樣本 t 檢定等分析方法，有興趣的讀者可以閱讀第 5 章的相關內容。

# 8.3　案例分析

本案例研究某商場背景音樂和產品涉入度對消費者的品牌態度或者購買意向的影響，其中商場背景音樂作為實驗刺激，分為有背景音樂和無背景音樂兩組，產品涉入度是指消費者選擇某產品或品牌時的動機態度，通俗地講就是指消費者對某產品

或品牌的瞭解關心程度。問卷使用實驗形式，分別在假設商場有背景音樂和沒有背景音樂兩種情境下，分析樣本的態度差異情況等。

問卷包括樣本背景資訊題項、自變數（產品涉入度）和兩個應變數（品牌態度和購買意向），其中產品涉入度由 6 個量表題項表示，品牌態度由 4 個量表題項表示，購買意向由一個量表題項表示。問卷採用實驗形式，分別測驗在有背景音樂和沒有背景音樂時，樣本的品牌態度情況和購買意向情況差異。樣本需要回答兩次品牌態度和購買意向的題項（分別在有背景音樂和無背景音樂狀態下），而樣本背景資訊和產品涉入度的題項僅需要回答一次。問卷具體結構如表 8-1 所示。

表 8-1　「類實驗」問卷差異研究案例：背景音樂、產品涉入度與品牌態度關係問卷結構

| 框架內容 | 題項 | 題項內容 |
|---|---|---|
| 樣本背景資訊題項 | Q1 | 性別 |
| | Q2 | 年齡 |
| | Q3 | 職業 |
| 品牌態度（應變數） | Q4_1 | 好感 |
| | Q4_2 | 合我心意 |
| | Q4_3 | 喜歡產品 |
| | Q4_4 | 積極 |
| 產品涉入度（自變數） | Q6_1 | 產品對我重要 |
| | Q6_2 | 產品與我有關聯 |
| | Q6_3 | 產品牽動我心 |
| | Q6_4 | 對產品有興趣 |
| | Q6_5 | 關心產品 |
| | Q6_6 | 我需要產品 |
| 購買意向（應變數） | Q7 | 購買可能性 |

由於問卷中涉及量表題項（產品涉入度和品牌態度），因而需要對其進行信度分析和效度分析。在整體分析思維上，首先可以使用次數分析對樣本基本資訊進行描述，並且對產品涉入度和品牌態比例表進行信度分析和效度分析；接著研究交互作用，即研究在有背景音樂和沒有背景音樂兩種水準時，產品涉入度對樣本的品牌態度或

者購買意向的影響幅度是否一致，也可以研究在產品涉入度不同時，背景音樂對樣本的品牌態度或者購買意向的影響幅度是否一致。

完成交互作用研究後，接著透過研究量表計算平均值，包括具體題項的平均值評分，使用平均值評分描述樣本的整體態度情況；也可以使用變異數分析或者配對 t 檢定，研究在有背景音樂和沒有背景音樂時，樣本的品牌態度或者購買意向差異情況；或者研究在產品涉入度不同時，樣本的品牌態度或者購買意願差異情況。

樣本背景資訊描述、信度分析、變數敘述統計分析和效度分析在前面的章節中已經詳細說明過，因此本案例不再贅述。

## 8.3.1　案例的多因素變異數分析

在使用多因素變異數分析研究多個自變數對應變數的影響時，自變數為分類資料，並且通常為兩個，而應變數為定量資料。本案例中涉及的自變數為兩個，分別是有無背景音樂和產品涉入度。有無背景音樂使用實驗方式進行，本身即為分類資料；產品涉入度使用量表表示，因此需要將定量資料處理為分類資料。本案例中的應變數分為兩個，分別是品牌態度和購買意向，本案例的研究思維如圖 8-6 所示。

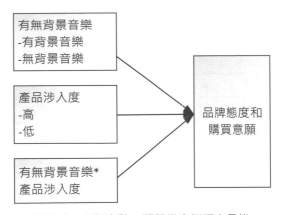

圖 8-6　「類實驗」類問卷案例研究思維

由於本案例涉及交互作用研究，需要加入有無背景音樂與產品涉入度的交互項，但此項並不需要進行特別的資料處理，僅透過圖示直觀展示。

下面對有無背景音樂或者產品涉入度對於樣本的品牌態度的影響情況進行詳細分析。

在對本案例進行多因素變異數分析時，第一步需要進行資料處理。有無背景音樂是使用文字形式展示的，因此首先需要對其進行編碼處理：將有背景音樂編碼為 1，無背景音樂編碼為 2。產品涉入度由量表表示，因此需要處理成分類資料。產品涉

入度由 6 個題項表示，並且此 6 個題項合併成一個整體變數後，平均評分為 3.2365 分，因此將樣本按照平均評分分為兩組，平均評分低於 3.2365 分的樣本為產品涉入度較低組別，平均評分高於 3.2365 分的樣本為產品涉入度較高組別。

有關品牌態度、購買意向的題項，樣本在有背景音樂和無背景音樂兩種情境下分別回答，因此需要將收集的資料羅列出來，即生成一列資料表示有無背景音樂，此列資料的數值為 1 或 2，分別表示有背景音樂和沒有背景音樂。而品牌態度和購買意向題項需要與有無背景音樂的資料進行對應。完成資料處理後，進入第二步，即交互作用分析。有無背景音樂和產品涉入度對於品牌態度的交互作用分析結果如表 8-2 所示。

表 8-2　主體之間效應的檢定

應變數：品牌態度

| 來源 | Ⅲ 型平方和 | df | 均方 | F | 顯著性. |
|---|---|---|---|---|---|
| 校正模型 | 90.2501 | 3 | 30.083 | 35.740 | 0.000 |
| 截距 | 3767.902 | 1 | 3767.902 | 4476.335 | 0.000 |
| 有無背景音樂 | 3.375 | 1 | 3.375 | 4.009 | 0.046 |
| 產品涉入度 | 68.724 | 1 | 68.724 | 81.646 | 0.000 |
| 有無背景音樂 * 產品涉入度 | 4.479 | 1 | 4.479 | 5.322 | 0.022 |
| 誤差 | 340.062 | 404 | 0.842 | | |
| 總計 | 4574.063 | 408 | | | |
| 校正的總計 | 430.312 | 407 | | | |

1. $R^2 = 0.210$（調整 $R^2 = 0.204$）

從表 8-2 中可以看出，有無背景音樂呈現出 0.05 水準的顯著性，因而說明在有背景音樂和沒有背景音樂兩種情境下，樣本有著完全不同的品牌態度。類似地，產品涉入度不同的兩類樣本也有著完全不同的品牌態度，產品涉入度變數呈現出 0.01 水準的顯著性。另外，有無背景音樂和產品涉入度的交互項 P 值為 0.022，小於 0.05，也即說明交互項呈現出 0.05 水準的顯著性，說明二者之間具有交互作用。

上述交互作用研究發現，有無背景音樂會對樣本的品牌態度產生影響關係，並且產品涉入度也對樣品的品牌態度產生顯著性差異態度，說明有無背景音樂或者產品涉入度不同時，樣本均有著顯著性差異的品牌態度。並且有無背景音樂與產品涉入度的交互項也呈現顯著性，因此說明有無背景音樂與產品涉入度具有交互作用。接著使用交叉圖進行分析，如圖 8-7 和圖 8-8 所示。

交叉圖共有兩個，分別展示了在不同產品涉入度水準時，有無背景音樂對於樣本品牌態度的影響幅度差異，或者在有無背景音樂兩種水準時，產品涉入度對樣本品牌態度的影響幅度差異。由圖 8-7 可知，當從有背景音樂轉變為無背景音樂時，產品涉入度較低的樣本，其品牌態度變化非常明顯，並且變化幅度明顯高於高產品涉入度的樣本。由圖 8-8 可知，品牌涉入度越高，樣本的品牌態度水準也越高，並且從低產品涉入度向高產品涉入度變化時，無背景音樂的樣本品牌態度變化幅度要高於有背景音樂的樣本品牌態度變化幅度。

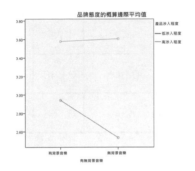

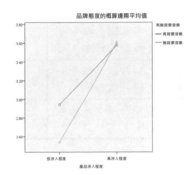

圖 8-7　有無背景音樂與產品涉入度對樣本　　圖 8-8　有無背景音樂與產品涉入度對樣本的
　　　　　的品牌態度的交叉圖　　　　　　　　　　　　品牌態度的交叉圖

完成交叉圖分析之後，接著可以進行差異分析，即深入對比在有無背景音樂兩種情境下，樣本的品牌態度具體差異情況，或者在不同產品涉入度水準下，樣本的品牌態度具體差異情況。差異分析可以直接放入交互作用研究部分中，也可以單獨列為一個部分。本案例單獨列一部分進行說明。

## 8.3.2　案例的差異分析

下面深入研究在有無背景音樂或者產品涉入度不同時，樣本的品牌態度在具體題項上的差異情況。同一個樣本在有無背景音樂的情況下，分別回答涉及品牌態度的 4 個題項。由於這屬於實驗前和實驗後對比態度差異，應該使用成對樣本 t 檢定進行分析。在產品涉入度不同的情況下，品牌態度差異應該使用獨立樣本 t 檢定進行分析。另外，差異對比也可以使用單因素變異數分析。具體差異對比如表 8-3 所示。

表 8-3　有無背景音樂與品牌態度成對樣本 t 檢定

| 有背景音樂題項減去無背景音樂題項 | 有無背景音樂 配對 t 檢定 | | 平平均數差異值（有-無） | t | P |
|---|---|---|---|---|---|
| | 有 | 無 | | | |
| 品牌態度（有背景音樂）—品牌態度（無背景音樂） | 3.38±0.96 | 3.00±1.06 | 0.38 | 4.794 | 0.00** |
| 好感（有背景音樂）—好感（無背景音樂） | 3.41±1.05 | 3.00±1.11 | 0.41 | 4.674 | 0.00** |
| 合我心意（有背景音樂）—合我心意（無背景音樂） | 3.36±1.06 | 2.94±1.13 | 0.42 | 4.783 | 0.00** |
| 喜歡產品（有背景音樂）—喜歡產品（無背景音樂） | 3.32±1.09 | 2.98±1.14 | 0.34 | 3.743 | 0.00** |
| 積極（有背景音樂）—積極（無背景音樂） | 3.42±1.05 | 3.08±1.19 | 0.34 | 3.768 | 0.00** |

** $P < 0.01$

使用成對樣本 t 檢定可以研究在有無背景音樂兩種狀態下，樣本在品牌態度及具體題項上的差異。從表 8-3 中可以看出，在有無背景音樂兩種狀態下，樣本對品牌態度表現出顯著性差異態度，平平均數差異值為 0.38，並且表現出在有背景音樂狀態時具有更高的品牌態度。另外，有背景音樂的樣本在品牌態度的 4 個題項（好感、合我心意、喜歡產品、積極）上表現出更高的認可態度。

利用獨立樣本 t 檢定可以研究不同涉入度水準（低產品涉入度和高產品涉入度）的兩類樣本對於品牌態度及具體題項的差異態度情況。如表 8-4 所示，在不同產品涉入度情況下，樣本對品牌態度表現出顯著性差異態度，平平均數差異值為 0.91，並且在高產品涉入度水準時的樣本有著更高的品牌態度。以及具體針對品牌態度的 4 個題項（好感、合我心意、喜歡產品、積極），在高產品涉入度水準時的樣本對此 4 項的平均打分更高，這説明相比低產品涉入度，處於高產品涉入度的樣本表現出明顯更高的品牌認可態度。

表 8-4　涉入度與品牌態度獨立樣本 t 檢定

| | 涉入度水準（均值±標準差） | | 平平均數差異值（高-低） | t | P |
|---|---|---|---|---|---|
| | 低涉入度（**N=181**） | 高涉入度（**N=227**） | | | |
| 品牌態度 | 2.68±1.00 | 3.59±0.86 | 0.91 | -9.71 | 0.00** |
| 好感 | 2.76±1.06 | 3.56±1.00 | 0.80 | -7.79 | 0.00** |
| 合我心意 | 2.64±1.08 | 3.55±0.96 | 0.91 | -8.98 | 0.00** |
| 喜歡產品 | 2.61±1.11 | 3.58±0.93 | 0.97 | -9.37 | 0.00** |
| 積極 | 2.72±1.10 | 3.68±0.97 | 0.96 | -9.36 | 0.00** |

** P<0.01

# 09
# 集群樣本類問卷研究

針對量表類問卷，如果研究人員希望對樣本進行市場細分，並且針對不同類別樣本提供對應的建議措施時，那麼可以參考本章的分析思維。此分析思維涉及的問卷特點在於量表類題項和非量表類題項混合，研究人員可以對量表類題項進行集群分析，並且結合集群分析結果，即將樣本分為幾類後，對比不同類別樣本的差異（對於非量表題項），並且提供相應建議措施。此類問卷的核心思維是市場細分，並且提供建議措施，這類問卷在企業進行細分市場相關研究時較為常見。

# 9.1 分析思維解讀

集群樣本類問卷研究通常會分成 8 個部分,分別是樣本背景分析,樣本特徵、行為分析,指標歸類分析,信度分析,效度分析,集群分析,集群效果驗證和差異分析。有時集群樣本類問卷研究還會涉及其他分析方法,比如相關分析、迴歸分析等,研究人員結合具體情況選擇即可,具體分析思維如圖 9-1 所示。

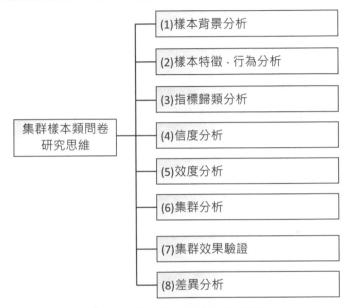

圖 9-1　集群樣本類問卷研究思維

（1）樣本背景分析和樣本特徵、行為分析。這兩部分的具體分析方法或者分析內容與第 5 章結構類似,均是使用次數分析對研究樣本的基本背景資訊和樣本基本態度情況有初步瞭解後,繼續結合樣本背景分析得出科學結論。

（2）指標歸類分析。通常情況下,集群樣本類問卷均會有此部分分析內容。當研究人員並不完全確定題項應該分為多少個變數,或者研究人員對變數與題項的對應關係並沒有充分把握時,可以使用探索性因數分析將各量表題項萃取為多個因數（變數）,利用萃取得到的因數進行後續的集群分析。

另外,在萃取因數時需要結合實際意義對因數進行命名,儘量探索得到與實際意義較為貼切的因數,這樣做是因為萃取得到的因數會繼續用於後續集群分析,而且後續集群分析還需要結合各類樣本的特徵情況,進一步對分類樣本進行命名。在此步驟中進行探索性因數分析的目的是縮減因數,並且找出題項與因數的對應關係,用較少的幾個因數去縮減多個題項資訊。如果研究人員有充

足的理論依據證明題項應該分為幾個變數，並且每個變數與題項的對應關係也有較強的理論來源時，那麼也可以跳過此分析步驟。

（3）信度分析和效度分析。這兩部分的分析內容與分析方法均與第 5 章一致，在上一步萃取得到多個因數之後，針對因數進行信度分析和效度分析。集群樣本類問卷通常會涉及指標歸類分析，因此效度分析更多的是進行內容效度分析，研究人員也可以將指標歸類分析的結果進行匯總，整體說明研究的因數具有有效性，題項可以有效地解釋對應因數的概念資訊。

（4）集群分析。此部分為本分析思維的核心，集群分析可以對樣本進行集群分析（Q型集群），也可以對變數（題項）進行集群分析（R 型集群）。常見的是對樣本進行集群分析，即將樣本細分成幾種類別，而變數集群分析使用較少。本分析思維對樣本進行集群分析。如果使用探索性因數分析出來的因數進行集群分析，那麼當萃取出五個因數時，首先應該計算此五個因數對應題項的平均評分，分別使用平均評分代表此五個因數（比如因數 1 對應三個題項，則用此三個題項的平均評分代表因數 1），然後利用計算完平均評分後得到的因數進行集群分析。在 SPSS 軟體的選項設置裡，集群分析共有三種，分別是兩步驟集群、K-Mean 集群和系統集群（分層集群）。此三類集群分析方法各有優缺點，建議在進行集群分析時使用這三種分析方法並且進行比較。集群分析操作較為簡單，其目的僅有一個——集群，具體集群分析的說明會在 9.2 節中進一步闡述。

完成集群分析後，即可以讓 SPSS 軟體單獨生成一列資料，表示樣本分類的類別編號，但得到類別編號後，SPSS 並不能自動判斷每個類別的樣本應該如何稱呼，或者每個類別樣本的名字是什麼，因而研究人員應該按以下方法進行：使用 SPSS 軟體單獨生成的一列資料（集群樣本類別編號），與對應的集群變數（通常為因數分析後得到的因數，比如得到五個因數，每個因數對應三個題項，即五個因數對應題項計算得到的平均評分）進行差異性分析。使用變異數分析進行差異對比，並且分析會顯示不同類別樣本對於集群變數均有著顯著性差異，然後研究人員需要結合實際差異情況以及專業知識，對每個類別分別進行命名，而不能直接稱呼其為類別 1、類別 2 等，每個類別需要有具體的名稱意義。

（5）集群效果驗證。嚴格意義上的集群分析並非統計檢定分析方法，而是一種資料敘述統計方法。集群分析沒有統計假設檢定的理論支持，無法對其結果的正確與否進行判斷。但從應用角度來看，研究人員可以結合以下幾種方法綜合判斷集群效果。

第一，看集群分析後得到的每個類別是否可以進行有效的命名，每個類別的特徵情況是否符合現實意義。如果研究人員可以結合專業知識對每個集群類別進行命名，就說明集群效果良好，如果無法對集群類別進行命名，就需要考慮重新進行集群分析。

第二，使用判別分析方法進行判斷，將 SPSS 生成的集群類別變數作為應變數（Y），將集群變數作為自變數（X），判別分析集群變數與類別之間投影關係情況。如果研究人員對集群分析效果非常在乎，那麼可以使用判別分析。大部分時候，此類研究並不會透過判別分析對集群效果進行分析，原因在於即使是使用判別分析也不能絕對說明集群分析是否良好，而且集群分析實質上為敘述統計方法，並沒有好壞標準，本書暫且不對判別分析進行說明。

第三，說明集群分析方法的詳細過程，描述清楚集群分析的科學使用過程，科學地使用集群分析方法即是得到良好結果的前提和保障。

第四，要看集群分析後每個類別樣本量是否均勻，如果集群結果顯示為三個類別，有一個類別樣本量非常少，比如低於 30，那麼說明集群效果可能較差。針對集群效果的判斷，研究人員主要是結合專業知識判斷集群類別是否可以進行有效命名。

（6）差異分析。完成集群分析後，即單獨生成一列變數，表示集群類別後，可能需要進一步深入分析，瞭解不同類別樣本的特徵差異，或者不同類別樣本的態度差異情況等。結合資料特徵情況，此部分可能會涉及卡方分析和變異數分析。卡方分析使用次數分配表相對較高，比如研究不同類別樣本的背景特徵（性別、年齡段、學歷、收入區間）差異，或者研究不同類別樣本對於其他分類資料的態度差異等，均可以使用卡方分析。

對於集群樣本類問卷研究，通常情況下不僅希望細分樣本人群，還需要進一步瞭解不同類別樣本在某話題上的態度差異情況。例如研究不同類別樣本對於某個新產品的態度差異情況，可以瞭解不同類別樣本的態度差異，以便為新產品設計提供建議。無論是對比不同類別樣本在個體背景上的差異，還是對比不同類別樣本對新產品的態度差異，均屬於差異對比，研究人員可以深入分析差異，得出更多有意義的研究結論。

## 9.2 分析方法説明

本節主要介紹集群樣本類問卷研究的分析方法,第 5 章已經對本分析框架涉及的部分分析方法進行了詳細説明,包括次數分析、敘述性分析、探索性因數分析、信度分析、效度分析、變異數分析和 t 檢定,因而本節更多的是針對集群樣本類問卷研究涉及的核心分析方法即集群分析及卡方分析進行詳細闡述,具體研究思維與分析方法的對應關係如圖 9-2 所示。

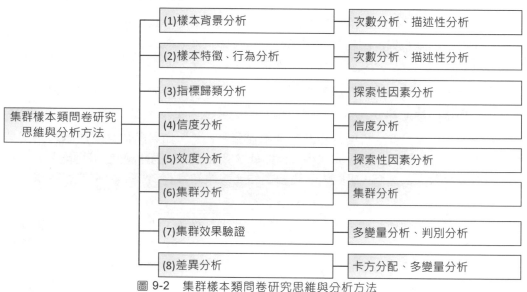

圖 9-2　集群樣本類問卷研究思維與分析方法

樣本背景分析和樣本特徵、行為分析這兩部分均可以使用次數分析,統計樣本對於各個選項的選擇比例。這兩部分的具體説明可以參考第 5 章內容。針對指標歸類分析,即使用探索性因數分析的第一個功能(萃取因數),具體分析步驟請參閱 5.2.3 節。

信度分析和效度分析的具體分析方法的使用,以及分析指標的解讀等均與第 5 章對應的內容一致。從邏輯上講,信度分析需要放在探索性因數分析之後,另外,此分析框架已經使用探索性因數分析進行因數縮減,因而使用探索性因數分析進行效度驗證會顯得多餘(對於此處,其他研究較多時候也是繼續使用探索性因數分析進行效度驗證),可以僅進行內容效度分析。

## 9.2.1　集群和集群效果驗證

集群分析功能常用於對樣本進行細分，有時也會對變數（題項）進行集群，本書側重於闡述樣本集群分析。在 SPSS 軟體中，集群分析可分為三種，分別是兩步驟集群、K-Mean 集群和系統集群，如圖 9-3 所示。這三種集群分析方法各有特點，具體的特點以及分析步驟如下所述。

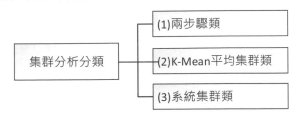

圖 9-3　集群分析分類

（1）兩步驟集群是近幾年發展起來的一種智慧集群分析方法，適用於數量大並且結構複雜的分析。更為重要的是，其可以同時處理分類資料和定量資料，並且可以由 SPSS 軟體自動尋找最優集群類別數量（也可以自主設定集群類別數量）。它還可以輸出較多指標結果協助分析，包括集群品質判斷和預測集群變數的重要性，兩步驟集群分析是一種較為「先進」的集群分析方法。

（2）K-Mean 集群可以快速處理大量資料，這是 K-Mean 集群的優點。但是 K-Mean 集群僅能處理定量資料而不能處理分類資料，而且它需要自主設定集群類別數量，不能自動尋找最優集群類別數量。

（3）系統集群（分層集群）處理速度相對較慢，但類似兩步驟集群，它可以同時處理分類資料和定量資料，通常情況下需要結合相關結果進行主觀判斷集群類別數量。

在選擇使用這三種集群分析時，如果用於集群的資料中有分類資料，那麼只能使用兩步驟集群和系統集群。如果樣本資料量非常大，並且沒有需要集群的分類資料，那麼使用 K-Mean 集群較為合適。至於集群類別數量的確定，建議研究人員多次重複集群分析，或者在比較三種集群分析方法後，自主設置集群類別數量。這三種集群分析方法的特點對比如表 9-1 所示。

表 9-1　集群方法特點對比

| 集群分析方法 | 資料標準化功能 | 分類資料分析 | 定量資料分析 | 自動集群類別數量 | 集群類別數量設置 | 集群品質判斷 | 處理速度 |
|---|---|---|---|---|---|---|---|
| 兩步驟集群 | 有 | 可以 | 可以 | 可以 | 可以 | 有 | 較快 |
| K-Mean 集群 | 無 | 不可以 | 可以 | 不可以 | 可以 | 無 | 快 |
| 系統集群（分層集群） | 有 | 可以 | 可以 | 可以 | 可以 | 無 | 較慢 |

筆者根據研究經驗，將集群分析分為五步，分別是資料處理、K-Mean 集群試驗性分析、集群方法結果對比、集群效果驗證、集群類別命名，如圖 9-4 所示。

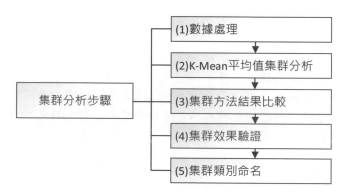

圖 9-4　集群分析步驟

（1）資料處理。如果樣本資料比例單位不統一，比如有的題項為七點量表，而有的題項為五點量表，那麼此時應該進行資料處理，即將資料標準化處理。常見的是透過 Z 值法對資料進行標準化，此外，兩步驟集群和系統集群均有提供資料標準化處理選項。研究人員也可以提前進行標準化處理。

（2）K-Mean 集群試驗性分析。K-Mean 集群的優點在於速度非常快，因此可以提前進行快速分析，設定不同的集群類別，並且透過 SPSS 軟體生成集群類別編號，計算不同類別樣本的數量，簡單判斷集群效果，從而瞭解集群結果。也可以先使用兩步驟集群進行試驗性分析，原因為兩步驟集群可以自動生成集群類別數量。

（3）集群方法結果對比。完成第（2）步 K-Mean 集群試驗性性分析後，我們已經對最終集群類別數量有了初步瞭解，本步驟繼續對比另外兩種集群分析方法的集群類別數量。兩步驟集群可以自動判別集群類別數量，也可以手動設置集群類

別數量。另外在進行系統集群分析時,可以使軟體在使用不同集群分析方法時生成集群類別編號,並且在檢查不同的集群分析方法時,要對同樣集群類別數量的樣本量的情況進行綜合判斷。另外,不同集群方法的結果對比應該結合第4步集群效果驗證情況進行綜合判斷,以便找出最優集群結果。具體使用哪種集群分析方法作為最終結果呈現並不重要,關鍵是看集群效果如何。

(4)集群效果驗證。集群效果驗證不同於其他分析方法,其他分析方法可以透過 P 值進行檢定,集群效果驗證則需要一定的研究經驗,並且結合專業知識進行綜合判斷。良好的集群效果可以有效識別樣本特徵,因而集群產生的不同類別樣本,應該有著完全差異性的特徵,這樣研究人員就可以結合不同類別樣本的特徵情況,對集群類別進行有效命名。

集群樣本的特徵差異對比通常使用變異數分析進行,如果集群變數為分類資料,那麼應該使用卡方分析進行。透過變異數分析或者卡方分析,可以找出各個類別樣本的具體特徵差異情況,並且結合不同類別樣本的特徵情況進行命名處理。如果可以進行有效命名,那麼說明集群效果較好,反之則說明集群效果較差,此時應該返回第(3)步,重新選擇集群類別數量,找出更優的集群結果。另外,兩步驟集群分析可以提供小量的集群效果品質判斷(K-Mean 集群和系統集群沒有集群品質結果)。有時也可以透過判別分析判斷集群效果。判別分析並不在本書的討論範疇,有興趣的讀者可以參考相關書籍。

(5)集群類別命名。完成第(4)步集群效果驗證後,已經確認集群類別的數量,以及每個類別命名情況。此步驟可以更為深入地分析各個類別的特點,尤其是某類別樣本在某集群變數上的突出特點。對集群類別進行命名後,結束集群分析。

在具體實踐中,上述步驟可能並不完全適用。如果集群變數中有分類資料,那麼不能使用 K-Mean 集群分析。另外,兩步驟集群會生成圖形,並且可以進行文字解讀,因而兩步驟集群的使用次數分配表相對較高。

## 9.2.2 集群類別樣本差異分析

完成集群分析後,即已經確定集群類別數量和集群類別名稱,並且完成樣本集群細分,接著需要具體深入分析每類樣本的特點,以及每類樣本對題項的態度差異。如果是研究集群樣本的個體背景特點差異,集群類別和樣本背景資訊題項(性別、年齡、學歷等)均為分類資料,那麼應該使用卡方分析對比差異。透過卡方分析可以進一步瞭解不同細分類別人群在個體背景上的差異情況,便於對類別樣本進行深入分析。

研究人員還可以對比不同類別樣本在問卷中其餘題項上的差異,如果題項為定量資料,那麼需要使用變異數分析;如果題項為分類資料,那麼需要使用卡方分析;如果題項為複選題,那麼也應該使用卡方分析。卡方分析的具體說明會在第 10 章中進行闡述。

# 9.3　案例分析

本節以案例的形式對集群樣本類問卷研究思維,以及相關研究方法等進行詳細說明。案例沿用第 3 章的量表類問卷設計案例 2。問卷整體框架結構如表 9-2 所示。

表 9-2　集群樣本類問卷案例:旅遊消費者市場細分情況調查問卷

| 框架內容 | 題項 | 題項內容 |
|---|---|---|
| 篩選題項 | 無 | 無 |
| 樣本背景資訊題項 | Q1 | 性別 |
| | Q2 | 年齡 |
| | Q3 | 學歷 |
| | Q4 | 家庭年收入 |
| 樣本特徵資訊題項 | Q5 | 您的旅遊消費觀念是 |
| | Q6 | 您每個月用在旅遊消費方面的支出大約有多少 |
| | Q7 | 您是透過什麼途徑來瞭解旅遊資訊的 |
| 樣本基本態度題項 | Q8 | 您認為旅遊消費是否有必要 |
| | Q9 | 如果您的每月收入提高 1000 元,那麼您將會增加多少旅遊費用 |
| | Q10_1 | 您旅遊的目的是什麼(娛樂休閒) |
| | Q10_2 | 您旅遊的目的是什麼(擴大眼界) |
| | Q10_3 | 您旅遊的目的是什麼(釋放生活壓力) |
| | Q10_4 | 您旅遊的目的是什麼(感受生活) |
| | Q10_5 | 您旅遊的目的是什麼(健身保養) |
| | Q10_6 | 您旅遊的目的是什麼(人際交往) |
| | Q10_7 | 您旅遊的目的是什麼(其他) |
| 核心量表題項 | Q11 | 家人或者朋友建議去某景點我一般都同意 |
| | Q12 | 我喜歡去大家都去的景點旅遊 |

《續上頁》

| 框架內容 | 題項 | 題項內容 |
|---|---|---|
| 核心量表題項 | Q13 | 我覺得旅遊有時候挺麻煩，交通擁堵，景點人又多 |
| | Q14 | 我會提前與旅行社進行一些前期溝通，瞭解相關事宜 |
| | Q15 | 我會隨時關注旅遊景區的官方微博和微信 |
| | Q16 | 我喜歡看旅遊相關書籍或者電視節目 |
| | Q17 | 我會提前留意相關旅遊資訊，以做好準備 |
| | Q18 | 去旅遊後，我樂於在社交圈分享自己的感受 |
| | Q19 | 我會隨時與朋友或家人溝通旅遊心得，交換旅遊意見 |
| | Q20 | 我對相關旅行社的負面報導深信不疑 |
| | Q21 | 我對景點的負面評論非常在意 |
| | Q22 | 旅遊結束後，我會告訴同事並且和他們進行討論，有時還會送旅遊紀念禮物 |
| | Q23 | 旅遊時，我樂於在朋友圈、QQ 空間、微博等社交平臺分享自己在旅途中的所見所聞 |
| | Q24 | 旅遊時，為了拍好照片，我會不斷更新自己的拍攝裝備 |
| | Q25 | 我更喜歡旅遊後發長博客來分享自己的體驗 |
| | Q26 | 我更願意去交通方便的旅遊景點 |
| | Q27 | 如果購買了私家車，那麼我會增加外出旅遊的次數分配表 |
| | Q28 | 如果交通不那麼擁堵，那麼我會開車自駕遊 |
| | Q29 | 每次在工作或學習中取得成就後，我會去旅遊以獎勵自己 |
| | Q30 | 我喜歡旅行社幫我打點好一切 |
| 其他題項 | Q31 | 請選擇您偏好的旅遊卡類別 |
| | Q32 | 每張旅遊卡的票面金額偏好情況是 |

從問卷結構上看，Q1~Q4 共 4 個題項為樣本背景資訊題項，Q5~Q7 共 3 個題項為樣本特徵資訊題項，Q8~Q10 為樣本基本態度題項，另外 Q11~Q30 共 20 個題項為核心量表題項，此 20 個題項用於瞭解樣本對於旅遊消費的態度情況，Q31 和 Q32 兩個題項用於瞭解樣本對於旅遊卡的態度情況。

此案例的核心思維在於找出市場上旅遊消費者的類別，利用 Q11~Q30 共 20 個核心量表題項，對樣本人群進行集群，得到集群類別後，分析每個樣本類別人群的特徵情況，並且將類別樣本與 Q31 或者 Q32 這兩個題項進行交叉分析，進一步瞭解

不同類別樣本人群對這兩個題項的態度差異，最終提供關於旅遊卡（類別和金額）方面的建議。本案例也可以在集群得到類別之後，進一步分析不同類別樣本基本特徵或者態度差異情況。

在具體分析步驟上，第一步為樣本背景資訊題項的統計匯總，然後對樣本基本特徵或者旅遊特徵題項進行次數統計分析。Q11~Q30 共 20 個題項是研究人員結合經驗進行主觀設計而來的。20 個題項具體應該劃分為多少個變數，以及變數與題項的對應關係並不確定，因而需要使用探索性因數分析對此 20 個題項進行因數萃取，透過分析找出因數與題項的對應關係。

使用探索性因數分析萃取因數後，對問卷分別進行信度分析和效度分析以驗證樣本回答的可信性和量表的有效性。然後利用萃取出的因數作為集群變數進行集群分析，得到集群類別。在集群分析完成後會進行集群效果驗證，之後對各個集群類別進行命名並且詳細描述各個類別樣本的特徵。最後進行差異對比分析，瞭解不同類別樣本對於題項（尤其是 Q31 和 Q32 這兩個題項）的差異，結合分析結果提供科學建議。下面按照以上分析思維逐一進行分析解讀。

通常情況下，問卷分析的第一部分為樣本背景資訊描述，以及樣本特徵、行為分析，以便對問卷回收情況及研究樣本的基本情況進行分析說明。在本案例中，Q1~Q4 為樣本背景資訊題項，因此可以將這 4 個題項的選擇次數和占比情況整理成一個表格並且進行說明；Q5~Q7 是樣本特徵資訊題項，可以將這 3 個題項整理成一個表格，也可以分成 3 個表格進行詳細說明。Q8~Q10 這 3 個題項為樣本基本態度題項，可以將此 3 個題項分別使用 3 個表格進行展示並且分析說明，Q10 為複選題，複選題可以使用表格與橫條圖兩種形式展示，本節不單獨展示表格和文字分析。

## 9.3.1　案例的探索性因數分析

在本案例中，研究人員自行設計關於旅遊態度的題項（Q11~Q30），並非參考了經典量表，因而使用探索性因數分析對這 20 個題項進行分析，結合軟體與專業知識萃取出合適的因數並對因數進行命名，以及找出因數與題項的對應關係，探索得到因數，以便後續進行集群分析。在進行問卷研究時，多數情況下是使用主成分分析法進行因數萃取，並且使用最大變異數旋轉方法進行因數旋轉處理。SPSS 軟體的預設設置是使用主成分分析法進行因數萃取，但因數旋轉方法，即最大變異數旋轉方法需要研究人員自行設置。

探索性因數分析的具體分析步驟在 5.2.3 節有詳細說明，本節不進行特別說明。接下來會詳細闡述探索性因數分析過程，包括題項刪除和因數萃取及命名等。探索性因數分析是一個迴圈過程，儘管研究人員只需要列出最終一次探索性因數分析結

果，但也應該對中間具體過程進行說明。本案例進行探索性因數分析的過程及具體表格說明如表 9-3 所示。

表 9-3　第一次探索性因數分析因數旋轉後矩陣結果

| 題項 | 因子 | | | | |
|---|---|---|---|---|---|
| | **1** | **2** | **3** | **4** | **5** |
| Q25 我更喜歡旅遊後發長博客來分享自己的體驗 | 0.775 | 0.236 | 0.038 | -0.113 | -0.033 |
| Q24 旅遊時，為了拍好照片，我會不斷更新自己的拍攝裝備 | 0.699 | 0.131 | 0.094 | 0.032 | 0.093 |
| Q18 去旅遊後，我樂於在社交圈分享自己的感受 | 0.697 | 0.054 | 0.157 | 0.094 | 0.106 |
| Q19 我會隨時與朋友或家人溝通旅遊心得，交換旅遊意見 | 0.684 | 0.016 | 0.240 | 0.038 | -0.009 |
| Q22 旅遊結束後，我會告訴同事並且和他們進行討論，有時還會送旅遊紀念禮物 | 0.500 | -0.039 | 0.404 | 0.085 | -0.314 |
| Q23 旅遊時，我樂於在朋友圈、QQ 空間、微博等社交平臺分享自己在旅途中的所見所聞 | 0.462 | 0.430 | 0.155 | 0.206 | -0.044 |
| Q13 我覺得旅遊有時候挺麻煩，交通擁堵，景點人又多 | 0.442 | -0.036 | 0.104 | 0.409 | 0.189 |
| Q27 如果購買了私家車，那麼我會增加外出旅遊的次數 | 0.047 | 0.822 | 0.185 | 0.048 | 0.063 |
| Q28 如果交通不那麼擁堵，那麼我會開車自駕遊 | 0.018 | 0.817 | 0.198 | 0.110 | 0.041 |
| Q26 我更願意去交通方便的旅遊景點 | 0.201 | 0.683 | 0.165 | 0.162 | 0.127 |
| Q30 我喜歡旅行社幫我打點好一切 | 0.184 | 0.531 | -0.205 | 0.304 | 0.203 |
| Q29 每次在工作或學習中取得成就後，我會去旅遊以獎勵自己 | 0.135 | 0.384 | 0.312 | 0.079 | 0.360 |
| Q15 我會隨時關注旅遊景區的官方微博和微信 | 0.307 | 0.135 | 0.824 | 0.003 | -0.055 |
| Q16 我喜歡看旅遊相關書籍或者電視節目 | 0.230 | 0.133 | 0.818 | 0.034 | 0.040 |

《續上頁》

| 題項 | 因子 | | | | |
|---|---|---|---|---|---|
| | **1** | **2** | **3** | **4** | **5** |
| Q17 我會提前留意相關旅遊資訊，以做好準備 | -0.052 | 0.242 | 0.648 | 0.295 | 0.205 |
| Q14 我會提前與旅行社進行一些前期溝通，瞭解相關事宜 | 0.374 | 0.164 | 0.600 | 0.193 | -0.069 |
| Q12 我喜歡去大家都去的景點旅遊 | -0.012 | 0.272 | 0.196 | 0.794 | -0.033 |
| Q11 家人或者朋友建議去某景點我一般都同意 | 0.086 | 0.187 | 0.085 | 0.790 | 0.225 |
| Q21 我對景點的負面評論非常在意 | 0.105 | 0.020 | -0.096 | 0.037 | 0.866 |
| Q20 我對相關旅行社的負面報導深信不疑 | -0.054 | 0.255 | 0.127 | 0.237 | 0.684 |

首先針對 Q11~Q30 共 20 個題項進行第一次探索性因數分析，並且結合旋轉後矩陣結果以及基本專業知識判斷是否有需要刪除的題項。第一次探索性因數分析的旋轉後矩陣結果表 9-3 所示。

從表 9-3 可知，針對 Q23 這一題項，其對應因數 1 和因數 2 的因數負荷係數值分別是 0.462 和 0.430，均高於 0.4，說明此題項出現了「糾纏不清」的現象，即「雙負荷」現象，因此需要將此題項進行刪除處理。另外，Q13 這一題也出現了這種現象，因而也將此題項進行刪除處理。而題項 Q29 相反，其對應的 5 個因數的最大因數負荷係數值為 0.384，可以理解為此題項與任意一個因數均沒有良好的對應關係，因而將此題項刪除。

另外，針對 Q23、Q13 和 Q29 這 3 個題項的刪除處理，研究人員可以一次僅刪除一個，然後迴圈測試，也可以同時刪除，有時最終結果會有細微區別。刪除此 3 個題項後再次進行探索性因數分析，即第二次探索性因數分析，並且發現第二次探索性因數分析結果良好，因而使用第二次探索性因數分析結果作為最終結果，結果分別如表 9-4 和表 9-5 所示。

表 9-4　KMO 檢定 和 Bartlett 球形檢定

| 取樣足夠度的 Kaiser-Meyer-Olkin 比例。 | | 0.818 |
|---|---|---|
| Bartlett 球形檢定 | 近似卡方 | 2639.971 |
| | df | 136.000 |
| | 顯著性. | 0.000 |

從表 **9-4** 中可以看出，KMO 值是 0.818，大於 0.8。並且透過 Bartlett 球形檢定，Bartlett 球形檢定值（近似卡方）是 **2639.971**（顯著性=0.000），因而說明題項非常適合進行因數分析。緊接著分析因數的萃取情況，包括因數萃取個數及因數變異數解釋率情況等。

表 9-5　探索性因數分析變異數解釋

| 成分 | 初始特徵值 | | | 萃取平方和載入 | | | 旋轉平方和載入 | | |
|---|---|---|---|---|---|---|---|---|---|
| | 合計 | 變異數解釋率（%） | 累積（%） | 合計 | 變異數解釋率（%） | 累積（%） | 合計 | 變異數解釋率（%） | 累積（%） |
| 1 | 4.969 | 29.232 | 29.232 | 4.969 | 29.232 | 29.232 | 2.762 | 16.249 | 16.249 |
| 2 | 2.448 | 14.400 | 43.632 | 2.448 | 14.400 | 43.632 | 2.644 | 15.550 | 31.799 |
| 3 | 1.523 | 8.959 | 52.592 | 1.523 | 8.959 | 52.592 | 2.455 | 14.440 | 46.239 |
| 4 | 1.219 | 7.171 | 59.762 | 1.219 | 7.171 | 59.762 | 1.731 | 10.181 | 56.420 |
| 5 | 1.006 | 5.919 | 65.682 | 1.006 | 5.919 | 65.682 | 1.574 | 9.262 | 65.682 |
| 6 | 0.767 | 4.509 | 70.11990 | - | - | - | - | - | - |
| 7 | 0.750 | 4.414 | 74.604 | - | - | - | - | - | - |
| 8 | 0.662 | 3.891 | 78.496 | - | - | - | - | - | - |
| 9 | 0.607 | 3.571 | 82.067 | - | - | - | - | - | - |
| 10 | 0.560 | 3.292 | 85.359 | - | - | - | - | - | - |
| 11 | 0.461 | 2.709 | 88.068 | - | - | - | - | - | - |
| 12 | 0.422 | 2.484 | 90.552 | - | - | - | - | - | - |
| 13 | 0.400 | 2.351 | 92.903 | - | - | - | - | - | - |

《續上頁》

| 成分 | 初始特徵值 | | | 萃取平方和載入 | | | 旋轉平方和載入 | | |
|---|---|---|---|---|---|---|---|---|---|
| | 合計 | 變異數解釋率（%） | 累積（%） | 合計 | 變異數解釋率（%） | 累積（%） | 合計 | 變異數解釋率（%） | 累積（%） |
| 14 | 0.358 | 2.105 | 95.008 | - | - | - | - | - | - |
| 15 | 0.334 | 1.963 | 96.971 | - | - | - | - | - | - |
| 16 | 0.296 | 1.742 | 98.713 | - | - | - | - | - | - |
| 17 | 0.219 | 1.287 | 100.000 | - | - | - | - | - | - |

萃取方法：主成分分析。

從表 9-5 中可以看出萃取因數個數及每個因數的變異數解釋率。在因數萃取個數方面，可以讓 SPSS 軟體自動生成（SPSS 軟體會將特徵值值大於 1 作為標準判斷因數數量），也可以自行設置因數個數（如果研究人員已經對因數數量有了預期，那麼可以自行設定因數數量）。本次探索性因數分析使用 SPSS 軟體自動設置的因數數量，最終萃取得到 5 個因數，此 5 個因數的累積變異數解釋率為 65.682%，而它們旋轉後的變異數解釋率分別為：16.249%、15.550%、14.440%、10.181% 和 9.262%。說明這 17 個題項最終萃取了 5 個因數，可以代表原來 17 個題項 65.682% 的資訊量。從整體上看，本案例的探索性因數分析結果良好。接下來具體分析 5 個因數與題項的對應關係，如表 9-6 所示。

表 9-6　探索性因數分析第二次旋轉後矩陣結果

| 題項 | 因子 | | | | |
|---|---|---|---|---|---|
| | 1 | 2 | 3 | 4 | 5 |
| Q25 我更喜歡旅遊後發長博客來分享自己的體驗 | 0.766 | 0.057 | 0.262 | -0.153 | -0.016 |
| Q18 去旅遊後，我樂於在社交圈分享自己的感受 | 0.721 | 0.149 | 0.012 | 0.141 | 0.106 |
| Q19 我會隨時與朋友或家人溝通旅遊心得，交換旅遊意見 | 0.708 | 0.208 | 0.026 | 0.066 | -0.066 |
| Q24 旅遊時，為了拍好照片，我會不斷更新自己的拍攝裝備 | 0.698 | 0.115 | 0.110 | 0.026 | 0.123 |
| Q22 旅遊結束後，我會告訴同事並且和他們進行討論，有時還會送旅遊紀念禮物 | 0.533 | 0.362 | -0.056 | 0.137 | -0.357 |

《續上頁》

| 題項 | 因子 | | | | |
|---|---|---|---|---|---|
| | **1** | **2** | **3** | **4** | **5** |
| Q15 我會隨時關注旅遊景區的官方微博和微信 | 0.299 | 0.832 | 0.141 | -0.018 | -0.075 |
| Q16 我喜歡看旅遊相關書籍或者電視節目 | 0.220 | 0.830 | 0.121 | 0.026 | 0.024 |
| Q17 我會提前留意相關旅遊資訊，以做好準備 | -0.050 | 0.656 | 0.211 | 0.320 | 0.183 |
| Q14 我會提前與旅行社進行一些前期溝通，瞭解相關事宜 | 0.371 | 0.627 | 0.157 | 0.159 | -0.037 |
| Q27 如果購買了私家車，那麼我會增加外出旅遊的次數 | 0.062 | 0.192 | 0.835 | 0.083 | 0.056 |
| Q28 如果交通不那麼擁堵，那麼我會開車自駕遊 | 0.010 | 0.200 | 0.820 | 0.138 | 0.003 |
| Q26 我更願意去交通方便的旅遊景點 | 0.189 | 0.199 | 0.694 | 0.142 | 0.148 |
| Q30 我喜歡旅行社幫我打點好一切 | 0.206 | -0.198 | 0.522 | 0.336 | 0.211 |
| Q11 家人或者朋友建議去某景點我一般都同意 | 0.117 | 0.083 | 0.139 | 0.830 | 0.221 |
| Q12 我喜歡去大家都去的景點旅遊 | -0.001 | 0.206 | 0.260 | 0.778 | -0.028 |
| Q21 我對景點的負面評論非常在意 | 0.096 | -0.049 | 0.035 | 0.012 | 0.898 |
| Q20 我對相關旅行社的負面報導深信不疑 | -0.043 | 0.140 | 0.232 | 0.285 | 0.670 |

從表 9-6 中可以看出，探索性因數分析共萃取出 5 個因數，因數 1 由 5 個題項組成，因數 2 和因數 3 分別由 4 個題項組成，因數 4 和因數 5 分別由兩個題項組成。而且這 17 個題項均無「張冠李戴」或者「糾纏不清」的現象。結合因數與題項的對應關係，可以對 5 個因數分別命名為分享因數、關注因數、便捷性因數、從眾效應因數和負面口碑因數。

分享因數表示樣本的分享意願情況，包括樣本在旅遊後的博客分享或者社交圈分享，以及與朋友、家人之間交流旅遊感受或者與同事分享交流等。關注因數表示樣本對於相關旅遊資訊的關注情況，包括樣本關注景區官方微博、微信，關注相關旅遊節目，提前留意相關旅遊資訊，與旅行社提前溝通瞭解資訊等。便捷性因數表示樣本對於旅遊的便捷性要求，主要涉及交通擁堵情況和私家車便捷性情況。從眾效應因數表示樣本旅遊的從眾情況，包括家人、朋友的旅遊影響或者大眾性引導消費。

負面口碑因數表示樣本對於負面評論的在乎情況，包括景點負面評論和旅行社負面評價等情況。

本節的探索性因數分析對核心題項（旅遊態度題項）進行因數萃取，並且得到 5 個因數，每個因數有對應的題項，通常可以使用 SPSS 軟體生成 5 個因數變數資料，即透過計算 5 個因數對應題項的平均評分，生成出 5 列資料，分別代表 5 個因數的整體情況，接著完成資料處理以便後續進一步分析使用。完成探索性因數分析後，接著會進行信度分析和效度分析。

## 9.3.2　案例的信度分析和效度分析

本節接著進行信度分析和效度分析。信度分析在第 5 章中已經詳細說明了，本節不再贅述。在效度分析方面，由於本次研究的量表題項並沒有經典的參考來源，因而可以對其進行多角度的內容效度說明，包括題項設計時的部分參考或者想法，是否經過預測試，以及是否得到專家或者相關從業人員的認同等。

如果使用探索性因數分析進行建構效度驗證，那麼其結果與 9.3.1 節的探索性因數分析結果完全一致，區別在於使用探索性因數分析的目的不一樣，以及 9.3.1 節使用探索性因數分析的探索因數功能，而此節使用探索性因數分析的效度驗證功能。研究人員也可以使用 AMOS 結構方程式軟體的驗證性因數分析（CFA）方法進行建構效度驗證。使用 CFA 進行建構效度驗證對資料品質以及樣本量有著較高的要求，通常情況下經典量表才可以達標。本案例使用探索性因數分析進行建構效度驗證，結果匯總如表 9-7 所示。

表 9-7　建構效度驗證表格

| 因數（變數） | 題項 | 因數負荷係數 | | | | |
| --- | --- | --- | --- | --- | --- | --- |
| | | 1 | 2 | 3 | 4 | 5 |
| 分享 | Q25 我更喜歡旅遊後發長博客來分享自己的體驗 | 0.766 | 0.057 | 0.262 | -0.153 | -0.016 |
| | Q18 去旅遊後，我樂於在社交圈分享自己的感受 | 0.721 | 0.149 | 0.012 | 0.141 | 0.106 |
| | Q19 我會隨時與朋友或家人溝通旅遊心得，交換旅遊意見 | 0.708 | 0.208 | 0.026 | 0.066 | -0.066 |
| | Q24 旅遊時，為了拍好照片，我會不斷更新自己的拍攝裝備 | 0.698 | 0.115 | 0.110 | 0.026 | 0.123 |
| | Q22 旅遊結束後，我會告訴同事並且和他們進行討論，有時還會送旅遊紀念禮物 | 0.533 | 0.362 | -0.056 | 0.137 | -0.357 |

《續上頁》

| 因數<br>（變數） | 題項 | 因數負荷係數 | | | | |
|---|---|---|---|---|---|---|
| | | **1** | **2** | **3** | **4** | **5** |
| 關注 | Q15 我會隨時關注旅遊景區的官方微博和微信 | 0.299 | 0.832 | 0.141 | -0.018 | -0.075 |
| | Q16 我喜歡看旅遊相關書籍或者電視節目 | 0.220 | 0.830 | 0.121 | 0.026 | 0.024 |
| | Q17 我會提前留意相關旅遊資訊，以做好準備 | -0.050 | 0.656 | 0.211 | 0.320 | 0.183 |
| | Q14 我會提前與旅行社進行一些前期溝通，瞭解相關事宜 | 0.371 | 0.627 | 0.157 | 0.159 | -0.037 |
| 便捷性 | Q27 如果購買了私家車，那麼我會增加外出旅遊的次數 | 0.062 | 0.192 | 0.835 | 0.083 | 0.056 |
| | Q28 如果交通不那麼擁堵，那麼我會開車自駕遊 | 0.010 | 0.200 | 0.820 | 0.138 | 0.003 |
| | Q26 我更願意去交通方便的旅遊景點 | 0.189 | 0.199 | 0.694 | 0.142 | 0.148 |
| | Q30 我喜歡旅行社幫我打點好一切 | 0.206 | -0.198 | 0.522 | 0.336 | 0.211 |
| 從眾效應 | Q11 家人或者朋友建議去某景點我一般都同意 | 0.117 | 0.083 | 0.139 | 0.830 | 0.221 |
| | Q12 我喜歡去大家都去的景點旅遊 | -0.001 | 0.206 | 0.260 | 0.778 | -0.028 |
| 負面口碑 | Q21 我對景點的負面評論非常在意 | 0.096 | -0.049 | 0.035 | 0.012 | 0.898 |
| 負面口碑 | Q20 我對相關旅行社的負面報導深信不疑 | -0.043 | 0.140 | 0.232 | 0.285 | 0.670 |
| 特徵值值 | | 2.762 | 2.644 | 2.455 | 1.731 | 1.574 |
| 變異數解釋率（％） | | 16.249 | 15.550 | 14.440 | 10.181 | 9.262 |
| 累積變異數解釋率（％） | | 16.249 | 31.799 | 46.239 | 56.420 | 65.682 |
| KMO 值 | | 0.818 | | | | |
| Bartlett 球形檢定 | | 2639.971 | | | | |
| 顯著性. | | 0.000 | | | | |

針對旅遊態比例表題項，探索性因數分析結果顯示 KMO 值為 0.818，大於 0.7，並且透過 Bartlett 球形檢定。另外探索性因數分析共萃取得到 5 個因數，這 5 個因數旋轉後的變異數解釋率分別為：16.249%、15.550%、14.440%、10.181% 和 9.262%，總共累積變異數解釋率為 65.682%。此研究量表各個題項對應的因數負荷係數值均高於 0.5，最小為 0.522，最大為 0.898，題項與因數之間均有著良好的對應關係，題項與因數的對應關係與專業知識設定相符，因而說明此研究量表（旅遊態比例表）有著良好的建構效度，研究資料可用於進一步分析。

### 9.3.3 案例的集群分析

本節對樣本進行集群分析。集群分析可以分為樣本集群和變數集群兩大類，在實際問卷研究中，樣本集群較為常見，即透過集群分析將樣本分為幾類人群，本案例使用樣本集群分析。在 SPSS 軟體中，集群分析分為兩步驟集群分析、K-Mean 集群分析和系統集群分析，此 3 類集群分析方法的使用區別較小，但對資料類型的要求不同，而且在功能特點上也有區別，研究人員應該結合具體情況進行選擇（在 9.2.2 節有詳細說明）。如果資料均為量表題項，則此 3 類集群分析方法功能基本一致，在研究過程中可以結合這 3 類分析方法的結果進行對比並選擇最佳集群結果。

在樣本集群分析前，應該確保 5 個因數資料已經生成，即每個因數由不同題項組成，並分別計算出對應題項的平均值，每個因數分別使用一列資料（平均值）代表因數整體。完成資料處理後，首先使用 K-Mean 集群分析進行試驗性分析，K-Mean 集群分析的最大特點是快速，因此適用於試驗性分析。有時也可以使用兩步驟集群分析進行試驗性分析，原因在於兩步驟集群分析可以自動生成樣本類別數量。

在進行 K-Mean 集群分析時，SPSS 軟體會將集群數量默認設置為兩類，因此研究人員可以結合具體情況設置集群數量。本案例在進行 K-Mean 集群分析時，當將集群數量設置為兩個類別時，樣本量分別是 245 個和 179 個，當將集群數量設置為 3 個類別時，樣本量分別是 184 個、147 個和 93 個，當將集群數量設置為 4 個類別時，樣本量分別是 132 個、69 個、83 個和 140 個。單獨從各個類別樣本結果中並不能確認最終集群數量，但可以大致選定為兩類或者 3 類。類別較多會使分析變得複雜，並且結合當前總樣本情況和集群資料（5 個因數）綜合判斷，因而暫定集群數量為兩類或者 3 類。

在 9.3.2 節使用 K-Mean 集群分析進行試驗性分析後，接著繼續使用另外兩種集群分析方法進行對比，在使用兩步驟集群分析時，軟體預設設置為兩類。而在使用系統集群分析時需要研究人員手動設置集群數量（與 K-Mean 集群分析類似）。結合上述分析，最終設定的集群數量為 3 類，沒有選擇兩個類別作為最終結果是出於對實際情況的考慮，並且兩個類別過於簡單，不便於深入挖掘不同類別樣本的特點。

最終結果應該以兩步驟集群分析、K-Mean 集群分析或者系統集群分析作為標準，根據筆者的經驗，如果集群數量已經確認，並且這 3 種集群分析方法結果基本一致，那麼使用哪一種都可以（如果資料中有分類資料，那麼無法使用 K-Mean 集群分析）。多數情況下會使用系統集群分析，而兩步驟集群分析可以自動生成類別數量，其使用次數分配表也越來越多。對這 3 種集群分析方法而言，輸出圖表的實際意義並不大，關鍵在於讓 SPSS 軟體自動生成一列類別編號（需要手動設定，SPSS 軟體預設不輸出類別編號資料），便於後續進一步分析使用。

本案例主要使用兩步驟集群分析。在進行兩步驟集群分析時，將集群數量設置為 3 個（SPSS 軟體預設輸出結果為兩個，因此需要手動設置集群數量為 3 個）。接下來針對兩步驟集群分析得出的相關結果進行具體說明。

表 9-8 為使用兩步驟集群分析生成的集群分佈表格，從中可以直觀地看出，該表格總共生成 3 個集群類別，每個類別的樣本量（N）分別是 178 個、185 個和 61 個。相對來講，集群類別 3 的樣本量較少，僅占總樣本量的 14.4%。另外還有一個表格展示了 3 個類別樣本在 5 個因數上的平均值和標準差，後面會進一步分析平均值情況並且進行類別命名，本節不進行說明。

表 9-8　集群分佈

| | | **N** | 組合（%） | 總計（%） |
|---|---|---|---|---|
| 集群 | 1 | 178 | 42.0% | 42.0% |
| | 2 | 185 | 43.6% | 43.6% |
| | 3 | 61 | 14.4% | 14.4% |
| | 組合 | 424 | 100.0% | 100.0% |
| 總計 | | 424 | | 100.0% |

接著對模型概要圖進行分析。從圖 9-5 中可以看出模型概要共分為 3 類，並且模型概要圖還展示出兩步驟集群分析的品質情況（此功能僅兩步驟集群分析才有），從整體上看，模型配適較為理想，可以接受。

另外，從圖 9-6 中可以看出（預測變數指本案例中的 5 個因數），便捷性因數對於集群建模的重要性最高，從眾效應、分享、關注這 3 個因數的重要性較高，相對來說，負面口碑因數對於集群建模的作用最小。

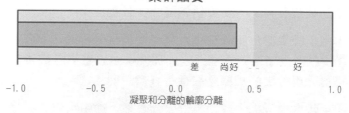

模型概要

| 演算法 | 兩步驟 |
|---|---|
| 輸入 | 5 |
| 集群 | 3 |

集群品質

圖 9-5 兩步驟集群分析模型概要圖

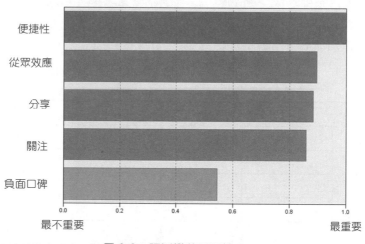

圖 9-6 預測變數重要性

本節詳細闡述了集群分析過程以及兩步驟集群分析法。本案例使用 5 個因數對樣本進行集群分析,並將它們共集群為 3 類。接下來會詳細分析這 3 類樣本的特徵情況,並且對這 3 類別樣本進行命名處理。

## 9.3.4 案例的集群樣本命名及集群效果驗證

本節詳細分析此 3 類樣本的特徵情況,並且進行命名處理。在集群效果方面,上文已經使用兩步驟集群分析對模型品質進行了簡單判斷,以及對預測變數(5 個因數)進行了重要性說明,本節對這 3 類樣本進行命名。

可以透過變異數分析對比這 3 類樣本在 5 個因數上的差異性，並且結合具體差異性對比這 3 類樣本的特徵情況，然後進行集群樣本命名。集群樣本與 5 個因數的變異數分析匯總如表 9-9 所示（變異數分析具體說明可參閱第 5 章）。

表 9-9　集群樣本與因數變異數分析

| | 集群類別（平均值±標準差） | | | F | P |
|---|---|---|---|---|---|
| | 類別 **1**（N=178） | 類別 **2**（N=185） | 類別 **3**（N=61） | | |
| 分享 | 2.93±0.51 | 3.56±0.48 | 2.51±0.42 | 140.42 | 0.00** |
| 關注 | 2.96±0.59 | 3.88±0.50 | 2.92±0.74 | 135.24 | 0.00** |
| 便捷性 | 3.13±0.56 | 4.05±0.45 | 3.95±0.43 | 164.80 | 0.00** |
| 從眾效應 | 2.87±0.67 | 3.91±0.60 | 3.97±0.63 | 142.87 | 0.00** |
| 負面口碑 | 2.96±0.63 | 3.43±0.71 | 4.15±0.53 | 77.87 | 0.00** |

\* $P<0.05$，\*\* $P<0.01$

從表 9-9 可知，這 3 個集群樣本對於 5 個因數（分享、關注、便捷性、從眾效應、負面口碑）均有著顯著性差異態度。具體分析這 3 類樣本的特徵情況可知：類別 1 樣本的分享意願和關注度較低，對便捷性要求不高，從眾效應也較低，對負面口碑不敏感。綜合此類樣本特徵情況，將其命名為「旅遊冷淡者」。類別 2 樣本的分享意願和關注度最高，對便捷性要求高，從眾效應也很強，並且對負面口碑較為在乎，結合此類樣本特徵情況，將其命名為「旅遊愛好者」。類別 3 樣本的分享意願最低並且不太關注相關旅遊資訊，但其對便捷性要求較高，有較強的從眾效應，並且對負面口碑最在乎，綜合此類樣本特徵情況，對其命名為「旅遊從眾者」。綜合上述分析，可以明顯區分出這 3 類樣本的特徵，並且其符合當前旅遊消費者的特徵。綜合兩步驟集群分析的品質說明，最終說明集群效果較好。

完成 3 類樣本命名後，接著進一步分析不同集群類別樣本的差異情況，包括 3 類樣本對於旅遊題項態度差異或者 3 類樣本背景特徵差異情況等。本案例中有兩個關於旅遊卡（包括旅遊卡類別和旅遊卡票面金額）的題項，研究人員需要瞭解不同旅遊消費者對於旅遊卡的偏好，便於旅遊公司設計出不同種類的旅遊卡供消費者選擇使用。此類分析會在 9.3.5 節進行詳細說明。

## 9.3.5　案例的不同類別樣本卡方分析

本節進一步分析此 3 類樣本對於旅遊卡的態度差異，便於旅遊公司設計出有針對性的旅遊卡供消費者選擇，從而贏得消費者的好評並且獲取更多利潤，如表 9-10 所示。由於篇幅限制，本節僅對 3 類樣本對旅遊卡的差異情況進行分析，在分析時，還可以分析 3 類樣本對樣本背景資訊題項（Q1~Q4）、樣本特徵資訊題項（Q5~Q7）和樣本基本態度題項（Q8~Q10）的差異情況。以上分析均可以使用卡方分析進行（卡方分析相關內容請參閱第 10 章）。

表 9-10　集群類別與旅遊卡偏好情況卡方分析

| 題項 | 選項 | 集群類別 | | | 合計 | X2 |
|---|---|---|---|---|---|---|
| | | 旅遊冷淡者 | 旅遊愛好者 | 旅遊從眾者 | | |
| 請選擇您偏好的旅遊卡類別 | 年卡（固定折扣金額） | 89<br>（50.0%） | 47<br>（25.4%） | 36<br>（59.0%） | 172<br>（40.6%） | 32.82** |
| | 積分優惠卡（積分折現消費） | 89<br>（50.0%） | 138<br>（74.6%） | 25<br>（41.0%） | 252<br>（59.4%） | |
| 合計 | | 178<br>（100.0%） | 185<br>（100.0%） | 61<br>（100.0%） | 424<br>（100.0%） | |
| 每張旅遊卡的票面金額偏好情況 | 1000 元以內 | 28<br>（15.7%） | 139<br>（75.1%） | 11<br>（18.0%） | 178<br>（42.0%） | 183.5** |
| | 1000~5000 元 | 119<br>（66.9%） | 22<br>（11.9%） | 22<br>（36.1%） | 163<br>（38.4%） | |
| | 5000 元以上 | 31<br>（17.4%） | 24<br>（13.0%） | 28<br>（45.9%） | 83<br>（19.6%） | |
| 合計 | | 178<br>（100.0%） | 185<br>（100.0%） | 61<br>（100.0%） | 424<br>（100.0%） | |

\* P<0.05，\*\* P<0.01

下面對比這 3 類樣本（旅遊冷淡者、旅遊愛好者和旅遊從眾者）在旅遊卡類別和票面金額上的選擇差異情況。研究表明，旅遊冷淡者或者旅遊從眾者相對會來說更加偏好年卡，在旅遊冷淡者樣本中有 50% 的樣本選擇年卡，在旅遊從眾者樣本中有59% 的樣本會選擇年卡，而在旅遊愛好者樣本中只有 25.4% 的樣本會選擇年卡。這說明應該更多地向旅遊愛好者宣傳積分優惠卡，同時向另外兩類樣本（旅遊冷淡者和旅遊從眾者）宣傳年卡。在旅遊卡票面金額的偏好情況上，旅遊冷淡者更偏好票面金額為 1000~5000 元的旅遊卡，相對來講，旅遊愛好者更加偏好票面金額為 1000元以內的旅遊卡，旅遊從眾者選擇票面金額為 5000 元以上的旅遊卡的比例最高

（**45.9%**），也即説明旅遊冷淡者偏好票面金額適中的旅遊卡，旅遊愛好者偏好票面金額較低的旅遊卡，旅遊從眾者偏好票面金額偏高的旅遊卡。

綜合分析可以得出建議：當前旅遊市場存在 3 類旅遊消費者，分別是旅遊冷淡者、旅遊愛好者和旅遊從眾者。旅遊公司應該設計出 3 種旅遊卡，分別是旅遊冷淡者偏好的票面金額適中的年卡，旅遊愛好者偏好的票面金額較低的積分優惠卡，以及旅遊從眾者偏好的票面金額較高的年卡。

# 10

# 非量表類問卷研究

本書約定問卷中大部分題項（60%以上）或者基本所有題項為非量表題項時，此類問卷被統稱為非量表類問卷。在通常情況下，非量表類問卷針對某個話題進行現狀分析，並且瞭解樣本的基本態度情況，研究不同人群的現狀或態度差異，然後結合分析結論提供有意義的建議措施等。

# 10.1　分析思維解讀

非量表類問卷的研究思維可以分成 **7** 個部分，分別是樣本背景分析，樣本特徵、行為分析，基本現狀分析，樣本態度分析，差異分析，影響關係分析和其他，在具體分析時可以結合實際情況進行選擇。比如如果問卷中包含部分量表題項，那麼非量表類問卷研究可能還會涉及探索性因數分析、信度分析、變異數分析等。非量表類問卷研究思維如圖 10-1 所示。

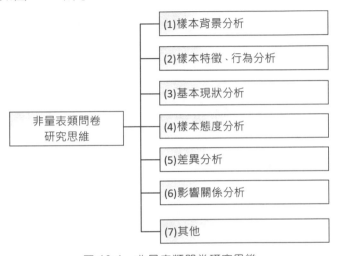

圖 10-1　非量表類問卷研究思維

（1）樣本背景分析。此部分的具體分析方法或者分析內容與第 5 章類似，均是使用次數分析研究樣本的基本資訊。

（2）樣本特徵、行為分析。針對非量表類問卷，需要對研究樣本的背景情況進行詳細分析，並且從不同方面對樣本的基本特徵或者基本行為情況進行詳細分析和說明。如果題項較多，那麼研究人員可以將此部分細分為幾個部分並進行說明，分析方法均使用次數和百分比統計，如果有複選題，則可以使用橫條圖直觀展示樣本的選擇結果。

（3）基本現狀分析部分。非量表類問卷需要對某個研究話題的基本現狀有深入的瞭解，以便後續提供相關的建議和措施。將某個研究話題的現狀情況單獨作為一部分進行分析，在邏輯上更為清晰。分析方法使用次數和百分比統計即可。

（4）樣本態度分析。除分析樣本基本現狀外，還需要分析樣本的基本態度情況，便於提供細節性建議和措施。將樣本態度分析作為單獨一部分，分析方法使用次數和百分比統計即可，如果題項為排序題，那麼可以透過計算平均排名並且使用長條圖直觀展示排名結果。

（5）差異分析。此部分為非量表類問卷的核心分析部分。由於非量表類問卷更多的是基於現狀和政策的建議分析，因而在完成樣本基本特徵、行為分析以及基本態度分析後，需要對比不同樣本在題項（包括樣本基本態度或者基本行為特徵等題項）上的差異，深入分析不同背景樣本的態度差異，從而可以提供科學的資料支援。在分析方法使用上，非量表類問卷題項基本上為分類資料，通常需要使用卡方分析進行研究。

（6）影響關係分析。在非量表類問卷研究中，有時還會研究相關因素對於樣本態度或者現狀情況的影響情況，比如研究相關因素對於樣本是否進行 P2P 理財，或者是否願意進行 P2P 理財等影響情況。在分析方法上，由於應變數 Y 值為分類資料，因而使用 Logistic 迴歸分析進行影響關係研究較為合適。

（7）其他。如果非量表類問卷中包含量表題項，則可能涉及探索性因數分析、信度分析、變異數分析等，針對量表題項的分析方法說明，讀者可參閱第 5 章內容。

## 10.2　分析方法說明

本節會詳細介紹非量表類問卷研究思維涉及的分析方法，第 5 章已經對此分析思維可能涉及的部分分析方法進行了詳細說明，包括次數分析、探索性因數分析、信度分析、變異數分析等。此部分更多的是針對本分析思維涉及的核心分析方法，即卡方分析和 Logistic 迴歸分析進行詳細闡述。具體分析思維與分析方法的對應關係如圖 10-2 所示。

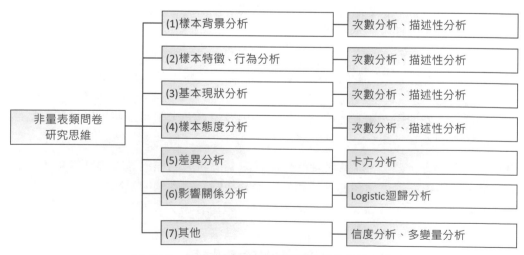

圖 10-2　非量表類問卷研究思維對應的分析方法

針對樣本背景分析和樣本特徵、行為分析這兩部分，通常是使用次數分析統計樣本對於各個選項的選擇比例情況，這兩部分的具體說明可以參考第 5 章內容。

針對樣本基本現狀和基本態度分析，在分析方法上可以使用次數分析，透過計算選項的選擇次數和占比情況，直觀地分析研究話題的基本現狀和樣本基本態度情況。

差異分析和影響關係分析在接下來的內容中會進行詳細說明。針對其他分析，如果問卷中涉及量表類題項，則可能涉及探索性因數分析、信度分析、變異數分析等，具體說明可以參閱第 5 章內容。

## 10.2.1　基本現狀和樣本態度分析

非量表類問卷在多數情況下是分析某個研究話題當前現狀情況以及樣本基本情況的，研究人員可以首先對現狀情況進行分析，並且瞭解樣本的態度情況，最後結合分析結果提出建議。為了便於理清思維，一小部分的分析題項最好為 3~7 個。類似地，對於相關態度題項分析，也可以拆分成多個小部分進行。在進行分析時，不應該拘泥於分析方法的使用。此部分更多地會使用簡單易懂的次數和百分比描述，最好結合各種圖形展示，比如複選題可以使用橫條圖展示，單選題可以使用直條圖展示等。

在對研究話題的基本現狀以及樣本的基本態度進行深入分析後，可以繼續研究不同樣本人群，比如不同性別人群的態度差異情況、不同性別人群的現狀差異情況，或者深入研究影響關係。非量表類問卷中大部分題項均為分類資料，因而需要使用卡方分析進行差異關係研究，也可能會需要使用 Logistic 迴歸分析進行影響關係研究，這在接下來的內容中會進一步說明。

## 10.2.2　卡方分析

首先需要對不同樣本人群在題項上的態度差異，或者不同樣本人群在基本現狀題項上的差異進行對比分析。

從研究方法上看，差異分析包括變異數分析、t 檢定以及卡方分析。變異數分析或者 t 檢定僅針對量表類題項，並且在第 5 章中已經進行了詳細說明，此部分不再贅述。針對非量表類題項的關係研究，即分類資料與分類資料之間的關係研究，應該使用卡方分析。比如在研究性別與宗教信仰之間的關係時，性別和宗教信仰均為分類資料，因而應該使用卡方分析。卡方分析又被稱為交叉資料表分析，它是透過分析不同類別資料的相對選擇次數和占比情況，進而進行差異判斷，單選題或者複選題均可以使用卡方分析進行對比差異分析。

結合問卷研究實際情況，筆者將卡方分析分為兩類，分別為單選題卡方分析和複選題卡方分析。如圖 10-3 所示，如果要研究 X 與 Y 的關係，並且 X 和 Y 均為分類資料，那麼應該使用卡方分析。如果 Y 為單選題，那麼應該使用單選題卡方分析；如果 Y 為複選題，那麼應該使用複選題卡方分析，相對而言，複選題在進行卡方分析時較為複雜。

圖 10-3　卡方分析分類

（1）單選題卡方分析。卡方分析是在兩個分類資料進行交叉的基礎上，加上統計檢定值，即卡方值和對應的 P 值。透過對 P 值進行判斷，進而說明兩個分類資料之間是否有聯繫。比如性別與是否戴隱形眼鏡之間的聯繫情況，或者學歷（學歷在通常情況下被視為分類資料）與宗教信仰之間的聯繫情況。

從具體分析來看，首先是對 P 值進行判斷，如果 P 值小於 0.05（並且大於 0.01），那麼說明呈現出 0.05 水準上的顯著性，也說明至少有 95%的把握認為問卷樣本人群存在差異，兩個分類資料之間有著明顯的聯繫。如果 P 值高於 0.05，則說明兩個分類資料之間的聯繫並沒有統計上的把握性，因而可以說明兩個分類資料之間基本沒有聯繫。

對於單選題卡方分析，首先需要對資料分佈情況有一定的瞭解，比如問卷中學歷為五組（中學、專科、大學、碩士、博士），其中中學樣本數量為 10 個，專科樣本數量為 30 個，大學樣本數量為 100 個，碩士樣本數量為 30 個，博士樣本數量為 10 個，其中中學樣本和博士樣本的數量僅為 10 個，沒有代表性，因此需要進行分組處理，可以將學歷分為 3 組，分別是專科及以下、大學、碩士及以上，此時這 3 組樣本數量分別為 40 個、100 個和 40 個，各組樣本具有代表性。有時資料並不能進行分組處理，比如性別有男性和女性兩個選項，男性樣本的量為 100 個，而女性樣本的量僅為 10 個，則女性樣本數量過少不具有代表性，而且無法進行分組處理，此時進行卡方分析很可能無法得到科學結論。

（2）複選題卡方分析。類似於單選題卡方分析，複選題卡方分析也是研究兩個分類資料（X 和 Y）之間的關係，但區別在於這裡的 X 為單選題資料，Y 為複選題數據。SPSS 軟體不能直接對複選題進行卡方分析，首先需要對資料進行處理，即多重回應設置。多重響應設置相當於將複選題的多列資料（複選題的一個選項存儲為一列資料）處理為一列資料，通俗地講，即將複選題變成單選題，此過程由 SPSS 軟體進行處理。完成多重回應設置後進行交叉分析，並且設定卡

方值輸出選項，最終完成分析。從原理上看，複選題卡方分析與單選題卡方分析完全一致，但二者在 SPSS 中的操作步驟則完全不同，具體在 SPSS 中的操作步驟會在後續章節中進行說明。

## 10.2.3　Logistic 迴歸分析

在非量表類問卷研究中，可能會涉及影響關係研究。比如研究相關因素（自變數 X）對樣本群體是否購買理財產品的影響情況。Logistic 迴歸分析類似於第 5 章提及的多元線性迴歸，均為研究 X 對 Y 的影響情況。如果 Y 為定量資料，那麼使用多元線性迴歸；如果 Y 為分類資料，那麼應該使用 Logistic 迴歸分析。結合實際情況，可以將 Logistic 迴歸分析分為 3 類，分別是二項 Logistic 迴歸分析、多項有序 Logistic 迴歸分析和多項無序 Logistic 迴歸分析，如圖 10-4 所示。

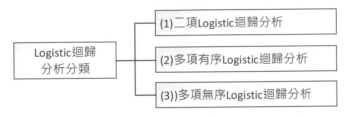

圖 10-4　Logistic 迴歸分析分類

Logistic 迴歸分析用於研究 X 對 Y 的影響，並且對於 X 的資料類型沒有要求，X 可以為分類資料，也可以為定量資料。但其要求 Y 必須為分類資料，並且針對 Y 的資料類型，使用不同的資料分析方法。

如果 Y 的選項為兩個，比如願意和不願意、是和否，那麼應該使用二項 Logistic 迴歸分析。如果 Y 的選項為多個，那麼應該使用多項有序 Logistic 迴歸分析或者多項無序 Logistic 迴歸分析。要具體區分是使用多項有序 Logistic 迴歸分析還是使用多項無序 Logistic 迴歸分析，就要看 Y 了。如果 Y 有多個選項，並且各個選項之間可以對比大小，比如 1 代表「不願意」，2 代表「無所謂」，3 代表「願意」，這 3 個選項具有對比意義，數值越高，代表樣本的願意程度越高，那麼此時應該使用多項有序 Logistic 迴歸分析。如果 Y 有多個選項，並且各個選項之間不具有對比意義，比如 1 代表「淘寶」，2 代表「天貓」，3 代表「京東」，4 代表「亞馬遜中國」，數值僅代表不同類別，數值大小不具有對比意義，那麼此時應該使用多項無序 Logistic 迴歸分析。在實際問卷研究中，二項 Logistic 迴歸分析的使用次數分配表最高，其次為多項有序 Logistic 迴歸分析，而多項無序 Logistic 迴歸分析的使用次數分配表最低。

（1）二項 Logistic 迴歸分析。在非量表類問卷研究中使用此分析方法的次數分配表較高。在非量表類問卷研究中，多數情況下研究人員希望研究樣本基本現狀、基本態度，並且最終要有一個落腳點，即最後樣本是否願意或者是否會進行某個「操作」。比如不同樣本人群對理財產品有不同的看法態度，並且對理財產品的瞭解情況也不同，但研究人員最終的落腳點是具體哪些因素會影響樣本人群將來是否購買理財產品，此時應該使用二項 Logistic 迴歸分析。二項 Logistic 迴歸分析通常會涉及 3 個步驟，分別是資料處理、卡方分析和影響關係研究，如圖 10-5 所示。

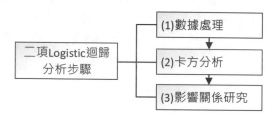

圖 10-5　二項 Logistic 迴歸分析步驟

第一步為資料處理。例如在研究相關因素對樣本將來是否願意購買理財產品的影響情況時，如果影響因素中的選項分佈嚴重失衡，例如學歷為其中一個影響因素，而在學歷中大專選項僅為 10 個，那麼此時應該對學歷進行重新組合。

除非條件允許，研究人員應該盡可能地讓每個選項有較多的樣本（30 個以上），否則會得出不科學的結論。對所有的影響因素 X 進行資料處理後，接著可以使用卡方分析分別研究每個 X 與 Y 的關係，並進行試驗性分析。如果透過卡方分析發現 X 與 Y 之間沒有關係，那麼後續進行的兩項 Logistic 迴歸分析也不應該有影響關係。

第二步為卡方分析。此步不是必需的步驟，透過此步可以試驗性瞭解每個影響因素 X 與 Y 之間的關係情況。如果透過卡方分析發現 X 與 Y 之間完全沒有關係，但是後續透過二項 Logistic 迴歸分析發現有影響關係，那麼此時應該檢查資料情況，避免得出不科學的結論。針對非量表類問卷研究，當研究人員不能完全確定到底哪些因素是可能的影響因素或者可能的影響因素非常多時，也可以首先進行卡方分析進行初步篩選，篩選出沒有直接聯繫的題項，透過簡化二項 Logistic 迴歸分析模型使評分析解讀簡潔易懂。

第三步為影響關係研究，即二項 Logistic 迴歸分析。在上一步確認了可能的影響因素之後，此步驟直接對題項進行二項 Logistic 迴歸分析。二項 Logistic 迴歸分析的具體解讀類似於多元線性迴歸分析，首先看某個題項是否呈現出顯著性（如果 P 值小於 0.05，則說明呈現出 0.05 水準的顯著性；如果 P 值小於

0.01，則説明呈現出 0.01 水準的顯著性）。如果呈現出顯著性，那麼説明某個題項對於 Y 有影響關係，具體是正向影響還是負向影響需要結合對應的迴歸係數值進行説明。如果迴歸係數值大於 0，就説明是正向影響，反之則為負向影響。

在具體分析上，二項 Logistic 迴歸分析與多元線性迴歸分析也有一些區別。二項 Logistic 迴歸分析中會涉及一個術語——對數比（SPSS 軟體輸出名字為 EXP（B））。對數比是一個倍數概念指標，比如研究相關因素對於樣本以後是否購買理財產品的影響，性別因素呈現出顯著性，並且性別以女性作為對照項，其對數比值（EXP（B））為 1.34。這説明相對於女性，男性購買理財產品的可能性是女性樣本的 1.34 倍。

二項 Logistic 迴歸分析模型的配適情況或者模型效果的判斷會涉及 3 個指標，分別是 Hosmer 和 Lemeshow 檢定、Cox & Snell R2 和分類表。Hosmer 和 Lemeshow 檢定用於檢定事實資料情況與模型配適結果是否保持一致，如果在進行 Hosmer 和 Lemeshow 檢定時 P 值大於 0.05，那麼説明事實資料情況與模型配適結果保持一致，即説明模型結果良好。Cox & Snell R2 用於表示模型配適程度，此值與多元線性迴歸分析的 R2 值意義基本一致。此值範圍介於 0~1，值越大意味著相關因素對 Y 的解釋力度越高。分類表用於檢定模型的誤判斷情況，比如有多大比例將本身為願意購買理財產品的樣本誤判斷為不願意購買理財產品的樣本。通俗地講，分類表用於判斷具體分析事實資料情況與模型配適結果之間的差異情況，以及判斷模型的預測準確率情況，分類表是 Hosmer 和 Lemeshow 檢定的具體資料呈現。

二項 Logistic 迴歸分析、Hosmer 和 Lemeshow 檢定、Cox & Snell R2 或者分類表均可以判斷模型配適情況。但是此 3 項有時並不能同時達標，並且也沒有絕對的判斷標準。如果研究人員更關心相關因素是否呈現出顯著性，那麼在表格中無須列出此 3 項指標數值。

（2）多項有序 Logistic 迴歸分析。與二項 Logistic 迴歸分析不同的是，多項有序 Logistic 迴歸分析方法有多個選項，並且選項之間具有對比意義。根據筆者的研究經驗，多項有序 Logistic 迴歸分析有時候也可以直接使用多元線性迴歸分析替代，並且在結論上並無明顯差異。本書不對此方法進行詳細説明，有興趣的讀者可以查閱相關文獻。

（3）多項無序 Logistic 迴歸分析。此分析方法在問卷研究中使用次數最低，原因是在使用此分析方法進行分析時，進行文字解讀較為困難。Y 值分為多個類別，其需要設置一個基準對比項，如果 X 也是分類資料，那麼 X 也需要設置一個基

準對比項，因而具體的文字分析內容較難理解。此分析方法具體的文字分析內容與二項 Logistic 迴歸分析類似。由於此分析方法使用較少，有興趣的讀者可以查閱相關文獻，本書不對其進行詳細說明。

# 10.3 案例分析

本節以案例形式對非量表類問卷研究分析思維進行說明。案例沿用第 4 章的量表類問卷設計案例 2，問卷整體結構如表 10-1 所示。

表 10-1 非量表類問卷案例：大學生理財情況研究問卷結構

| 框架內容 | 題項 | 題項內容 |
|---|---|---|
| 篩選題項 | Q1 | 是否為在校大學生 |
| 樣本背景資訊題項 | Q2 | 性別 |
| | Q3 | 年齡 |
| | Q4 | 專業 |
| | Q5 | 月生活費 |
| 樣本特徵資訊題項 | Q6 | 您每月的支出有計劃嗎 |
| | Q7 | 您對理財方面的知識瞭解多少 |
| | Q8 | 您平時會關注一些理財方面的資訊嗎 |
| 基本現狀題項 | Q9 | 您是否使用過理財產品（有和沒有）（跳轉題，選擇否跳到 Q12） |
| | Q10 | 您選擇過哪種投資理財產品（複選題） |
| | Q11 | 您使用過哪種互聯網理財產品 |
| 樣本基本態度題項 | Q12 | 您心目中合理的理財狀態和結構是 |
| | Q13 | 您認為大學生是否需要專業化的理財諮詢和服務 |
| | Q14 | 您認為大學生有必要制定投資理財規劃嗎（四點量表） |
| | Q15 | 影響您進行投資理財最大的因素是 |
| | Q16 | 您最希望透過哪種途徑瞭解理財知識 |
| | Q17 | 您對理財產品的瞭解程度是（四點量表） |
| | Q18 | 您認為導致自己沒有購買投資理財產品的主要因素是 |
| | Q19 | 您未來是否願意或者繼續購買理財產品（願意和不願意） |

從問卷結構上看，Q1 為篩選題項，此研究話題僅針對大學生群體，因此在分析時首先需要篩選出有效樣本。Q2~Q5 為樣本背景資訊題項，Q6~Q8 為樣本特徵資訊題項，Q9~Q11 為基本現狀題項，Q12~Q19 為樣本基本態度題項。

此問卷分析的核心思維在於對當前大學生理財知識情況進行分析，並且瞭解樣本對於理財的相關態度。Q19 這一題項為核心題項，不同的樣本特徵或者態度情況會最終影響樣本人群將來是否會購買理財產品，因此可以研究相關因素對於題項 Q19（是否願意或繼續購買理財產品）的影響關係。從問卷結構來看，如果希望深入分析每類樣本的特徵或者態度差異，比如不同性別或者不同專業樣本人群的現狀或者其在態度題項上是否有差異性，那麼可以使用卡方分析進行。如果 Q10 為複選題，當希望對比不同性別樣本對於 Q10（選擇過哪種投資理財產品）的差異時，那麼也可以使用卡方分析進行。

從具體分析結構上看，第一部分可以對樣本背景資訊進行分析說明，第二部分分析樣本基本特徵情況，第三部分分析樣本理財現狀，第四部分分析樣本的基本態度。由於樣本基本態度由 8 個題項（Q12~Q19）組成，因而可以將基本態度分為兩個小部分進行分析。第五部分使用卡方分析深入對比不同樣本基本態度或者基本現狀的差異情況，深入挖掘不同背景樣本的特徵或者態度差異。除此之外，還可以進行 Logistics 迴歸分析，研究相關因素對於樣本將來是否願意購買理財產品的影響關係情況。在分析方法的使用上，共涉及次數分析、卡方分析和 Logistic 迴歸分析。

此問卷分析的第一個部分是對樣本的背景資訊進行描述，分析樣本人群基本背景組成情況，包括性別、年齡、專業和月生活費情況等。此部分僅需要使用次數分析，透過計算各樣本的次數和占比情況即可。本案例問卷研究僅針對大學生群體，因此需要首先篩選出有效研究樣本。另外針對樣本特徵資訊題項，即本案例問卷中的 Q6~Q8 題，類似於樣本背景分析，直接統計各個選項的選擇占比和次數即可。第 5 章中已經有詳細說明，本節不再贅述。

## 10.3.1　案例的基本現狀和樣本態度分析

在通常情況下，非量表類研究問卷會包括大量的現狀或者態度題項，並且該類題項為研究話題的核心部分。在本案例問卷中，基本現狀題項由 3 個題項組成（Q9~Q11），以及樣本態度題項由 8 個題項組成（Q12~Q19）。透過對比發現基本態度題項的數量較多，為便於理清思維，較為可取的做法是將 8 個題項分為兩個小部分。比如 Q12~Q14 這 3 個題項可以單獨列為一部分，此部分用於表述樣本理財的基本態度情況，而 Q15~Q18 單獨列一部分，此部分在描述相關理財影響因素情況和樣本理財需求情況。Q19 為核心題項，此題項詢問樣本最終的理財意願情況，Q19 這一題項也可以與 Q15~Q18 這 3 個題項放置同一部分。

## 10.3.2　案例的卡方分析

卡方分析可用於進一步深入挖掘有價值的資訊。針對本案例問卷，可以透過對比不同背景的樣本（包括性別、年齡、專業和月生活費），瞭解他們在基本現狀題項（Q9~Q11）或者基本態度題項（Q12~Q19）上的差異性。也可以分析具有不同特徵（Q6~Q8）的樣本，瞭解他們在基本現狀題項（Q9~Q11）或者基本態度題項（Q12~Q19）上的差異性。另外，在本案例問卷中，Q19為核心題項，因此也可以單獨分析是否願意購買理財產品的兩類樣本的差異性，包括樣本背景或者樣本特徵、基本現狀和基本態度上的差異。

具體應該如何進行挖掘分析，通常需要分析不同樣本背景特徵題項（Q1~Q4）與基本現狀題項或者基本態度題項的交叉關係。背景特徵不同的樣本，很可能出現差異性態度。本節將透過舉例分析不同性別的樣本在基本現狀（Q9~Q11）上的差異性，便於讀者理解卡方分析的使用（包括單選題和複選題卡方分析），如表 10-2 所示。

表 10-2　性別與理財產品使用現狀情況卡方分析

| 題項 | 選項 | 性別 | | 合計 | X2 | P |
| --- | --- | --- | --- | --- | --- | --- |
| | | 男 | 女 | | | |
| Q9　您是否使用過理財產品 | 是 | 116（46.4%） | 92（42.2%） | 208（44.4%） | 0.831 | 0.362 |
| | 否 | 134（53.6%） | 126（57.8%） | 260（55.6%） | | |
| 合計 | | 250（100.0%） | 218（100.0%） | 468（100.0%） | | |
| Q11 您使用過哪種互聯網理財產品 | 餘額寶 | 66（56.9%） | 47（51.1%） | 113（54.3%） | 6.778 | 0.148 |
| | 掌櫃錢包 | 20（17.2%） | 9（9.8%） | 29（13.9%） | | |
| | 百度錢包 | 7（6.0%） | 8（8.7%） | 15（7.2%） | | |
| | 理財通 | 2（1.7%） | 6（6.5%） | 8（3.8%） | | |
| | 其他 | 21（18.1%） | 22（23.9%） | 43（20.7%） | | |
| 合計 | | 116（100.0%） | 92（100.0%） | 208（100.0%） | | |

\* P<0.05，\*\* P<0.01，括弧內為百分比數字。

表 10-2 是兩種性別樣本分別與 Q9 和 Q11 這兩個單選題進行卡方分析後整理出來的規範格式，其中括弧外的數值為次數值，括弧內的數值為百分比值，並且單獨列出了卡方值（X2）和 P 值。另外 Q9 為跳轉題，因而 Q11 對應的樣本個數合計（208個）即為 Q9 中選擇「是」的樣本個數。從表 10-2 中可以看出，不同性別樣本在 Q9 和 Q11 這兩個題項上均沒有呈現出顯著性差異，P 值分別是 0.362 和 0.148，均高

於 0.05。這說明男性和女性在是否使用過理財產品和使用過的互聯網理財產品方面表現出一致性，並沒有明顯的區別。

如果 P 值小於 0.05，那麼需要深入分析具體差異如何體現。比如男性選擇某個選項的比例是否明顯高於女性的選擇比例等。關於不同性別樣本對於投資理財產品的使用情況的分析如表 10-3 所示。

表 10-3　性別與投資理財產品使用情況卡方分析

| 題項 | 選項 | 性別 | | X2 | P |
| --- | --- | --- | --- | --- | --- |
| | | 男（N=115） | 女（N=90） | | |
| Q10 您選擇過哪種投資理財產品？ | 互聯網理財產品（如餘額寶） | 86（74.8%） | 65（72.2%） | 12.814 | 0.046 |
| | 股票 | 32（27.8%） | 21（23.3%） | | |
| | 基金 | 18（15.7%） | 30（33.3%） | | |
| | 外匯 | 20（17.4%） | 10（11.1%） | | |
| | 黃金 | 28（24.3%） | 16（17.8%） | | |
| | 儲蓄 | 69（60.0%） | 58（64.4%） | | |

從表 10-3 中可以看出，男性和女性這兩類樣本群體在是否使用過投資理財產品方面有顯著性差異，也說明男性和女性對於投資理財產品偏好情況有明顯的差異，並且 P 值為 0.046，小於 0.05。從表 10-3 中可以明顯看出，男性選擇股票的比例為 27.8%，但是女性選擇股票的比例僅為 23.3%，即說明相對於女性樣本，男性樣本偏好股票投資的比例明顯更高。女性選擇基金產品的比例是 33.3%，而男性的選擇比例是 15.7%，說明女性比男性更偏好基金理財。類似地，男性比女性更偏好外匯和黃金投資。

單選題與複選題的卡方分析原理一致，但在具體表格呈現時會存在不一致的地方。單選題有總計值，但是複選題沒有，原因在於一個樣本可以選擇多個選項，因而複選題各選項加和總數並不固定。因此僅需要列出男性或者女性的樣本數量即可（備註：Q10 有遺漏值資料，因而男性樣本總共有 116 個，但分析時僅為 115 個）。

針對非量表問卷，卡方分析還可以用於對比其他差異，比如對比不同年齡、不同專業或者是否有支出計畫的樣本群體對於其餘題項的差異情況，可以結合具體情況進行分析。卡方分析是兩兩分類資料的交叉，交叉項會非常多。如果交叉項 X 有 5 個，而交叉項 Y 為 10 個，那麼總共會產生 5×10 個交叉結果。由此可見，最終表格的規範整理及合併，以及具有清晰的邏輯思維非常重要。

## 10.3.3 案例的 Logistic 迴歸分析

非量表類問卷通常還會涉及二項 Logistic 迴歸分析，即研究相關因素 X 對於 Y 的影響情況。本案例問卷以背景資訊作為相關因素 X，也就是將性別、年齡、專業和月生活費作為自變數（Q1~Q4），將未來是否願意購買理財產品（Q19）作為 Y 進行剖析。在這 4 個相關因素 X 中，性別和專業為分類資料，因此需要設定對照參考項，這裡將性別中的女性和專業中的體育類作為對比參照項。另外，將年齡和月生活費看作定量資料，因而不需要設定參考項。

由於 Q19 由兩項組成，分別是將來願意購買理財產品和將來不願意購買理財產品，因此這裡需要使用二項 Logistic 迴歸分析。如果 Q19 由 3 項組成，比如不願意、不確定和願意，那麼應該使用多項有序 Logistic 迴歸分析，或者多項無序 Logistic 迴歸分析。如果將不願意、不確定和願意看作定量資料，即願意程度越來越高，那麼應該使用多項有序 Logistic 迴歸分析。如果將不願意、不確定和願意看作分類資料，即 3 類人群時，那麼應該使用多項無序 Logistic 迴歸分析。

本案例在使用二項 Logistic 迴歸分析時，首先進行資料處理，接著進行卡方分析，最後為二項 Logistic 迴歸分析。出於篇幅限制，因此這裡直接進行二項 Logistic 迴歸分析說明，讀者可參考 10.2.4 節中的具體說明。二項 Logistic 迴歸分析通常會包括分類表、Hosmer 和 Lemeshow 檢定、R2 說明，以及具體影響情況分析等，具體剖析如表 10-4 所示。

表 10-4　分類表 [a]

| 觀察值 | | 預測值 | | |
|---|---|---|---|---|
| | | 您未來是否有意願購買理財產品 | | 百分比校正（%） |
| | | 沒有 | 有 | |
| 您未來是否有意願購買理財產品 | 沒有 | 25 | 97 | 20.5 |
| | 有 | 10 | 336 | 97.1 |
| 總計百分比 | | | | 77.1 |

a. 切割值為 0.500

分類表實質上是對模型的配適情況進行統計。從表 10-4 中可以看出，整體預測準確率為 77.1%，從理論上看此值較低，說明模型的配適情況相對不佳。出於現實的需要，在研究人員有具體的研究思維，但模型的配適情況相對較差時，研究人員可以對資料進行進一步處理，然後綜合權衡做出選擇。比如在本案例中可以將專業進

行合併，或者將專業這一影響因素移出模型，抑或者將年齡進行合併組別處理等，最終得到最優模型結果。有興趣的讀者可以結合資料進行進一步的操作實踐。

分類表中還列出了其他資訊，包括本身應該有意願的 10 個樣本但模型誤判為沒有意願，以及本身沒有意願的 97 個樣本卻被模型誤判為有意願，因而最終的模型配適情況相對較差。

分類表的分析在現實研究中並不是必需的，但其作為模型配適情況參考資訊較為必要。為了得到優秀的模型結果，研究人員需要多次對比各個模型，並對資料進行多次重複處理，以尋找出最優模型結果。完成分類表說明後，將接著進行影響關係分析。

從表 10-5 中可以看出，性別的編號為 Q2（1），原因在於性別是分類資料，並且以女性作為參考項，因此 SPSS 軟體生成結果會顯示為 Q2（1），1 代表男性的編碼。類似於性別，專業也是分類資料，並且以體育類作為參考項，因此體育類這一行中無法顯示 B 值和 S.E 值等。

表 10-5　二項 Logistic 迴歸分析結果匯總

| 變量 | B | S.E | Wals | df | 顯著性. | Exp（B） |
|---|---|---|---|---|---|---|
| Q2（1）：男 | 0.279 | 0.243 | 1.317 | 1 | 0.251 | 1.322 |
| Q3：年齡 | 0.380 | 0.104 | 13.229 | 1 | 0.000 | 1.462 |
| Q4：體育類 | - | - | 25.639 | 3 | 0.000 | - |
| Q4（1）：理工類 | -2.139 | 0.553 | 14.963 | 1 | 0.000 | 0.118 |
| Q4（2）：文科類 | -1.475 | 0.559 | 6.958 | 1 | 0.008 | 0.229 |
| Q4（3）：藝術類 | -2.521 | 0.576 | 19.134 | 1 | 0.000 | 0.080 |
| Q5：月生活費 | -0.010 | 0.129 | 0.006 | 1 | 0.940 | 0.91990 |
| 常　　量 | 1.865 | 0.632 | 0.006 | 1 | 0.003 | 6.454 |
| Cox & Snell R2 | 0.097 | | | | | |
| Nagelkerke R2 | 0.142 | | | | | |
| Hosmer 和 Lemeshow 檢定（顯著性） | 28.267（0.000） | | | | | |

在進行二項 Logistic 迴歸分析時，可以首先對表格中的 R2 進行簡要說明，比如本案例中的 Cox & Snell R2 為 0.097，意味著性別、年齡、專業和月生活費這 4 個因素可以解釋「您未來是否願意購買理財產品」這一題項 9.7%的原因。另外在上述分

類表中顯示模型配適情況不佳，在進行 Hosmer 和 Lemeshow 檢定時發現 P 值為 0.000，小於 0.05，即說明 Hosmer 和 Lemeshow 檢定也顯示真實情況與預測情況有較大的出入。針對此類情況，需要進行模型修正處理，包括進行資料合併或者資料刪除處理，以尋找出最佳結果。此處不進行深入說明。

針對具體影響關係的分析，首先需要分析 P 值（表格中為顯著性.），如果此值小於 0.05（並且大於 0.01），那麼說明某因素呈現出 0.05 水準上的顯著性，即說明某因素產生明顯的影響關係。從表 10-5 中可以看出，性別對應的 P 值為 0.251，大於 0.05，說明性別並不影響樣本人群將來是否願意購買理財產品，也說明男性和女性將來購買理財產品的可能性保持一致。而年齡對應的 P 值為 0.000，說明年齡會影響樣本將來是否會購買理財產品。年齡對應的 B 值為 0.380，大於 0，說明年齡越大，樣本人群將來購買理財產品的可能性也會越高。另外 Exp（B）值，即對數比值為 1.462，說明年齡每提高一個單位時，樣本群體將來購買理財產品的可能性會變成之前的 1.462 倍（對數比值即為 B 值的自然對數次方，即 eB）。

專業以體育類作為對比項，因而另外 3 項——理工類、文科類和藝術類均需要分別與體育類進行對比分析說明。理工類對應的 P 值為 0.000，說明相對於體育類，理工類樣本將來理財的可能性不一樣。理工類對應的迴歸係數 B 值為−2.139，小於 0，說明相對於體育類樣本，理工類樣本將來購買理財產品的可能性會更低。類似地，相對於體育類樣本，文科類或者藝術類樣本將來購買理財產品的可能性會明顯更低。月生活費對應的 P 值為 0.940，大於 0.05，說明月生活費對樣本將來是否購買理財產品並沒有影響關係。

類似多元線性迴歸分析，二項 Logistic 迴歸分析也可以寫出模型運算式，本案例最終的模型運算式為：

$$\ln（p/1\text{-}p）= 1.865+0.279*Q2（1）+0.380*Q3-2.139*Q4（1）-1.475*Q4（2）$$
$$-2.521*Q4（3）-0.010*Q5。$$

其中 p 表示將來會購買理財產品的可能性，1−p 表示將來不會購買理財產品的可能性。ln（p/1−p）表示將來可能購買理財產品與將來不可能購買理財產品相除後的對數值。此模型運算式涉及二項 Logistic 迴歸分析的基礎理論，本書並不對此進行深入剖析，有興趣的讀者可以參考相關文獻。

# 第三部分

# 資料分析方法在 SPSS 中的操作

本部分對資料分析方法在 SPSS 中的操作進行解讀。本部分操作使用 SPSS 21.0 版本，首先對 SPSS 基礎操作功能進行說明，接著分別從不同分析角度剖析 SPSS，包括敘述統計分析方法，信度分析和效度分析方法操作，變數關係研究操作、差異性研究操作及權重、市場細分類研究操作等。本部分共分為 6 章。

# 11
# 基礎 SPSS 操作説明

本章內容上要介紹在問卷研究時常用的 SPSS 操作基礎功能。首先對 SPSS 基本介面進行説明，接著分別對問卷研究時常使用的計算變數、編碼處理、篩選功能和合併資料功能進行説明。

# 11.1 SPSS 介面說明

SPSS 軟體介面分為「資料視圖」和「變數視圖」兩部分。資料視圖用於存儲資料，類似 Excel 軟體，資料存儲以二維空間形式存儲，每行代表一個樣本，每列代表一個問卷單選題。如果問卷為多選或者排序題等，那麼每個題項需要單獨存儲一列。通常情況下，資料中的數位代表問卷中的答案順序，比如性別共有兩個答案，順序依次為男性和女性，那麼 1 則代表「男性」，2 代表「女性」。資料視圖僅用於存儲資料，並且在絕大多數情況下均為數位，具體數位代表的含義則由「變數視圖」進行表述。

「變數視圖」對問卷編號、數字代表的實際含義等進行表述。問卷編號是對題項的編碼，具體編碼代表的含義由「標籤」列進行表述。「值」這一列表示數字與具體含義的對應關係，比如 1 代表男性，2 代表女性等。SPSS 操作介面的最上方為功能區域。SPSS 介面結構如圖 11-1 所示。

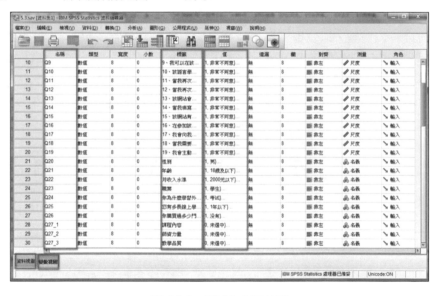

圖 11-1　SPSS 介面結構

SPSS 的視圖切換按鈕位於軟體介面的左下角。在「變數視圖」中，「名稱」列是對問卷題項的編碼，「標籤」列表述了題項編碼的含義，「值」列說明了數字代表的含義。在「變數視圖」中可能會對「類型」列進行處理，如果對應的資料應該為數值，但其存儲格式為字串格式，那麼需要對其進行設置，即將資料存儲類型設置為數值格式。如果研究中涉及遺漏值值設定，那麼需要對「遺漏值」列進行設置，

比如設定−1代表遺漏值數據。針對問卷研究，在絕大多數情況下，在「資料視圖」中僅需要對「名稱」、「標籤」和「值」這3列資料進行設置處理。

從圖11-1中可以看出，軟體最上方為功能區域，其中「分析」功能表涵蓋了所有分析方法，使用次數分配表也是最高的。另外，在「轉換」和「資料」功能表下面會涉及SPSS操作基本功能區域，即11.2~11.5節中的內容。SPSS軟體功能豐富，比如「圖形」功能表中包括各類圖形操作，「實用程式」功能表中包括「編碼」設置等。

## 11.2 計算變數

計算變數功能是指對問卷中的某個題項或者多個題項進行處理的一種數學變換。在問卷研究中通常有兩種情況會使用此功能，即變數生成和變數處理。在多數情況下，一個變數由多個題項表示，而最終進行相關、迴歸等分析時僅能使用一個變數，此時需要計算多個題項的綜合平均值，用多個題項的綜合平均值代表此變數。另外，在需要對資料取對數，以及進行題項或者變數之間的加減計算時，均需要使用計算變數功能來實現。計算變數功能僅適用於定量資料，分類資料不需要進行加減或者取平均值等處理。使用計算變數功能的操作步驟分為兩步驟。

第一步：選擇「轉換」指令→選擇「計算變數」指令，如圖11-2所示。

圖11-2　計算變數

第二步：在彈出的對話方塊中輸入目標變數名稱和運算式→按一下「確定」按鈕。

目標變數指新生成的變數名字（此名字不能有特殊符號，比如&或者空格等）。在「數字運算式」文字方塊中輸入對應的數學關係式。比如如圖11-3所示，將Q1、Q2、Q3這3個題項進行計算平均值處理，並且將生成的資料列命名為「產品」，即「產品」由Q1、Q2、Q3共3個題項表示，透過計算此3個題項的平均值，最終生成新變數並且命名為「產品」，便於之後進行相關、迴歸或者敘述統計、差異對比分析時使用。完成計算變數後，變數視圖最後一行會顯示新生成的變數相關資訊。

圖 11-3 「計算變數」對話方塊

如果涉及資料的加減，比如計算落差 Gap 值（真實值減去期望值），或者需要對資料取對數等，那麼均可透過計算變數功能來實現。

# 11.3 編碼處理

計算變數功能適用於定量資料，而編碼處理功能則適用於分類資料，同時也適用於定量資料（反向題處理）。通常情況下，在問卷研究中使用編碼處理功能共有三種場景，第一種是選項群組合，第二種是虛擬變數設置，第三種是反向題處理。處於第一種和第二種場景時，通常會重新編碼並且重新生成變數，而處於第三種場景反向題處理時通常不需要重新生成變數，而是讓 SPSS 軟體直接改變原始資料。

第一種場景是選項群組合，例如需要對比不同收入水準群體的差異情況，收入共分為五組（2000 元以下，2001~4000 元，4001~6000 元，6001~8000 元，8000 元以上，並且分別用數字 1、2、3、4、5 表示），而收入為 2000 元以下和 2001~4000 元這兩組的樣本數量很小，分別是 10 個和 20 個，那麼可以將此兩組樣本進行組合，並且重新命名為 4000 元以下。選項群組合通常需要重新生成變數（不覆蓋原始資料），完成選項群組合後，還需要在「變數視圖」裡對「標籤」進行設置，這樣 SPSS 軟體才能理解數位代表的含義。

第二種場景是虛擬變數設置，虛擬變數設置也需要重新生成變數。

第三種場景是反向題處理，如果原始資料 1 代表非常同意，2 代表比較同意，3 代表一般，4 代表比較不同意，5 代表非常不同意，此時數位越大代表樣本越不認可，那麼可以對資料進行反向處理，即反向處理為，1 代表非常不同意，2 代表比較不同意， 3 代表一般，4 代表比較同意，5 代表非常同意。

編碼處理操作共分為三步。

第一步：選擇「轉換」指令→選擇「重新編碼為相同變數」指令或者「重新編碼為
不同變數」指令，如圖 11-4 所示。

如果進行選項群組合或者虛擬變數設置，那麼應該選擇「重新編碼為不同變
數」指令；如果是反向題處理，那麼應該選擇「重新編碼為相同變數」
指令。

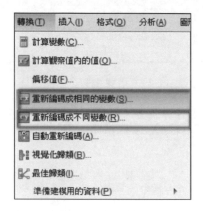

圖 11-4　重新編碼功能

第二步：設置重新生成變數的名稱和標籤。

如果選擇了「重新編碼為不同變數」指令，那麼在進行選項群組合或者虛
擬變數設置時，需要為重新生成變數設置名稱和標籤（具體步驟如下所
示）。如果選擇了「重新編碼為相同變數」指令，則無此步驟。

內縮選擇需要處理的題項後，在「重新編碼為其他變數」對話方塊右側輸
入名稱和標籤，並且按一下「更改」按鈕（切勿忘記）。其中名稱中不能
有特殊符號或者空格等，完成此步驟後按一下「舊值和新值」按鈕，如圖
11-5 所示，進入第三步。

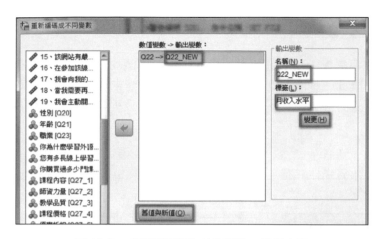

圖 11-5　「重新編碼為其他變數」對話方塊

第三步：設置舊值和新值→設置編碼→按一下「繼續」按鈕→按一下「確定」按鈕，
如圖 11-6 所示。

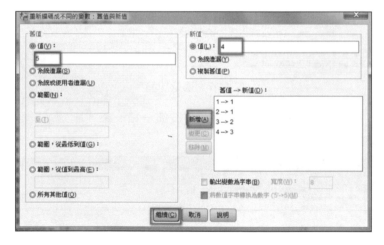

圖 11-6　設置舊值和新值

在進行編碼處理時，分別在「舊值」文字方塊和「新值」文字方塊中輸入對應的數
位，並且按一下「新增」按鈕，完成所有設置後，按一下「繼續」按鈕和「確定」
按鈕，完成編碼處理。如果是進行虛擬變數設置，那麼需要多次重複編碼處理。如
果是進行反向題處理，並且選擇了「重新編碼為相同變數」指令，就可以一次性放
入所有反向題項進行處理。

## 11.4　篩選功能

在問卷研究中經常會用到篩選功能。如果在研究時僅需要分析女性，但是資料中有男性樣本，那麼此時就需要進行篩選處理。如果問卷中存在邏輯跳轉題項，那麼很有可能也需要進行篩選處理。篩選功能需要在所有分析前進行，具體操作分為以下兩步驟。

**第一步**：選擇「資料」指令→選擇「選取觀察值」指令→在彈出的對話方塊中勾選「如果條件滿足」單選框→按一下「如果」按鈕進行第二步，如圖 11-7 所示。

圖 11-7　篩選功能

**第二步**：輸入篩選運算式→按一下「繼續」按鈕→按一下「確定」按鈕，如圖 11-8 所示。

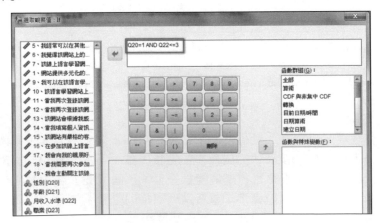

圖 11-8　輸入篩選運算式

其中 Q20 表示性別，Q22 表示月收入水準。如果在研究時希望篩選出性別為男性（數字 1），並且收入低於 6000 元的樣本（數位小於或等於 3），那麼應輸入對應運算式：Q20=1 AND Q22<=3。完成運算式輸入後，按一下「繼續」按鈕及「確定」按鈕，完成篩選功能，後續分析時僅針對篩選後的樣本。如果希望改變篩選標準，那麼重複上述步驟。如果希望去除篩選，即使用所有樣本進行分析，那麼操作步驟為：選擇「資料」指令→勾選「全部選取觀察值」單選框→按一下「確認」按鈕。

## 11.5　合併資料

合併資料分為兩類，一類為合併樣本（選取觀察值），另外一類為合併變數。合併樣本指 SPSS 資料行數的合併，合併變數指 SPSS 資料列數的合併。如果 SPSS 資料來源不止一個，或者是進行實驗式資料研究，那麼很可能會使用合併資料功能；具體操作步驟為：選擇「資料」指令→選擇「合併檔」指令→選擇功能項並且進行後續操作。合併資料也可以透過 Excel 進行處理，如果有多個 SPSS 資料檔案需要合併樣本（選取觀察值），那麼使用 SPSS 的合併資料功能更為合適（也可以使用 Excel 的 VLOOKUP 函數進行合併）。如果要合併變數，那麼使用 Excel 進行操作更便捷。如果希望將 SPSS 資料匯出為 Excel 資料，那麼操作步驟為：選擇「文件」指令→選擇「另存為」指令→設置保存類型和路徑→按一下「保存」按鈕。將 Excel 資料導入 SPSS 軟體的操作方法有多種，可以直接複製並粘貼資料，也可以進行拖曳資料操作，或者使用 SPSS 的打開資料庫功能（選擇「檔」指令→選擇「打開資料庫」指令→選擇「新建查詢」指令）。

# 12

# 敘述統計方法在
# SPSS 中的操作

第二部分在介紹分析思維框架時，多次提及樣本背景分析、樣本特徵行為分析及研究變數敘述統計分析。樣本背景分析是對樣本基本背景特徵，包括性別、年齡、學歷等進行分析，以及對樣本特徵行為的分析，多數情況下均為計算各選項的選擇次數和百分比。研究變數資料敘述統計分析則會使用平均值進行統計。從資料類型上看，分類資料使用次數分析，定量資料使用平均值分析。本章針對次數分析和敘述性分析的操作進行說明。

# 12.1　次數分析

次數分析是指對問卷題項進行次數和百分比統計，直觀地描述樣本選擇情況，也可以使用圖形直觀地展示樣本選擇情況。次數分析用於樣本背景資訊統計、樣本基本特徵描述等，其操作分為兩步驟。

**第一步**：選擇「分析」指令中的「敘述性統計」指令→選擇「次數分配表」指令，
　　　　　如圖 12-1 所示。

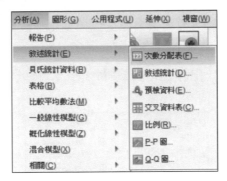

圖 12-1　次數分析

**第二步**：在打開的對話方塊中的清單方塊中放置需要分析的變數→按一下「確定」
　　　　　按鈕，如圖 12-2 所示。

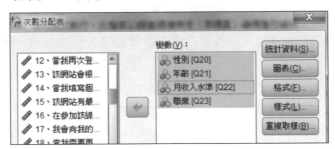

圖 12-2　「次數分配表」對話方塊

可以一次性放入所有需要分析的題項。如果需要生成圖表，那麼也可以按一下「圖表」按鈕進行設置，最後按一下「確定」按鈕，完成次數分析。

對於次數分析結果，SPSS 軟體會針對每個題項生成一個單獨表格，如果是複選題，則每個選項生成一個表格。表格中的有效百分比是指有效資料的百分比，如果原始資料中有遺漏值資料，那麼應該使用有效百分比。累積百分比是指選項的加和累積值。

## 12.2 敘述統計分析

敘述統計分析對研究中涉及的變數或者量表等定量資料進行統計，使用平均值形式展示樣本的整體態度情況。敘述統計分析只針對定量資料，通常用於對量表資料或者排序題項進行分析。其透過計算平均值，表示整體樣本對相關題項或者變數的態度，以及使用平均值描述樣本對某個問題的排序名次情況。除此之外，敘述統計分析可用於生成標準化變數，標準化變數的使用場景可參考第 6 章的相應內容。如果需要生成標準化變數，僅需要在敘述統計分析時勾選相應的核取方塊（「將標準化評分另存為變數」），SPSS 軟體會自動生成標準化變數資料。敘述統計分析操作分為以下兩個步驟。

第一步：選擇「分析」指令中的「敘述性統計」指令→選擇「敘述」指令，如圖 12-3 所示。

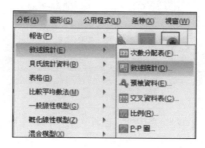

圖 12-3　敘述性分析

第二步：在打開的對話方塊中的清單方塊中放置需要分析的變數→按一下「確定」按鈕。

如果需要生成標準化變數，那麼勾選「將標準化評分另存為變數」核取方塊，按一下「確認」按鈕。如圖 12-4 所示，勾選「將標準化評分另存為變數」核取方塊，會在資料視圖最後幾行出現以「Z」開頭的變數名稱，即生成標準化變數。另外，如果多次重複敘述統計分析（並且勾選「將標準化評分另存為變數」核取方塊），就有可能重複生成標準化變數，可以直接刪除重複多餘的標準化變數。

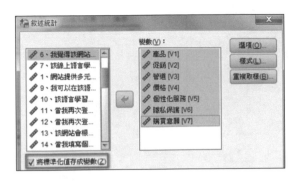

圖 12-4　「敘述統計」對話方塊

針對敘述統計分析結果，在 SPSS 軟體生成的表格中除平均值外，還會包括最大值、最小值、標準差值等。

# 13

# 信度和效度研究方法
# 在 SPSS 中的操作

如果研究問卷中涉及量表，則應該進行信度分析和效度分析，在進行預測試或者正式研究時均可以進行信度分析和效度分析。預測試指收集部分樣本（通常為 50~100 個），並且進行信度預測試和效度預測試，提前發現量表可能存在的問題，並且進行修改。如果為非量表類問卷，此類問卷是現狀與事實情況研究，不需要進行信度分析和效度分析。本章分別對信度分析和效度分析在 SPSS 中的操作進行講解。

# 13.1　信度分析

通常情況下，信度分析使用 α 係數表示量表的信度品質，即測量樣本真實回答的程度。而信度分析預測試會更多地關注量表品質，即是否會由於量表題項設計存在問題導致信度品質不達標，如果出現問題，那麼需要對題項的問法進行修改或者對題項進行刪除處理。正式問卷的信度分析只需要關注 α 係數，通常情況下，此值高於 0.7 即可，有時候可以將標準放寬至 0.6。信度分析的具體操作分為以下兩步驟。

**第一步**：選擇「分析」指令→選擇「比例」指令→選擇「信度分析」指令，如圖 13-1 所示。

圖 13-1　信度分析

**第二步**：在打開的對話方塊中將分析變數對應的題項放入清單方塊中，設置相關選項→按一下「確定」按鈕，如圖 13-2 所示。

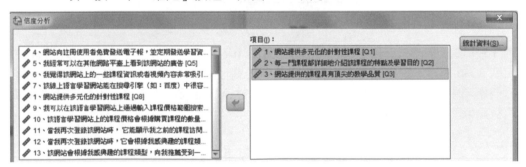

圖 13-2　「信度分析」對話方塊

從圖 13-2 可以看出，Q1、Q2 和 Q3 共三個題項被放入清單方塊中，此三個題項是產品變數的體現。

如果是進行預測試，那麼除輸出 α 係數外，還需要輸出「校正的項總計相關性」（CITC）值，此時按一下「統計資料」按鈕→在打開的對話方塊中勾選「刪除項目後的比例」核取方塊→按一下「繼續」按鈕，如圖 13-3 所示。在正式的問卷研究中也可以輸出 CITC 值等，因此也可以進行此項操作。

圖 13-3　統計資料選項設置介面

針對信度分析結果，SPSS 軟體會預設輸出 α 係數，如果勾選「刪除項目後的比例」核取方塊，就會單獨輸出「統計資料摘要項目統計資料」表格。此表格中包括「校正的項總計相關性」（CITC）值，以及「項已刪除的 α 係數」，可以結合此兩項指標進行預測試判斷。如果某題項對應的 CITC 值低於 0.4，或者「項已刪除的 α 係數」低於整體 α 係數，那麼應該考慮對該題項進行修正或者刪除處理。SPSS 軟體輸出的信度分析結果分別如圖 13-4 和圖 13-5 所示。

### 信度統計資料

| α 係數 | 項目數 |
|--------|--------|
| 0.727  | 3      |

圖 13-4　信度統計資料

圖 13-4 顯示整體信度係數值為 0.727，大於 0.7，因此說明信度水準較高。另外，如圖 13-5 所示，三個題項「校正的項總計相關性」（CITC）值均高於 0.5，並且當三個題項中任意一個題項被刪除時，信度係數值均會低於 0.727，因而說明題項不能被刪除，信度水準較高。

### 摘要項目統計資料

| | 比例平均值（如果項目已刪除） | 比例變異（如果項目已刪除） | 更正後項目總計相關性 | 平方複相關 | Cronbach's Alpha（如果項目已刪除） |
|---|---|---|---|---|---|
| 1、網站提供多元化的針對性課程 | 7.08 | 3.268 | .597 | .358 | .583 |
| 2、每一門課程都詳細地介紹該課程的特點及學習目的 | 7.26 | 3.404 | .538 | .303 | .653 |
| 3、網站提供的課程具有頂尖的教學品質 | 6.69 | 3.325 | .515 | .271 | .683 |

圖 13-5　摘要項目統計資料

信度分析是針對細分變數，而量表通常會包括多個變數，因而需要重複多次上述步驟，並且將最終結果進行整理規範。

## 13.2　效度分析

效度分析用於分析研究題項是否可以有效地表達對應變數的概念資訊，通俗地講，即分析量表題項設計是否合理。在預測試和正式研究時均可以進行效度分析，在絕大多數情況下，問卷研究會使用探索性因數分析進行效度水準判斷（稱為建構效度），將 SPSS 軟體生成的結果與專業預期進行對比，如果 SPSS 軟體生成的結果與專業預期基本一致，則說明效度較好。如果研究量表具有很強的權威性，那麼不需要使用探索性因數分析進行效度驗證，可以使用內容效度進行分析。

探索性因數分析在功能上共分為三類，第一類為探索因數，第二類為效度驗證，第三類為權重計算。使用此三類功能時，在 SPSS 中的具體操作會有所不同。本節針對效度驗證在 SPSS 中的操作進行講解，具體操作共分為三步。

**第一步**：選擇「分析」指令→選擇「維度縮減」指令→選擇「因數分析」指令，如圖 13-6 所示。

圖 13-6　因數分析

**第二步**：在打開的對話方塊中將分析變數放入清單方塊中，如圖 13-7 所示。

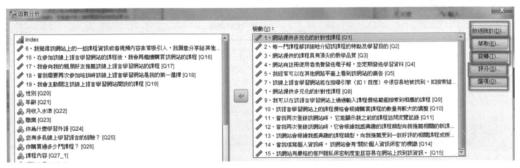

圖 13-7　「因數分析」對話方塊

根據筆者的經驗，在實際研究中，很有可能需要多次使用探索性因數分析進行效度驗證，比如單獨對所有自變數題項進行效度分析，並且對應變數進行效度驗證。

第三步：設置相關選項→按一下「確定」按鈕。

設置相關選項可能會涉及 4 個選項，分別是「描述」、「萃取」、「旋轉」、「選項」。設置「描述」選項的目的是輸出 KMO 值，設置「萃取」選項的目的是設置因數數量，設置「旋轉」選項的目的是設置因數旋轉，設置「選項」選項的目的是「旋轉成分矩陣」的顯示格式需要。

**（1）「描述」選項設置。**

此步驟的目的是輸出 KMO 值（默認不輸出），具體操作步驟為：按一下「描述」按鈕→在打開的對話方塊中勾選「KMO 和 Bartlett 的球形度檢定」核取方塊→按一下「繼續」按鈕，如圖 13-8 所示。

**（2）「萃取」選項設置。**

如果研究量表已經確認了變數的個數，那麼此時需要設置因數「萃取」個數。如果不設置此項，則 SPSS 軟體就預設以特徵值大於 1 作為因數萃取個數，即 SPSS 軟體輸出結果很可能顯示為 5 個因數（變數），但事實情況為量表應該為 6 個變數。具體操作步驟為：按一下「萃取」按鈕→在打開的對話方塊中勾選「因數的固定數量」單選框，並且在「要萃取的因數」文字方塊內輸入因數數量→按一下「繼續」按鈕，如圖 13-9 所示。

圖 13-8 「因數分析：敘述性統計」對話方塊

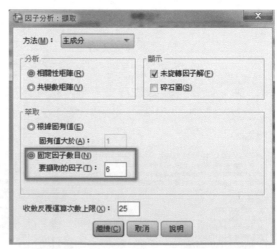

圖 13-9 「因數分析：萃取」對話方塊

### （3）「旋轉」選項設置。

設置「旋轉」選項的目的在於將題項進行空間旋轉，類似於魔術方塊旋轉，將屬於同一個變數的題項放置在一起。在問卷研究中基本都使用「最大變異數法」進行旋轉。具體操作步驟為：按一下「旋轉」按鈕→在彈出的對話方塊中勾選「最大變異數法」單選框→按一下「繼續」按鈕，如圖 **13-10** 所示。

圖 13-10　「因數分析：旋轉」對話方塊

### （4）「選項」選項設置。

設置「選項」選項的目的在於設置 SPSS 軟體輸出結果的格式，其中包括的選項共分為兩項，分別是「依大小排序」和「暫停較小的係數」。「依大小排序」是指輸出的旋轉結果矩陣會按大小進行排序，「暫停較小的係數」是指輸出的旋轉結果矩陣不顯示小於某值（自己設定）的資訊。此選項為可選項，在多數情況下並不需要進行此項設置，具體操作步驟為：按一下「選項」按鈕→在彈出的對話方塊中勾選對應的選項，如圖 **13-11** 所示。

圖 13-11　「因數分子：選項」對話方塊

針對探索性因數分析結果，SPSS 軟體通常會輸出 6 個或者 5 個（因數僅為 1 個時）表格。其中共有 4 個表格為有用資訊，分別是「KMO 和 Bartlett 球形檢定」表格、「公因數變異數」表格、「解釋的總變異數」表格和「旋轉成分矩陣」表格。

「KMO 和 Bartlett 球形檢定」表格中包括 KMO 值和 Bartlett 球形檢定結果；「公因數變異數」表格展示共同性值，通常情況下不需要關注此指標值；「解釋的總變異數」表格展示萃取因數的數量，以及每個因數的變異數解釋率和累積變異數解釋率等指標；「旋轉成分矩陣」表格展示因數旋轉後的因數負荷係數值。使用探索性因數分析進行效度驗證時，尤其需要關注「旋轉成分矩陣」表格，此表格展示了因數與題項的對應關係。如果對應關係與專業預期相符，那麼說明題項效度良好；如果因數與題項的對應關係與專業預期出現較大的偏差，那麼應該刪除題項，並且重複進行探索性因數分析，以求因數與題項的對應關係與專業預期大致相符。

圖 12-12 中顯示的 KMO 值為 0.852，大於 0.7，並且 Bartlett 球形檢定對應的 P 值為 0.000，因此說明適合進行探索性因數分析。

**KMO 與 Bartlett 檢定**

| Kaiser-Meyer-Olkin 取樣適切性量數。 | | .852 |
|---|---|---|
| Bartlett 的球形檢定 | 近似卡方檢定 | 1604.439 |
| | 自由度 | 91 |
| | 顯著性 | .000 |

圖 13-12　KMO 和 Bartlett 球形檢定

圖 13-13 顯示的題項的共同性值均高於 0.6，最小值為 0.634，因而也說明因數可以良好地萃取各題項資訊。

### 共同性

| | 初始 | 萃取 |
|---|---|---|
| 1、網站提供多元化的針對性課程 | 1.000 | 0.738 |
| 2、每一門課程都詳細地介紹該課程的特點及學習目的 | 1.000 | 0.634 |
| 3、網站提供的課程具有頂尖的教學品質 | 1.000 | 0.688 |
| 4、網站向註冊使用者免費發送電子報，並定期發送學習資料 | 1.000 | 0.731 |
| 5、我經常可以在其他網路平臺上看到該網站的廣告 | 1.000 | 0.753 |
| 7、該線上語言學習網站能在搜尋引擎（如：百度）中很容易地被找到，如搜索結果的第一頁 | 1.000 | 0.784 |
| 1、網站提供多元化的針對性課程 | 1.000 | 0.779 |
| 9、我可以在該語言學習網站上通過輸入課程價格範圍搜索到相應的課程 | 1.000 | 0.818 |
| 10、該語言學習網站上的課程價格會根據購買課程的數量有較大的調整 | 1.000 | 0.723 |
| 11、當我再次登錄該網站時，它能顯示我之前的課程訪問流覽記錄 | 1.000 | 0.753 |
| 12、當我再次登錄該網站時，它會根據我感興趣的課程類型向我推薦相關的新課程 | 1.000 | 0.813 |
| 13、該網站會根據我感興趣的課程類型，向我推薦受到一致好評的相關課程或授課老師 | 1.000 | 0.670 |
| 14、當我填寫個人資訊時，該網站會有"關於個人資訊保密"的標識 | 1.000 | 0.859 |
| 15、該網站有嚴格的客戶隱私保密制度並且容易在網站上找到該資訊。 | 1.000 | 0.874 |

擷取方法：主成分分析。

圖 13-13　公因數變異數

從圖 13-14 中可以看出，其中共萃取出 6 個因數（自行設置萃取因數數量為 6 個），並且累積變異數解釋率為 75.837%，每個因數旋轉後的變異數解釋率均在 10%以上。這整體說明探索性因數分析結果良好。

### 解說總變異量

| 成分 | 初始固有值 | | | 擷取平方和負荷量 | | | 旋轉平方和負荷量 | | |
|---|---|---|---|---|---|---|---|---|---|
| | 總計 | 變異的 % | 累加 % | 總計 | 變異的 % | 累加 % | 總計 | 變異的 % | 累加 % |
| 1 | 5.341 | 38.152 | 38.152 | 5.341 | 38.152 | 38.152 | 2.121 | 15.150 | 15.150 |
| 2 | 1.518 | 10.840 | 48.991 | 1.518 | 10.840 | 48.991 | 1.989 | 14.205 | 29.355 |
| 3 | 1.132 | 8.087 | 57.078 | 1.132 | 8.087 | 57.078 | 1.932 | 13.800 | 43.155 |
| 4 | 0.929 | 6.636 | 63.714 | 0.929 | 6.636 | 63.714 | 1.670 | 11.931 | 55.086 |
| 5 | 0.869 | 6.205 | 69.919 | 0.869 | 6.205 | 69.919 | 1.465 | 10.461 | 65.547 |
| 6 | 0.829 | 5.918 | 75.837 | 0.829 | 5.918 | 75.837 | 1.441 | 10.291 | 75.837 |
| 7 | 0.591 | 4.221 | 80.058 | | | | | | |
| 8 | 0.543 | 3.878 | 83.936 | | | | | | |
| 9 | 0.509 | 3.635 | 87.571 | | | | | | |
| 10 | 0.449 | 3.206 | 90.776 | | | | | | |
| 11 | 0.423 | 3.025 | 93.801 | | | | | | |
| 12 | 0.364 | 2.602 | 96.403 | | | | | | |
| 13 | 0.301 | 2.153 | 98.556 | | | | | | |
| 14 | 0.202 | 1.444 | 100.000 | | | | | | |

擷取方法：主成分分析。

圖 13-14　解釋的總變異數

如圖 13-15 所示，該量表總共有 6 個因數，即 6 列（數字 1、2、3、4、5 和 6）。首先尋找出某行數字絕對值的最大值，比如第 1 行數字絕對值的最大值為 0.775，而且其對應編號為 2 的因數，這說明第 1 題歸屬為因數 2。類似地，第 2 題和第 3 題應該歸屬為因數 2，第 4 和第 5 題應該歸屬為因數 5。

旋轉成分矩陣[a]

| 題項 | 成分 | | | | | |
| --- | --- | --- | --- | --- | --- | --- |
| | 1 | 2 | 3 | 4 | 5 | 6 |
| 1、網站提供多元化的針對性課程 | 0.239 | 0.775 | 0.110 | 0.240 | 0.103 | 0.013 |
| 2、每一門課程都詳細地介紹該課程的特點及學習目的 | 0.097 | 0.685 | 0.124 | 0.226 | 0.269 | 0.132 |
| 3、網站提供的課程具有頂尖的教學品質 | 0.127 | 0.724 | 0.273 | 0.006 | -0.017 | 0.270 |
| 4、網站向註冊使用者免費發送電子報，並定期發送學習資料 | 0.103 | 0.269 | 0.115 | -0.042 | 0.771 | 0.199 |
| 5、我經常可以在其他網路平臺上看到該網站的廣告 | 0.104 | 0.006 | -0.078 | 0.294 | 0.805 | -0.022 |
| 7、該線上語言學習網站能在搜尋引擎（如：百度）中很容易地被找到，如搜索結果的 | 0.164 | 0.222 | 0.238 | 0.777 | 0.111 | 0.186 |
| 1、網站提供多元化的針對性課程 | 0.269 | 0.170 | 0.052 | 0.799 | 0.149 | 0.116 |
| 9、我可以在該語言學習網站上通過輸入課程價格範圍搜索到相應的課程 | 0.094 | 0.167 | -0.007 | 0.263 | 0.073 | 0.841 |
| 10、該語言學習網站上的課程價格會根據購買課程的數量有較大的調整 | 0.286 | 0.158 | 0.357 | 0.014 | 0.130 | 0.687 |
| 11、當我再次登錄該網站時，它能顯示我之前的課程訪問流覽記錄 | 0.806 | 0.122 | 0.155 | 0.096 | -0.050 | 0.228 |
| 12、當我再次登錄該網站時，它會根據我感興趣的課程類型向我推薦相關的新課程 | 0.836 | 0.119 | 0.078 | 0.189 | 0.234 | 0.065 |
| 13、該網站會根據我感興趣的課程類型，向我推薦受到一致好評的相關課程或授課老師 | 0.645 | 0.297 | 0.244 | 0.289 | 0.129 | 0.075 |
| 14、當我填寫個人資訊時，該網站會有"關於個人資訊保密"的標識 | 0.224 | 0.208 | 0.863 | 0.097 | -0.050 | 0.098 |
| 15、該網站有嚴格的客戶隱私保密制度並且容易在網站上找到該資訊。 | 0.109 | 0.175 | 0.889 | 0.154 | 0.076 | 0.108 |

擷取方法：主成分分析。

a. 在 6 反覆運算中收斂旋轉。

圖 13-15　旋轉成分矩陣

此案例預期題項可以分為 6 個因數，並且 SPSS 軟體生成的 6 個因數與題項之間的對應關係情況與預期表現出一致性。這 6 個因數與題項的對應關係符合預期，並且對應題項的因數負荷係數值均高於 0.6，最小為 0.645，最大為 0.889，因而說明題項可以有效地表達因數資訊，整體說明效度水準良好。

如果進行預測試，那麼很可能出現因數與題項對應關係嚴重不符合的現象，此時應該記錄下不對應的題項，並且對其進行修正處理（也可以進行刪除處理），以保證在正式研究時對應關係良好。在進行正式效度分析時，需要多次進行探索性因數分析，並且可能會涉及題項刪除等處理，以保證最終使用的資料具有良好的效度水準。

# 14

# 變數關係研究方法
# 在 SPSS 中的操作

在多數情況下，變數關係研究是問卷研究的核心。變數關係研究包括相關分析、線性迴歸分析、中介效應分析、調節效應分析等，而且如果應變數 Y 是分類資料，那麼還會涉及 Logistic 迴歸分析。相關分析用於研究兩兩變數之間的相關關係情況，線性迴歸分析或者 Logistic 迴歸分析均用於研究影響關係，它們的區別在於：線性迴歸分析的應變數 Y 是定量資料，而 Logistic 迴歸分析的應變數 Y 是分類資料。中介效應或者調節效應研究用於更深入的關係研究分析。本章講解變數關係研究方法在 SPSS 中的操作。

# 14.1　相關分析

相關分析用於研究兩兩變數之間的相關關係情況，其衡量標準為相關係數。相關係數分為兩個，分別是 Pearson 相關係數和 Spearman 相關係數，在問卷研究中通常使用 Pearson 相關係數。本節使用的資料為第 6 章的案例資料，具體的分析操作分為兩步驟。

第一步：選擇「分析」指令→選擇「相關」指令→選擇「雙變異數」指令，如圖 14-1 所示。

圖 14-1　雙變異數相關分析

第二步：在彈出的對話方塊中，將分析變數放入清單方塊，選擇相關係數的種類→按一下「確定」按鈕，如圖 14-2 所示。

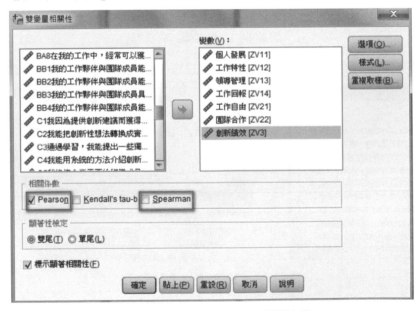

圖 14-2　「雙變異數相關」對話方塊

SPSS 軟體預設選擇 Pearson 相關係數，如果需要使用 Spearman 相關係數，那麼可以勾選「Spearman」核取方塊。不論是 Pearson 相關係數還是 Spearman 相關

係數，其衡量標準基本一致，區別在於在資料不服從正態分佈的情況下，使用 Spearman 相關係數更為合適。在一般研究中基本會使用 Pearson 相關係數。

## 14.2　線性迴歸分析

線性迴歸分析用於研究變數之間的影響關係，並且與 Logistic 迴歸分析有著明顯區別：如果應變數 Y 是定量資料，那麼應該使用線性迴歸分析；如果應變數 Y 是分類資料，那麼應該使用 Logistic 迴歸分析。線性迴歸分析需要關注的指標較多，接下來會詳細說明。在進行線性迴歸分析之前需要進行相關分析。線性迴歸分析在 SPSS 中的操作共分為三步。

第一步：選擇「分析」指令→選擇「迴歸」指令→選擇「線性」指令，如圖 14-3 所示。

如圖 14-3　線性迴歸分析

第二步：在打開的「線性迴歸」對話方塊中選擇分析變數，如圖 14-4 所示。

圖 14-4　「線性迴歸」對話方塊

分別將自變數 X 與應變數 Y 放入對應的清單方塊中，從圖 14-4 中可以看出，應變數為創新績效，其對應的自變數有兩個，分別是工作自由和團隊合作。

線性迴歸分析預設選擇的方法是「進入」，即模型中包括所有自變數。除「進入」分析方法外，「逐步」（stepwise）方法的使用也較多，如果希望軟體自動找出對應變數 Y 產生顯著影響的自變數 C（即保留模型中對應變數 Y 有影響的自變數 X，

把對應變數 Y 沒有影響的自變數 X 移出模型），那麼可以使用「逐步」（stepwise）方法。但在一般研究中基本都會使用「進入」這個分析方法。

第三步：設置相關選項→按一下「確定」按鈕。

此步驟的目的在於輸出 D-W 值和 VIF 值，其操作步驟為：按一下「統計資料」按鈕→在彈出的對話方塊中設置相關選項→按一下「繼續」按鈕，如圖 14-5 所示。

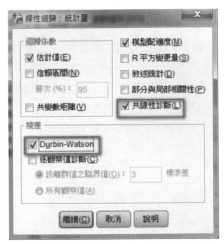

圖 14-5　「線性迴歸：統計資料」對話方塊

在進行線性迴歸分析時，通常需要 SPSS 輸出 D-W 值和 VIF 值，因此需要分別勾選「Durbin-Watson」核取方塊和「共線性診斷」核取方塊，如圖 14-5 所示。

在進行線性迴歸分析時，SPSS 會輸出多個表格，其中有 3 個表格為核心輸出表格，分別是「模型摘要」、「變異數」和「係數」表格。

在圖 14-6 中，R2 為 0.304，說明所有自變數 X 可以解釋應變數 Y 值變化的 30.4% 的原因，即應變數 Y 值變化 30.4%的原因是由自變數所致的。D-W 值為 1.723，在 2 附近，因而說明基本無自相關性（即樣本之間沒有影響關係）。

模型摘要a

| 模型 | R | R 平方 | 調整後 R 平方 | 標準標準誤 | Durbin-Watson |
|---|---|---|---|---|---|
| 1 | .552a | 0.304 | 0.300 | 0.57652000 | 1.723 |

a. 應變數：創新績效
b. 解釋變數：（常數），團隊合作，工作自由

圖 14-6　模型摘要

圖 14-7 為變異數表格，研究人員僅需要關注 P 值（顯著性值），圖中該值為 0.000，即說明在所有自變數中，至少有一個自變數會對應變數產生影響。

變異數分析[a]

| 模型 | | 平方和 | 自由度 | 均方 | F | 顯著性 |
|---|---|---|---|---|---|---|
| 1 | 迴歸 | 56.125 | 2 | 28.062 | 84.431 | .000[b] |
| | 殘差 | 128.296 | 386 | 0.332 | – | – |
| | 總計 | 184.421 | 388 | – | – | – |

a. 應變數: 創新績效
b. 解釋變數: （常數），團隊合作，工作自由

圖 14-7　變異數

圖 14-8 為係數表格，即具體顯示自變數的顯著性。從圖 14-8 中可以看到，在兩個自變數（工作自由和團隊合作）中，工作自由的迴歸係數 P 值為 0.811，大於 0.05，說明工作自由並不會對應變數 Y（創新績效）產生影響關係；團隊合作的迴歸係數 P 值為 0.000，小於 0.01，說明團隊合作呈現出 0.01 水準的顯著性；團隊合作的非標準化迴歸係數為 0.466，說明團隊合作會對應變數創新績效產生顯著的正向影響關係。

係數[a]

| 模型 | | 非標準化係數 | | 標準化係數 | | | 共線性統計量 | |
|---|---|---|---|---|---|---|---|---|
| | | B | 標準錯誤 | 試用版 | t | 顯著性 | 允差 | VIF |
| 1 | （常數） | 2.002 | 0.182 | | 10.974 | 0.000 | | |
| | 工作自由 | 0.010 | 0.042 | 0.010 | 0.239 | 0.811 | 0.948 | 1.054 |
| | 團隊合作 | 0.466 | 0.037 | 0.549 | 12.598 | 0.000 | 0.948 | 1.054 |

a. 應變數: 創新績效

圖 14-8　係數

另外在圖 14-8 中還列出了 VIF 值，此值的判斷標準是小於 5（不嚴格的判斷標準為小於 10），兩個自變數的 VIF 值均小於 5，說明沒有多重共線性問題。

## 14.3　中介效應分析

中介效應分析透過分層迴歸分析實現，分層迴歸分析是普通迴歸分析的一種延伸。通俗地講即普通迴歸分析是一個模型，而分層迴歸分析是兩個（或者更多）模型，第一個模型是普通迴歸模型（模型中的自變數是 X），第二個模型是在第一個普通迴歸模型基礎上，再加入相關變數（這裡為中介變數 M，第二個模型中的自變數是 X 和 M）而形成的。並且從第一個模型向第二個模型變化時，SPSS 會記錄相關指標值（比如 R2 變化值，F 變化值等）。

中介效應分析可以透過線性迴歸分析和分層迴歸分析進行檢定，研究人員需要將線性迴歸分析結果和分層迴歸分析結果進行整理匯總，透過中介效應檢定步驟，最終

完成中介效應檢定。分層迴歸是中介效應分析的關鍵，本節操作僅針對分層迴歸操作進行説明，線性迴歸分析操作可參考 14.2 節。分層迴歸分析的操作基本類似於線性迴歸分析操作，但其涉及更多的選項設置處理。分層迴歸分析在 SPSS 中的操作共分為兩個步驟。

第一步：選擇「分析」指令→選擇「迴歸」指令→選擇「線性」指令，如圖 14-9 所示。

圖 14-9　線性迴歸分析

第二步：在清單方塊中放置需要分析的變數並且進行設置→按一下「確定」按鈕。

需要注意的是，在通常情況下，首先需要對分析變數進行標準化處理，即放入清單方塊的變數為標準化處理之後的變數。

下面操作以 4 個自變數（個人發展、工作特性、領導管理、工作回報）在影響創新績效的過程中，團隊合作是否起中介效應為例來具體介紹。

首先將 4 個自變數放入「自變數」清單方塊中，並且在「應變數」清單方塊中放入創新績效，接著還需要分別按一下「下一個」和「統計資料」兩個按鈕依次進行設置，如圖 14-10 所示。

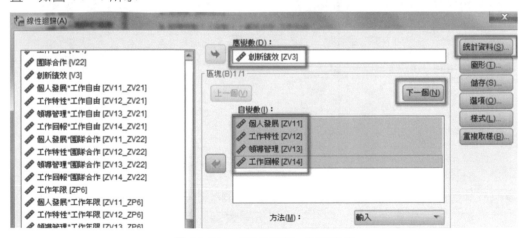

圖 14-10　「線性迴歸」對話方塊

輸出 R2 變化值的設置步驟為：按一下「統計資料」按鈕→勾選「R 平方變更量」核取方塊，如圖 14-11 所示。

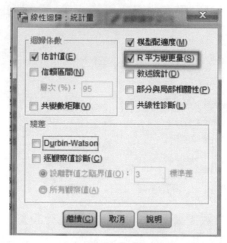

圖 14-11　「線性迴歸：統計資料」對話方塊

按一下「下一個」按鈕，將中介變數（團隊合作）放入「自變數」清單方塊，如圖 14-12 所示。

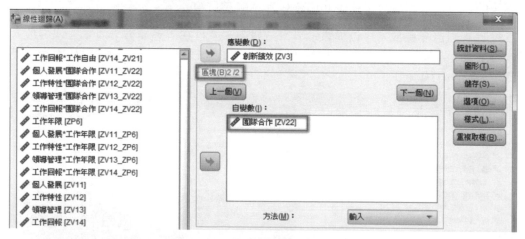

圖 14-12　「線性迴歸」對話方塊

類似於線性迴歸分析，分層迴歸分析也輸出 3 個核心表格，分別是「模型摘要」、「變異數」和「係數」表格。中介效應研究還會涉及自變數對於應變數的線性迴歸分析表格，並且需要結合分層迴歸結果表格，將表格中有用的指標結果整理合併在一張表格上進行分析說明。

從圖 14-13 中可以看出，分層迴歸分析包括兩個模型（第一個模型涉及 4 個自變數，第二個模型涉及 4 個自變數以及中介變數），第一個模型的 R2 為 0.341，第 2 個模型的 R2 值為 0.386。並且模型 1 到模型 2 變化時，即模型 2 在模型 1 的基礎上加入中介變數（團隊合作）後，模型的 R2 更改為 0.046，並且呈現出顯著性的變化（顯著性.F 更改為 0.000）。

**模型摘要**

| 模型 | R | R 平方 | 調整後 R 平方 | 標準標準誤 | 變更統計量 | | | | |
|---|---|---|---|---|---|---|---|---|---|
| | | | | | R 平方變更 | F 值變更 | 自由度 1 | 自由度 2 | 顯著性F 值變更 |
| 1 | .584[a] | 0.341 | 0.334 | 0.81629570 | 0.341 | 49.572 | 4 | 384 | 0.000 |
| 2 | .621[b] | 0.386 | 0.378 | 0.78858380 | 0.046 | 28.463 | 1 | 383 | 0.000 |

a. 解釋變數：（常數），工作回報，工作特性，個人發展，領導管理

b. 解釋變數：（常數），工作回報，工作特性，個人發展，領導管理，團隊合作

圖 14-13　模型摘要

圖 14-14 顯示的是兩個模型的變異數檢定，兩個模型的 P 值(顯著性值)均為 0.000，小於 0.01，即説明分別在兩個模型中，至少有一個自變數會對應變數產生顯著影響。在現實研究中，自變數肯定會對應變數有影響關係，否則不可能涉及中介效應研究，因而變異數表格結果意義較小。

**變異數分析[a]**

| 模型 | | 平方和 | 自由度 | 均方 | F | 顯著性 |
|---|---|---|---|---|---|---|
| 1 | 迴歸 | 132.126 | 4 | 33.031 | 49.572 | .000[b] |
| | 殘差 | 255.874 | 384 | 0.666 | | |
| | 總計 | 388.000 | 388 | | | |
| 2 | 迴歸 | 149.826 | 5 | 29.965 | 48.186 | .000[c] |
| | 殘差 | 238.174 | 383 | 0.622 | | |
| | 總計 | 388.000 | 388 | | | |

a. 應變數：創新績效

b. 解釋變數：（常數），工作回報，工作特性，個人發展，領導管理

c. 解釋變數：（常數），工作回報，工作特性，個人發展，領導管理，團隊合作

圖 14-14　變異數

從圖 14-15 中可以看出兩個模型的變數的顯著性情況。此外，中介效應研究可能會涉及標準誤差的使用，因而在整理表格時也需要列入此指示，並且結合中介效應檢定流程圖進行分析。

**係數[a]**

| 模型 | | 非標準化係數 | | 標準化係數 | t | 顯著性 |
|---|---|---|---|---|---|---|
| | | B | 標準錯誤 | $\beta$ | | |
| 1 | （常數） | -1.000E-13 | 0.041 | | 0.000 | 1.000 |
| | 個人發展 | 0.316 | 0.054 | 0.316 | 5.861 | 0.000 |
| | 工作特性 | 0.219 | 0.053 | 0.219 | 4.112 | 0.000 |
| | 領導管理 | -0.075 | 0.067 | -0.075 | -1.123 | 0.262 |
| | 工作回報 | 0.244 | 0.059 | 0.244 | 4.122 | 0.000 |
| 2 | （常數） | 1.010E-13 | 0.040 | | 0.000 | 1.000 |
| | 個人發展 | 0.223 | 0.055 | 0.223 | 4.050 | 0.000 |
| | 工作特性 | 0.165 | 0.052 | 0.165 | 3.152 | 0.002 |
| | 領導管理 | -0.137 | 0.066 | -0.137 | -2.079 | 0.038 |
| | 工作回報 | 0.191 | 0.058 | 0.191 | 3.292 | 0.001 |
| | 團隊合作 | 0.304 | 0.057 | 0.304 | 5.335 | 0.000 |

a. 應變數: 創新績效

圖 14-15　係數

## 14.4　調節效應分析

結合資料類型情況，調節效應分析可以透過分層迴歸分析或者多因素變異數分析進行。本節對分層迴歸分析進行說明，多因素變異數分析可以參考 15.2 節內容。使用分層迴歸分析進行調節效應分析的具體操作共分為兩步驟。

第一步：選擇「分析」指令→選擇「迴歸」指令→選擇「線性」指令，如圖 14-16 所示。

圖 14-16　線性迴歸分析

第二步：在彈出的對話方塊中選擇分析變數放入清單方塊並且進行設置→按一下「確定」按鈕。

需要注意的是，首先要對分析變數進行處理，比如標準化處理、交互項生成等，標準化處理方法可以參考 12.2 節，交互項生成可參考 11.2 節。

這裡以 4 個自變數（個人發展、工作特性、領導管理、工作回報）對於創新績效的影響過程中，性別是否會起著調節效應作為案例。

首先將 4 個自變數放入「自變數」清單方塊，並將調節變數（性別）也放入「自變數」清單方塊，在「應變數」清單方塊中放入創新績效，接著分別按一下「下一個」和「統計資料」按鈕進行設置，如圖 14-17 所示。

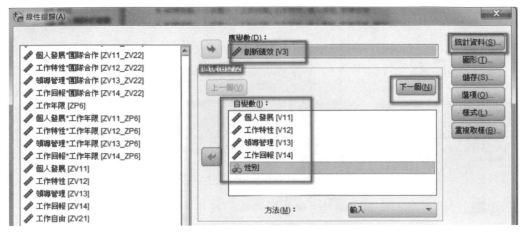

圖 14-17　「線性迴歸」對話方塊

輸出 R2 變化值的操作步驟為：按一下「統計資料」按鈕→在彈出的對話方塊中勾選「R 平方變更量」核取方塊，如圖 14-18 所示。

圖 14-18　「線性迴歸：統計資料」對話方塊

按一下「下一個」按鈕，將交互項放入「自變數」清單方塊，如圖 14-19 所示。

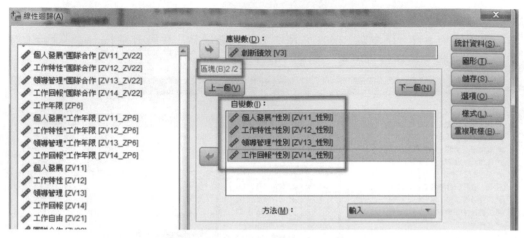

圖 14-19 「線性迴歸」對話方塊

在調節效應分析時，分層迴歸分析輸出三個核心表格，輸出結果分別如下。

分層迴歸分析涉及兩個模型（第一個模型的自變數為 4 個自變數和調節變數性別，第二個模型在第一個模型基礎上加入四個交互項變數），第一個模型的 R2 為 0.372，第 2 個模型的 R2 為 0.400。從模型 1 到模型 2 變化時，模型的 R2 更改為 0.028，並且呈現出顯著性的變化（顯著性.F 更改為 0.002），如圖 14-20 所示。

**模型摘要**

| 模型 | R | R 平方 | 調整後 R 平方 | 標準標準誤 | R 平方變更 | F 值變更 | 自由度 1 | 自由度 2 | 顯著性 F 值變更 |
|---|---|---|---|---|---|---|---|---|---|
| | | | | | \multicolumn{5}{c}{變更統計量} |
| 1 | .610[a] | 0.372 | 0.364 | 0.54991 | 0.372 | 45.369 | 5 | 383 | 0.000 |
| 2 | .633[b] | 0.400 | 0.386 | 0.54021 | 0.028 | 4.470 | 4 | 379 | 0.002 |

a. 解釋變數：（常數），性別，工作特性，個人發展，工作回報，領導管理
b. 解釋變數：（常數），性別，工作特性，個人發展，工作回報，領導管理，領導管理*性別，

圖 14-20 模型摘要

圖 14-21 顯示的是兩個模型的變異數檢定，從中可以看出兩個模型的 P 值（顯著性值）均為 0.000，小於 0.01，說明分別在兩個模型，至少有一個自變數會對應變數產生顯著影響。

**變異數分析**[a]

| 模型 | | 平方和 | 自由度 | 均方 | F | 顯著性 |
|---|---|---|---|---|---|---|
| 1 | 迴歸 | 68.599 | 5 | 13.720 | 45.369 | .000[b] |
| | 殘差 | 115.821 | 383 | 0.302 | | |
| | 總計 | 184.421 | 388 | | | |
| 2 | 迴歸 | 73.818 | 9 | 8.202 | 28.105 | .000[c] |
| | 殘差 | 110.603 | 379 | 0.292 | | |
| | 總計 | 184.421 | 388 | | | |

a. 應變數：創新績效

b. 解釋變數：（常數），性別，工作特性，個人發展，工作回報，

c. 解釋變數：（常數），性別，工作特性，個人發展，工作回報，

圖 14-21　變異數

圖 14-22 展示了兩個模型中變數的顯著性情況。在模型 1 中，個人發展、工作特性和工作回報這 3 個變數均呈現出 0.01 水準的顯著性，因而說明此 3 個變數對應變數創新績效產生顯著正向影響。但是變數領導管理的迴歸係數對應 P 值（顯著性值，餘同）為 0.198，大於 0.05，因而說明領導管理不會對因創新績效產生影響關係。在具體分析調節效應時，可以直接對交互項的顯著性進行分析。比如在模型 2 中，工作回報與性別的交互項（工作回報*性別）呈現出顯著性，P 值為 0.020，小於 0.05，而且工作回報對應變數創新績效產生顯著正向影響，因而說明在工作回報影響應變數創新績效的過程中，性別起著調節效應，而且對女性來講，工作回報對於應變數創新績效的影響更大（0 代表女性，1 代表男性）。

**係數**[a]

| 模型 | | 非標準化係數 | | 標準化係數 | | |
|---|---|---|---|---|---|---|
| | | B | 標準錯誤 | β | t | 顯著性 |
| 1 | （常數） | 3.933 | 0.043 | | 90.899 | 0.000 |
| | 個人發展 | 0.211 | 0.036 | 0.307 | 5.811 | 0.000 |
| | 工作特性 | 0.152 | 0.036 | 0.220 | 4.227 | 0.000 |
| | 領導管理 | -0.058 | 0.045 | -0.084 | -1.290 | 0.198 |
| | 工作回報 | 0.158 | 0.040 | 0.229 | 3.954 | 0.000 |
| | 性別 | -0.250 | 0.057 | -0.180 | -4.379 | 0.000 |
| 2 | （常數） | 3.965 | 0.043 | | 8.351 | 0.000 |
| | 個人發展 | 0.127 | 0.064 | 0.185 | 2.001 | 0.046 |
| | 工作特性 | 0.128 | 0.057 | 0.185 | 2.228 | 0.026 |
| | 領導管理 | -0.012 | 0.072 | -0.018 | -0.171 | 0.864 |
| | 工作回報 | 0.011 | 0.700 | 0.016 | 0.154 | 0.877 |
| | 性別 | -0.273 | 0.056 | -0.196 | -4.839 | 0.000 |
| | 個人發展*性別 | 0.120 | 0.077 | 0.143 | 1.560 | 0.120 |
| | 工作特性*性別 | 0.031 | 0.073 | 0.036 | 0.422 | 0.673 |
| | 領導管理*性別 | -0.055 | 0.092 | -0.063 | -0.596 | 0.551 |
| | 工作回報*性別 | 0.198 | 0.085 | 0.241 | 2.342 | 0.020 |

a. 應變數：創新績效

圖 14-22　係數

## 14.5　Logistic 迴歸分析

線性迴歸分析的應變數 Y 值為定量資料，而 Logistic 迴歸分析的應變數 Y 值為分類資料。結合 Y 值的具體情況，Logistic 迴歸分析分為 3 種，分別是二元 Logistic 迴歸分析、無序多元 Logistic 迴歸分析和有序多元 Logistic 迴歸分析。如果 Y 值僅有兩個選項，分別是有和無之類的分類資料，那麼使用二元 Logistic 迴歸分析。如果 Y 值的選項有多個，並且選項之間並沒有大小對比關係，那麼使用無序多元 Logistic 迴歸分析。如果 Y 值的選項有多個，並且選項之間可以對比大小關係，比如 Y 值分為 3 項，分別是「不願意」、「無所謂」和「願意」，選項具有對比意義，那麼此時應該選擇使用有序多元 Logistic 迴歸分析。

在問卷研究中，二元 Logistic 迴歸分析的使用次數分配表最高，本節以第 6 章的案例資料為例進行操作說明，並且簡要說明無序多元 Logistic 迴歸和有序多元 Logistic 迴歸分析的具體操作步驟。二元 Logistic 迴歸分析在 SPSS 中的操作共分為兩個步驟。

第一步：選擇「分析」指令→選擇「迴歸」指令→選擇「二元 Logistic」指令，如圖 14-23 所示。

圖 14-23　二元 Logistic 迴歸分析

第二步：在彈出的對話方塊中選擇分析變數放入清單方塊中並且進行設置→按一下「確定」按鈕。

需要注意的是，在 Logistic 迴歸分析中，SPSS 軟體稱自變數為「共變數」，而且自變數僅顯示名稱編號，並不顯示具體名稱。在本例中，Q2 代表性別，Q3 代表年齡，Q4 代表專業，Q5 代表月生活費。

本操作研究性別、年齡、專業和月生活費對於「您未來是否有意願購買理財產品」的影響情況。「您未來是否有意願購買理財產品」共兩個答案，分別是願意和不願意。

首先將 4 個自變數放入「共變數」清單方塊中，在「應變數」清單方塊中放入「您未來是否有意願購買理財產品」這個題項，如圖 14-24 所示。接著需要分別按一下「分類」和「選項」兩個按鈕進行設置。

圖 14-24　「Logistic 迴歸」對話方塊

在本例中，性別和專業為分類資料，而年齡和月生活費被視為定量資料。分類資料需要進行虛擬變數處理，Logistic 迴歸分析可以對種類變數進行虛擬變數處理，具體操作步驟為：按一下「分類」按鈕→將種類變數放入「分類共變數」清單方塊中→按一下「繼續」按鈕，如圖 14-25 所示。

將 Q2（性別）和 Q4（專業）這兩個分類資料放入「種類共變數」清單方塊中，目的是將分類資料進行虛擬變數處理，即讓 SPSS 軟體重新進行編碼處理，SPSS 軟體預設以「最後一個」作為參考類別。比如 1 代表男性，2 代表女性，那麼參照項以數字更大的項作為對比（此案例中 2 更大，即以女性作為對比）。此步驟是對分類資料進行重新編碼設置，SPSS 軟體最後會將編碼結果輸出。

按一下「選項」按鈕，勾選「Hosmer-Lemeshow 配適配適度」核取方塊，此步驟的目的是輸出 Hosmer 和 Lemeshow 檢定結果，如圖 14-26 所示。

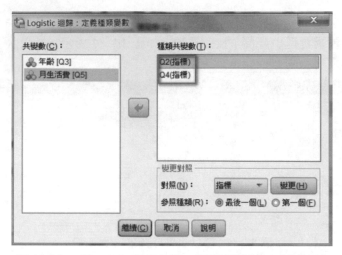

圖 14-25　「Logistic 迴歸分析：定義種類變數」對話方塊

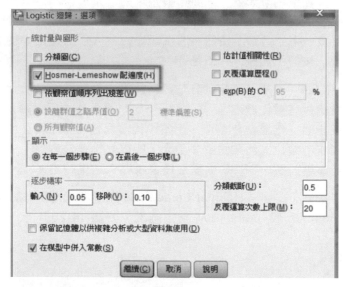

圖 14-26　「Logistic 迴歸：選項」對話方塊

在二元 Logistic 迴歸分析時，SPSS 軟體會輸出多個表格，其中最有意義的 6 個表格分別是「應變數編碼」、「種類變數編碼」、「模型摘要」、「Hosmer 和 Lemeshow 檢定」、「分類表」、「方程中的變數」。

圖 14-27 顯示的是應變數的編碼情況，在本案例中應變數是「您未來是否有意願購買理財產品」。1 代表是，0 代表否。在二元 Logistic 迴歸分析時，應變數的數位編碼僅能為 0 和 1，如果在實際研究中並非如此，則 SPSS 軟體就會預設進行處

理，但 SPSS 軟體處理出來的結果可能是 1 代表沒有， 0 代表有，此種情況不便
於分析，因而研究人員可以提前對應變數進行虛擬變數設置。

**應變數編碼**

| 初始值 | 內部值 |
|--------|--------|
| 沒有 | 0 |
| 有 | 1 |

圖 14-27　應變數編碼

對於「種類變數編碼」，如果自變數中無分類資料，即不需要進行「分類」虛擬變
數設置時，那麼 SPSS 軟體也不會輸出「種類變數編碼」表格。對於 Q4（專業），
體育類對應的數位編碼全部為 0，即說明體育類作為參照項，而理工類專業重新編
碼的名稱為 Q4（1），文科類為 Q4（2），藝術類為 Q4（3）。對於 Q2（性別），
以女性作為參照項，Q2（1）代表男性，如圖 14-28 所示。

**種類變數編碼**

| | | 次數分配表 | 參數編碼 | | |
|---|---|---|---|---|---|
| | | | (1) | (2) | (3) |
| 專業 | 理工类 | 143 | 1 | 0 | 0 |
| | 文科类 | 172 | 0 | 1 | 0 |
| | 艺术类 | 87 | 0 | 0 | 1 |
| | 体育类 | 66 | 0 | 0 | 0 |
| 性別 | 男 | 250 | 1 | | |
| | 女 | 218 | 0 | | |

圖 14-28　種類變數編碼

「模型摘要」表格輸出兩個指標，分別是 Cox & Snell R2 和 Nagelkerke R2，如圖
14-29 所示。

**模型摘要**

| 步驟 | -2 對數概似 | Cox & Snell R 平方 | Nagelkerke R 平方 |
|------|-----------|-------------------|-------------------|
| 1 | 489.261[a] | 0.097 | 0.142 |

a. 估計在反覆運算編號 5 處終止，因為參數估計的變更小於
.001。

圖 14-29　模型摘要

「Hosmer 和 Lemeshow 檢定」表格輸出 Hosmer 和 Lemeshow 檢定對應的 P 值
為 0.000，小於 0.01。Hosmer 和 Lemeshow 檢定是驗證真實資料情況是否與模型
配適結果表現一致，如果 P 值小於 0.05，那麼說明真實資料情況與模型配適情況不
一致。SPSS 軟體預設不輸出此指標，有時在進行分析時也不關注此指標，如圖 14-
30 所示。

**Hosmer 與 Lemeshow 檢定**

| 步驟 | 卡方檢定 | 自由度 | 顯著性 |
|---|---|---|---|
| 1 | 28.267 | 8 | 0.000 |

圖 14-30　Hosmer 和 Lemeshow 檢定

「分類表」可以體現模型配適情況，在圖 **14-31** 中總計百分比校正為 **77.1%**，即説明整體資料的配適正確率為 **77.1%**。選擇「沒有」但是卻被模型配適為「有」的樣本數量為 **97** 個，這導致選擇「沒有」的樣本，其百分比校正僅為 **20.5%**。選擇「有」同時被模型配適為「有」的樣本數量為 **336** 個，其百分比校正為 **97.1%**。

**分類表ᵃ**

| | | 預測值 | | |
|---|---|---|---|---|
| | | 您未來是否有意願購買理財產品 | | 正確百分比 |
| 觀察值 | | 沒有 | 有 | |
| 步驟 1　您未來是否有意願購買理財產品 | 沒有 | 25 | 97 | 20.5 |
| | 有 | 10 | 336 | 97.1 |
| 整體百分比 | | | | 77.1 |

a. 分割值為 .500

圖 14-31　分類表

「方程中的變數」表格展示了自變數的顯著性情況。但是由於 SPSS 軟體並不輸出對應名稱，僅輸出變數的編號，比如 Q2（1）、Q3、Q4、Q4（1）等，因而需要結合「種類變數編碼」表格進行閱讀。比如 Q2 為性別，至於 Q2（1）代表男性還是女性，結合「種類變數編碼」表格可以理解為該編碼代表男性。至於變數的顯著性情況，直接讀取 P 值即可，比如 Q2（1）的 P 值為 0.251，大於 0.05，即説明男性樣本並沒有呈現出顯著性，也説明性別變數對應變數「您未來是否有意願購買理財產品」沒有影響，如圖 **14-32** 所示。

**方程式中的變數**

| | | B | S.E. | Wald | 自由度 | 顯著性 | Exp(B) |
|---|---|---|---|---|---|---|---|
| 步驟 1ᵃ | Q2(1) | 0.279 | 0.243 | 1.317 | 1 | 0.251 | 1.322 |
| | Q3 | 0.380 | 0.104 | 13.229 | 1 | 0.000 | 1.462 |
| | Q4 | | | 25.639 | 3 | 0.000 | |
| | Q4(1) | -2.139 | 0.553 | 14.963 | 1 | 0.000 | 0.118 |
| | Q4(2) | -1.475 | 0.559 | 6.958 | 1 | 0.008 | 0.229 |
| | Q4(3) | -2.521 | 0.576 | 19.134 | 1 | 0.000 | 0.080 |
| | Q5 | -0.010 | 0.129 | 0.006 | 1 | 0.940 | 0.990 |
| | 常數 | 1.865 | 0.632 | 8.704 | 1 | 0.003 | 6.454 |

a. 步驟 1 上輸入的變數：Q2,Q3,Q4,Q5

圖 14-32　方程中的變數

圖 14-32 中的 Q4 並沒有 B 值，因為當 Q4（專業）為分類資料並且超過兩個類別時，會以其中一個類別（本例是體育類）作為參照類別，導致 B 值無法輸出。Q4（1）代表理工類專業，Q4（2）代表文科類專業，Q4（3）代表藝術類專業。理工類專業對應的 P 值為 0.000，小於 0.01，因而説明該專業呈現出顯著性，並且其 B 值為-2.139，即説明相對於體育類專業樣本，理工類專業樣本在購買理財產品方面的意願更低，也説明相對於體育類專業樣本，理工類專業樣本未來理財意願明顯更低。

除二元 Logistic 迴歸分析外，Logistic 迴歸分析還有另外兩種類型，分別是無序多元 Logistic 迴歸分析和有序多元 Logistic 迴歸分析。無序多元 Logistic 迴歸分析操作步驟為：選擇「分析」指令→選擇「迴歸」指令→選擇「多項 Logistic」指令；有序多元 Logistic 迴歸分析操作步驟為：選擇「分析」指令→選擇「迴歸」指令→選擇「有序 Logistic」指令，如圖 14-33 所示。

圖 14-33　有序 Logistic 迴歸分析

無序多元 Logistic 迴歸分析和有序多元 Logistic 迴歸分析的使用次數分配表相對較低，而且在操作和分析情況上也基本與二元 Logistic 迴歸分析類似

# 15

# 差異性研究方法在
# SPSS 中的操作

差異性研究方法包括變異數分析、t 核對總和卡方分析等。按照自變數 X 的個數，可以將變異數分析分為單因素變異數分析和多因素變異數分析。單因素變異數分析的自變數 X 僅為 1 個，而多因素變異數分析的自變數個數超過一個。t 檢定共可以分為三類，分別是獨立樣本 t 檢定、成對樣本 t 核對總和單一樣本 t 檢定。獨立樣本 t 檢定可以檢定分類資料與定量資料的關係，成對樣本 t 檢定用於實驗或者「類實驗」研究中，單一樣本 t 檢定僅能判斷定量資料是否等於某個數位。本章分別對變異數分析、t 核對總和卡方分析的 SPSS 操作進行講解。

# 15.1 單因素變異數分析

單因素變異數分析用於研究分類資料與定量資料之間的差異性，如果分類資料超過兩組，比如專業分為市場行銷、心理學、教育學和管理學共 4 個，那麼可以對其進行事後檢定，即對比兩兩專業之間的差異情況。本節使用的運算原始資料為第 5 章的案例資料，具體的分析分為三步驟。

第一步：選擇「分析」指令→選擇「比較平均數法」指令→選擇「單因素變異數分析」指令，如圖 15-1 所示。

圖 15-1 單因素變異數分析

第二步：在彈出的對話方塊中將分析變數放入清單方塊中，如圖 15-2 所示。

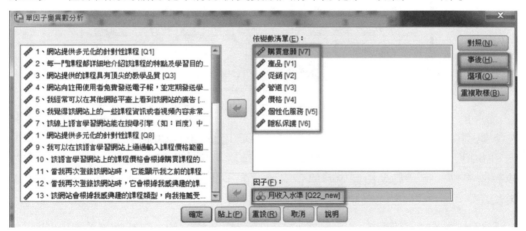

圖 15-2 「單因素變異數分析」對話方塊

具體操作步驟為：將分類資料月收入水準放入「因數」清單方塊中，將定量資料共6 個變數一併放入「依變數」清單方塊。接著需要對相關選項進行設置，分別按一下「事後」和「選項」按鈕，並進入第三步操作。

第三步：設置相關選項→按一下「確定」按鈕。

設置相關選項包括「事後」和「選項」這兩項指令的設置，「事後」是指事後檢定，即在分析本案例時對比兩兩組別收入群體的差異情況；「選項」是對輸出指標值的相關設置。

（1）「事後」選項設置。

此步驟的目的是進行事後檢定。操作步驟為：按一下「事後」按鈕→勾選「LSD」核取方塊→按一下「繼續」按鈕，如圖 15-3 所示。

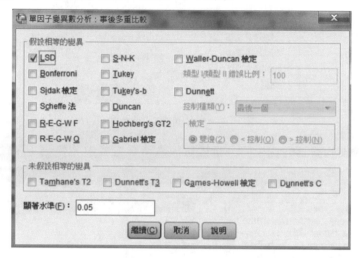

圖 15-3　「單因素變異數：事後」對話方塊

在本案例中，月收入水準分為 4 組，分別是 2000 元以下，2001~4000 元，4001~8000 元和 8000 元以上。如果月收入水準對某個變數呈現出顯著性差異，就說明 4 組之間有差異性，但具體是由其中哪組差異導致的，此時應該使用「事後」，即進行事後檢定。

在 SPSS 操作中，「事後」（事後檢定）可以選擇多種方法，較為常見的有「LSD」，以及「Duncan」、「Dunnett」和「Tukey」等方法。

（2）「選項」選項設置。

此步驟用於設置輸出相關指標，其操作步驟為：按一下「選項」按鈕→勾選「敘述統計」、「變異數同質性檢定」和「平均值圖形」3 個核取方塊→按一下「繼續」按鈕。勾選「敘述統計」核取方塊的目的在於輸出平均值和標準差值等指標，勾選「變異數同質性檢定」核取方塊的目的在於進行變異數同質性同質性檢定，以及勾選「平均值圖形」核取方塊的目的在於以圖形形式輸出結果，如圖 15-4 所示。

圖 15-4 「單因素變異數：選項」對話方塊

經過上述操作步驟，SPSS 軟體將輸出 4 個有效表格，分別是「描述」、「變異數同質性檢定同質性檢定」、「單因素變異數分析」和「多重比較」表格。

「描述」表格包括每個組別的樣本量值、平均值和標準差值等內容，如圖 15-5 所示。樣本量值、平均值和標準差值等內容均需要整理到最終報告表格中。

### 敘述統計

| | | N | 平均值 | 標準差 | 標準誤 | 平均值的 95% 信賴區間 下限 | 平均值的 95% 信賴區間 上限 | 最小值 | 最大值 |
|---|---|---|---|---|---|---|---|---|---|
| 購買意願 | 2000以下 | 110 | 3.4000 | 0.63643 | 0.06068 | 3.2797 | 3.5203 | 1.00 | 5.00 |
| | 2001~4000 | 54 | 3.4676 | 0.79213 | 0.10780 | 3.2514 | 3.6838 | 1.75 | 5.00 |
| | 4001~8000 | 67 | 3.5597 | 0.64709 | 0.07906 | 3.4019 | 3.7175 | 2.00 | 5.00 |
| | 8000以上 | 69 | 3.6957 | 0.75229 | 0.09056 | 3.5149 | 3.8764 | 1.00 | 5.00 |
| | 總計 | 300 | 3.5158 | 0.70233 | 0.04055 | 3.4360 | 3.5956 | 1.00 | 5.00 |
| 產品 | 2000以下 | 110 | 3.5061 | 0.83591 | 0.07970 | 3.3481 | 3.6640 | 1.00 | 5.00 |
| | 2001~4000 | 54 | 3.3272 | 0.92142 | 0.12539 | 3.0757 | 3.5787 | 1.00 | 5.00 |
| | 4001~8000 | 67 | 3.5373 | 0.85074 | 0.10393 | 3.3298 | 3.7448 | 2.00 | 5.00 |
| | 8000以上 | 69 | 3.6087 | 0.83814 | 0.10090 | 3.4074 | 3.8100 | 1.00 | 5.00 |
| | 總計 | 300 | 3.5044 | 0.85625 | 0.04944 | 3.4072 | 3.6017 | 1.00 | 5.00 |
| 促銷 | 2000以下 | 110 | 2.6091 | 0.85773 | 0.08178 | 2.4470 | 2.7712 | 1.00 | 5.00 |
| | 2001~4000 | 54 | 2.6481 | 0.99351 | 0.13520 | 2.3770 | 2.9193 | 1.00 | 5.00 |
| | 4001~8000 | 67 | 2.6045 | 0.91923 | 0.11230 | 2.3803 | 2.8287 | 1.00 | 5.00 |
| | 8000以上 | 69 | 2.7174 | 0.96436 | 0.11610 | 2.4857 | 2.9491 | 1.00 | 5.00 |
| | 總計 | 300 | 2.6400 | 0.91827 | 0.05302 | 2.5357 | 2.7443 | 1.00 | 5.00 |

圖 15-5 描述統計

在「變異數同質性檢定同質性檢定」表格中，僅需要查看顯著性值（P 值或者顯著性值），如果此值大於 0.05，那麼說明不同組別的資料波動情況一致，即變異數同質性。按照單因素變異數分析原理，首先需要資料滿足變異數同質性檢定同質性檢定，即 P 值全部需要大於 0.05，如圖 15-6 所示。在實際研究中，有時候會出現變異數不齊現象，即 P 值小於 0.05，此時可以對應變數的定量資料進行處理，比如取對數和開根號等；也可以對自變數的分類資料進行組合處理，比如將 2000 元以下和 2001~4000 元兩組資料合併等，以便達到變異數同質性。出於對現實情況的綜合考慮，即使有時資料不具有變異數同質性，也會繼續進行分析。

**變異數同質性檢定**

| | Levene 統計量 | 自由度 1 | 自由度 2 | 顯著性 |
|---|---|---|---|---|
| 購買意願 | 1.075 | 3 | 296 | 0.360 |
| 產品 | 0.267 | 3 | 296 | 0.849 |
| 促銷 | 0.491 | 3 | 296 | 0.689 |
| 管道 | 2.221 | 3 | 296 | 0.086 |
| 價格 | 1.172 | 3 | 296 | 0.321 |
| 個性化服務 | 1.873 | 3 | 296 | 0.134 |
| 隱私保護 | 2.190 | 3 | 296 | 0.089 |

圖 15-6　變異數同質性檢定

在「單因素變異數分析」表格中列出了單因素變異數檢定後的 F 值、P 值等指標。如圖 15-7 所示，購買意願對應的顯著性值為 0.045，小於 0.05，即說明不同收入水準人群在購買意願上有著顯著性差異態度，不同收入水準人群的購買意願情況不一致。但在本案例中收入共分為 4 組（2000 元以下，2001~4000 元，4001~8000 元和 8000 元以上）。但具體是此 4 組均有明顯差異，還是僅其中兩組或者 3 組呈現出顯著性差異無法知曉，此時應該透過「事後」進行分析。

**變異數分析**

|  |  | 平方和 | 自由度 | 均方 | F | 顯著性 |
|---|---|---|---|---|---|---|
| 購買意願 | 群組之間 | 3.962 | 3 | 1.321 | 2.723 | 0.045 |
|  | 群組內 | 143.526 | 296 | 0.485 |  |  |
|  | 總計 | 147.487 | 299 |  |  |  |
| 產品 | 群組之間 | 2.520 | 3 | 0.840 | 1.147 | 0.330 |
|  | 群組內 | 216.697 | 296 | 0.732 |  |  |
|  | 總計 | 219.216 | 299 |  |  |  |
| 促銷 | 群組之間 | 0.606 | 3 | 0.202 | 0.238 | 0.870 |
|  | 群組內 | 251.514 | 296 | 0.850 |  |  |
|  | 總計 | 252.120 | 299 |  |  |  |
| 管道 | 群組之間 | 5.645 | 3 | 1.882 | 2.087 | 0.102 |
|  | 群組內 | 266.864 | 296 | 0.902 |  |  |
|  | 總計 | 272.509 | 299 |  |  |  |
| 價格 | 群組之間 | 2.207 | 3 | 0.736 | 0.905 | 0.439 |
|  | 群組內 | 240.735 | 296 | 0.813 |  |  |
|  | 總計 | 242.943 | 299 |  |  |  |
| 個性化服務 | 群組之間 | 2.828 | 3 | 0.943 | 1.355 | 0.257 |
|  | 群組內 | 205.859 | 296 | 0.695 |  |  |
|  | 總計 | 208.687 | 299 |  |  |  |
| 隱私保護 | 群組之間 | 3.682 | 3 | 1.227 | 1.259 | 0.289 |
|  | 群組內 | 288.485 | 296 | 0.975 |  |  |
|  | 總計 | 292.167 | 299 |  |  |  |

圖 15-7　單因素變異數分析

在「多重比較」表格中詳細列出了兩兩組別之間的對比結果。在圖 15-8 中，2000 元以下與 8000 元以上兩組樣本的購買意願有著顯著性差異，P 值為 0.006，小於 0.01，並且 2000 元以下樣本與 8000 元以上樣本在購買意願的平均數差異為 -0.29565。在事後時，結果會出現一次重複，比如 2000 元以下與 8000 元以上兩組對比，與 8000 元以上和 2000 元以下兩組對比重複。

## 多重比較

LSD

| 應變數 | (I)月收入水平 | (J)月收入水平 | 平均值差異(I-J) | 標準誤 | 顯著性 | 95% 信賴區間 下限 | 95% 信賴區間 上限 |
|---|---|---|---|---|---|---|---|
| 購買意願 | 2000以下 | 2001~4000 | -0.06759 | 0.11570 | 0.560 | -0.2953 | 0.1601 |
| | | 4001~8000 | -0.15970 | 0.10791 | 0.140 | -0.3721 | 0.0527 |
| | | 8000以上 | -.29565* | 0.10694 | 0.006 | -0.5061 | -0.0852 |
| | 2001~4000 | 2000以下 | 0.06759 | 0.11570 | 0.560 | -0.1601 | 0.2953 |
| | | 4001~8000 | -0.09211 | 0.12734 | 0.470 | -0.3427 | 0.1585 |
| | | 8000以上 | -0.22806 | 0.12652 | 0.072 | -0.4770 | 0.0209 |
| | 4001~8000 | 2000以下 | 0.15970 | 0.10791 | 0.140 | -0.0527 | 0.3721 |
| | | 2001~4000 | 0.09211 | 0.12734 | 0.470 | -0.1585 | 0.3427 |
| | | 8000以上 | -0.13595 | 0.11943 | 0.256 | -0.3710 | 0.0991 |
| | 8000以上 | 2000以下 | .29565* | 0.10694 | 0.006 | 0.0852 | 0.5061 |
| | | 2001~4000 | 0.22806 | 0.12652 | 0.072 | -0.0209 | 0.4770 |
| | | 4001~8000 | 0.13595 | 0.11943 | 0.256 | -0.0991 | 0.3710 |
| 產品 | 2000以下 | 2001~4000 | 0.17890 | 0.14217 | 0.209 | -0.1009 | 0.4587 |
| | | 4001~8000 | -0.03125 | 0.13260 | 0.814 | -0.2922 | 0.2297 |
| | | 8000以上 | -0.10264 | 0.13140 | 0.435 | -0.3612 | 0.1560 |
| | 2001~4000 | 2000以下 | -0.17890 | 0.14217 | 0.209 | -0.4587 | 0.1009 |
| | | 4001~8000 | -0.21015 | 0.15647 | 0.180 | -0.5181 | 0.0978 |
| | | 8000以上 | -0.28154 | 0.15546 | 0.071 | -0.5875 | 0.0244 |
| | 4001~8000 | 2000以下 | 0.03125 | 0.13260 | 0.814 | -0.2297 | 0.2922 |
| | | 2001~4000 | 0.21015 | 0.15647 | 0.180 | -0.0978 | 0.5181 |
| | | 8000以上 | -0.07138 | 0.14675 | 0.627 | -0.3602 | 0.2174 |
| | 8000以上 | 2000以下 | 0.10264 | 0.13140 | 0.435 | -0.1560 | 0.3612 |
| | | 2001~4000 | 0.28154 | 0.15546 | 0.071 | -0.0244 | 0.5875 |
| | | 4001~8000 | 0.07138 | 0.14675 | 0.627 | -0.2174 | 0.3602 |

圖 15-8　多重比較

在多數情況下，問卷研究並不需要進行多重比較（事後檢定），如果希望進行事後檢定，那麼建議將整理後的資料結果放入報告中。

## 15.2 多因素變異數分析

多因素變異數分析用於研究多個種類變數（常見是兩個）對應變數的影響差異關係。本節操作使用第 8 章的案例資料，研究有無背景音樂（編號名稱為 type）和產品涉入度（編號名稱為 V1_NEW）對於品牌態度的影響關係，多因素變異數分析在 SPSS 中的操作共分為兩步驟。

第一步：選擇「分析」指令→選擇「一般線性模型」指令→選擇「單變異數」指令，如圖 15-9 所示。

圖 15-9　單變異數分析

第二步：在彈出的對話方塊中將分析變數放入清單方塊中→設置相關選項。

分別將兩個種類變數放入「固定因數」清單方塊中，並將應變數品牌態度放入「應變數」清單方塊中，如圖 15-10 所示。接下來需要設置「圖形」選項。

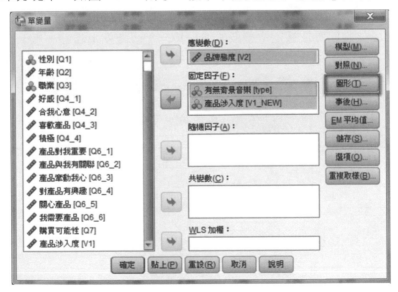

圖 15-10　「單變異數」對話方塊

設置「圖形」選項的目的是輸出交叉圖，其操作步驟為：按一下「圖形」按鈕→進行相應設置，如圖 15-11 所示。

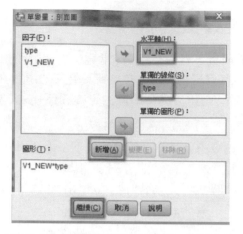

圖 15-11 「單變異數：輪廓圖」對話方塊

將有無背景音樂（編號名稱為 type）放入「水平軸」清單方塊中，將產品涉入度（編號名稱為 V1_NEW）放入「圖」清單方塊中，並且按一下「新增」按鈕。然後重複上一步操作，將有無背景音樂（編號名稱為 type）放入「圖」清單方塊中，將產品涉及度（編號名稱為 V1_NEW）放入「水平軸」文字方塊中，按一下「新增」按鈕，接著按一下「繼續」按鈕，確認完成操作。

另外，如果需要輸出變異數同質性檢定結果，那麼操作步驟為：按一下「事後」按鈕→勾選「變異數同質性檢定」核取方塊→按一下「繼續」按鈕→按一下「確認」按鈕，如圖 15-12 所示。

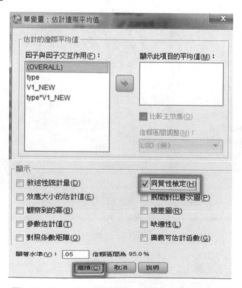

圖 15-12 「單變異數：選項」對話方塊

多因素變異數分析共輸出 3 個有用的表格，以及相應的圖形。3 個表格分別是「主體間因數」表格、「誤差變異數等同性的 Levene 檢定」表格和「主體間效應的檢定」表格。「主體間因數」表格列出種類變數的選項（數位）分別代表的意義（值標籤），以及選項分別對應的樣本數量。「誤差變異數等同性的 Levene 檢定」表格輸出變異數同質性檢定同質性檢定結果。「主體間效應的檢定」表格為最終差異對比核心表格。

「主體間因數」表格：其表格輸出結果包括種類變數的編碼和值標籤，以及樣本量（N），本案例中對於有無背景音樂變數，1 代表有背景音樂，2 代表無背景音樂，並且有無背景音樂的樣本量均為 204 個，如圖 15-13 所示。

主體間因數

|  |  | 值標籤 | N |
|---|---|---|---|
| 有無背景音樂 | 1 | 有背景音樂 | 204 |
|  | 2 | 无背景音樂 | 204 |
| 產品涉入度 | 1 | 低涉入度 | 181 |
|  | 2 | 高涉入度 | 227 |

圖 15-13　主體間因數

「誤差變異數等同性的 Levene 檢定」表格：其輸出結果為變異數同質性檢定同質性檢定對應的 P 值，在圖 15-14 中，P 值為 0.146，大於 0.05，因而說明具有變異數同質性。

Levene's 同質性變異數檢定[a]

依變數：品牌態度

| Levene 統計量 | 自由度 1 | 自由度 2 | 顯著性 |
|---|---|---|---|
| 1.802 | 3 | 404 | 0.146 |

檢定依變數的誤差變異數在群組內相等的虛無假設。

a. 設計：截距 + type + V1_NEW + type * V1_NEW

圖 15-14　誤差變異數等同性的 Levene 檢定

「主體間效應的檢定」表格：其核心資訊為兩個種類變數的顯著性值以及交互項（type*V1_NEW）的交互項顯著性值。在圖 15-15 中，有無背景音樂（type）和產品涉入度（V1_NEW）均呈現出顯著性，也即說明有無背景音樂，或者產品涉入度不同時，樣本的品牌態度存在差異性，而且交互項（type*V1_NEW）也呈現出差異性，即說明有無背景音樂和產品涉入度之間有著交互作用關係。

受試者間效應項檢定

依變數：品牌態度

| 來源 | 類型 III 平方和 | 自由度 | 均方 | F | 顯著性 |
|---|---|---|---|---|---|
| 修正模型 | 90.250ᵃ | 3 | 30.083 | 35.740 | 0.000 |
| 截距 | 3767.902 | 1 | 3767.902 | 4476.335 | 0.000 |
| type | 3.375 | 1 | 3.375 | 4.009 | 0.046 |
| V1_NEW | 68.724 | 1 | 68.724 | 81.646 | 0.000 |
| type*V1_NEW | 4.479 | 1 | 4.479 | 5.322 | 0.022 |
| 誤 | 340.062 | 404 | 0.842 | | |
| 總計 | 4574.063 | 408 | | | |
| 修正後總數 | 430.312 | 407 | | | |

a. R 平方 = .210（調整的 R 平方 = .204）

圖 15-15　主體間效應的檢定

# 15.3　t 檢定

t 檢定共分為 3 類，分別是獨立樣本 t 檢定、成對樣本 t 核對總和單一樣本 t 檢定。在問卷研究中，通常會使用獨立樣本 t 檢定，如果是實驗或者「類實驗」類研究，則需要使用成對樣本 t 檢定。獨立樣本 t 核對總和成對樣本 t 檢定只能對兩組資料進行對比，比如男性和女性的差異對比應該使用獨立樣本 t 檢定，而實驗前和實驗後對比應該使用成對樣本 t 檢定。而單一樣本 t 檢定研究資料是否等於某個數值，比如樣本的平均身高是否為 1.70 米。本節分別對獨立樣本 t 檢定、成對樣本 t 核對總和單一樣本 t 檢定操作進行講解。

## 15.3.1　獨立樣本 t 檢定

如果以非實驗或者「類實驗」來研究，並且研究分類資料僅為兩類，比如性別分為男性和女性，專業分為理工類和文科，那麼均可以使用獨立樣本 t 檢定進行分析。本節操作數據使用第 5 章的案例資料，獨立樣本 t 檢定在 SPSS 中的操作共分為 3 步。

第一步：選擇「分析」指令→選擇「比較平均數法」指令→選擇「獨立樣本 t 檢定」指令，如圖 15-16 所示。

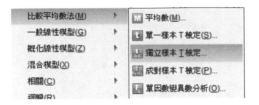

圖 15-16 獨立樣本 t 檢定

**第二步**：將分析變數放入清單方塊中。

在打開的對話方塊中將分類資料放入「分組變數」清單方塊中，將定量資料放入「檢定變數」清單方塊中。接著按一下「定義群組」按鈕進入下一步，如圖 **15-17** 所示。

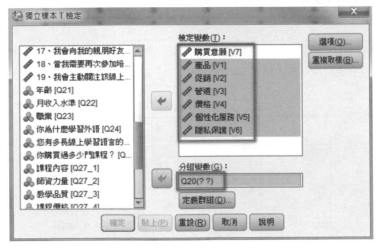

圖 15-17 「獨立樣本 t 檢定」對話方塊

**第三步**：按一下「定義群組」按鈕→設置指定值→按一下「繼續」按鈕→按一下「確定」按鈕。

由於獨立樣本 t 檢定僅能對比兩組資料，因而需要在 SPSS 操作中設置對應關係。例如對比男性和女性兩組資料，並且男性使用 1 代表，女性使用 2 代表，那麼分別在「組 1」和「組 2」對應的文字方塊中輸入 1 和 2，如圖 **15-18** 所示。

圖 15-18　「定義群組」對話方塊

在進行獨立樣本 t 檢定操作時，其輸出兩個表格，分別是「組統計資料」和「獨立樣本檢定」表格。「組統計資料」表格輸出樣本量（N）、均值、標準差等指標，而「獨立樣本檢定」表格輸出檢定的顯著性值等指標。

在「組統計資料」表格中列出了樣本量（N）、均值和標準差，如圖 15-19 所示。這 3 個值通常需要列入最終報告表格中。

## 組統計資料

| | 性別 | N | 平均值 | 標準差 | 標準誤平均值 |
|---|---|---|---|---|---|
| 購買意願 | 男 | 86 | 3.4680 | 0.78384 | 0.08452 |
| | 女 | 213 | 3.5387 | 0.66718 | 0.04571 |
| 產品 | 男 | 86 | 3.4767 | 1.01304 | 0.10924 |
| | 女 | 213 | 3.5196 | 0.78659 | 0.05390 |
| 促銷 | 男 | 86 | 2.5640 | 0.89376 | 0.09638 |
| | 女 | 213 | 2.6714 | 0.93035 | 0.06375 |
| 管道 | 男 | 86 | 3.3721 | 0.98574 | 0.10630 |
| | 女 | 213 | 3.3568 | 0.94640 | 0.06485 |
| 價格 | 男 | 86 | 3.2558 | 0.95408 | 0.10288 |
| | 女 | 213 | 3.4507 | 0.87748 | 0.06012 |
| 個性化服務 | 男 | 86 | 3.3798 | 0.95952 | 0.10347 |
| | 女 | 213 | 3.4898 | 0.78209 | 0.05359 |
| 隱私保護 | 男 | 86 | 3.7907 | 1.14137 | 0.12308 |
| | 女 | 213 | 4.3239 | 0.87590 | 0.06002 |

圖 15-19　組統計資料

在「獨立樣本檢定」表格中，首先需要閱讀「變異數方程的 **Levene** 檢定」，即變異數同質性檢定同質性檢定對應的 P 值。如果此值高於 0.05，那麼獨立樣本 t 檢定最終的 P 值應該以變異數相等時對應的 P 值為準，反之則應該對應變異數不相等時的 P 值。比如圖 15-20 中購買意願對應的 F 值為 1.063，P 值為 0.303，大於 0.05，則最終獨立樣本 t 檢定的 t 值為-0.788，P 值為 0.431。圖 15-20 中產品對應的 F 值為 5.282，P 值為 0.022，小於 0.05，則最終獨立樣本 t 檢定的 t 值為-0.352，P 值為 0.726。

獨立樣本檢定

| | | 變異數等式的 Levene 檢定 | | 平均值等式的 t 檢定 | | | | | 差異的 95% 信賴區間 | |
|---|---|---|---|---|---|---|---|---|---|---|
| | | F | 顯著性 | t | 自由度 | 顯著性（雙尾） | 平均值差異 | 標準誤差異 | 下限 | 上限 |
| 購買意願 | 採用相等變異數 | 1.063 | 0.303 | -0.788 | 297 | 0.431 | -0.07071 | 0.08976 | -0.24735 | 0.10593 |
| | 不採用相等變異數 | | | -0.736 | 137.291 | 0.463 | -0.07071 | 0.09609 | -0.26073 | 0.11931 |
| 產品 | 採用相等變異數 | 5.282 | 0.022 | -0.391 | 297 | 0.696 | -0.04282 | 0.10956 | -0.25843 | 0.17279 |
| | 不採用相等變異數 | | | -0.352 | 128.369 | 0.726 | -0.04282 | 0.12181 | -0.28383 | 0.19820 |
| 促銷 | 採用相等變異數 | 0.343 | 0.559 | -0.914 | 297 | 0.362 | -0.10741 | 0.11754 | -0.33873 | 0.12391 |
| | 不採用相等變異數 | | | -0.930 | 163.124 | 0.354 | -0.10741 | 0.11555 | -0.33558 | 0.12076 |
| 管道 | 採用相等變異數 | 0.000 | 0.997 | 0.125 | 297 | 0.901 | 0.01529 | 0.12237 | -0.22554 | 0.25611 |
| | 不採用相等變異數 | | | 0.123 | 151.622 | 0.902 | 0.01529 | 0.12451 | -0.23072 | 0.26129 |
| 價格 | 採用相等變異數 | 0.191 | 0.662 | -1.695 | 297 | 0.091 | -0.19489 | 0.11499 | -0.42119 | 0.03141 |
| | 不採用相等變異數 | | | -1.636 | 146.139 | 0.104 | -0.19489 | 0.11916 | -0.43039 | 0.04061 |
| 個性化服務 | 採用相等變異數 | 2.500 | 0.115 | -1.029 | 297 | 0.304 | -0.10998 | 0.10690 | -0.32036 | 0.10039 |
| | 不採用相等變異數 | | | -0.944 | 132.883 | 0.347 | -0.10998 | 0.11652 | -0.34046 | 0.12049 |
| 隱私保護 | 採用相等變異數 | 9.933 | 0.002 | -4.350 | 297 | 0.000 | -0.53325 | 0.12258 | -0.77447 | -0.29202 |
| | 不採用相等變異數 | | | -3.894 | 127.342 | 0.000 | -0.53325 | 0.13693 | -0.80420 | -0.26229 |

圖 15-20　獨立樣本檢定

## 15.3.2　成對樣本 t 檢定

本節使用第 8 章的案例資料，成對樣本 t 檢定的操作共分為兩步驟。

第一步：選擇「分析」指令→選擇「比較平均數法」指令→選擇「成對樣本 t 檢定」
　　　　指令，如圖 15-21 所示。

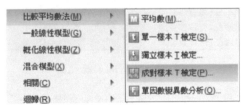

圖 15-21　成對樣本 t 檢定操作

第二步：在彈出的對話方塊中將分析變數放入清單方塊→按一下「確認」按鈕，如圖 15-22 所示。

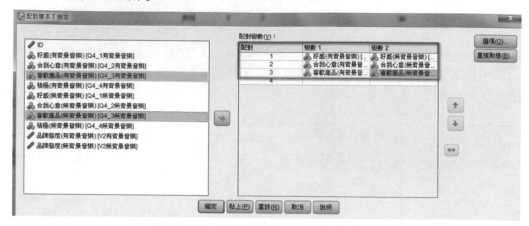

圖 15-22　「成對樣本 t 檢定」對話方塊

在進行成對樣本 t 檢定操作時，會輸出兩個有意義的表格，分別是「成對樣本統計資料」和「成對樣本檢定」表格。「成對樣本統計資料」表格輸出樣本量（N）、均值和標準差等指標，而「成對樣本檢定」表格輸出檢定的顯著性值等指標。

在「成對樣本統計資料」表格中列出了樣本量（N）、均值和標準差，比如本案例中「好感（有背景音樂）」和「好感（無背景音樂）」的均值分別是 3.4069 和 2.9951，如圖 15-23 所示。此 3 個值通常需要列入最終報告表格中。

### 成對樣本統計量

| | | 平均值 | N | 標準差 | 均值 |
|---|---|---|---|---|---|
| 配對 1 | 好感(有背景音樂) | 3.4069 | 204 | 1.05333 | 0.07375 |
| | 好感(無背景音樂) | 2.9951 | 204 | 1.11195 | 0.07785 |
| 配對 2 | 合我心意(有背景音樂) | 3.3578 | 204 | 1.05718 | 0.07402 |
| | 合我心意(無背景音樂) | 2.9363 | 204 | 1.12773 | 0.07896 |
| 配對 3 | 喜歡產品(有背景音樂) | 3.3186 | 204 | 1.08798 | 0.07617 |
| | 喜歡產品(無背景音樂) | 2.9755 | 204 | 1.13796 | 0.07967 |

圖 15-23　成對樣本統計資料

對於「成對樣本檢定」表格，直接閱讀對應的 t 值和 P 值即可，如圖 15-24 所示。另外「均值」列表示的資料代表成對資料（比如好感（有背景音樂）減去好感（無背景音樂））的差值。比如本案例中「好感（有背景音樂）」和「好感（無背景音樂）」的均值分別是 3.4069 和 2.9951，因而其差值為 0.41176。

成對樣本檢定

| | | 成對差異 | | | | | | | 顯著性（雙尾） |
|---|---|---|---|---|---|---|---|---|---|
| | | 平均值 | 標準差 | 標準誤平均值 | 差異的 95% 信賴區間 | | t | 自由度 | |
| | | | | | 下限 | 上限 | | | |
| 配對 1 | 好感(有背景音樂) – 好感(無背景音樂) | 0.41176 | 1.25830 | 0.08810 | 0.23806 | 0.58547 | 4.674 | 203 | 0.000 |
| 配對 2 | 合我心意(有背景音樂) – 合我心意(無背景音樂) | 0.42157 | 1.25895 | 0.08814 | 0.24777 | 0.59536 | 4.783 | 203 | 0.000 |
| 配對 3 | 喜歡產品(有背景音樂) – 喜歡產品(無背景音樂) | 0.34314 | 1.30927 | 0.09167 | 0.16240 | 0.52388 | 3.743 | 203 | 0.000 |

圖 15-24　成對樣本檢定

### 15.3.3　單一樣本 t 檢定

單一樣本 t 檢定在問卷研究中使用次數分配表非常低，其目的是研究某題項或者某變數平均評分值是否明顯等於某個數字。如果研究物件為五點量表（1 代表非常不滿意，2 代表比較不滿意，3 代表中立，4 代表比較滿意，5 代表非常滿意），那麼可以將變數或者題項與 3 進行對比，檢定變數或者題項平均評分是否明顯不等於 3，如果明顯不等於 3，那麼説明樣本態度並非中立，應該有著明顯的態度偏好。

單一樣本 t 檢定的 SPSS 操作步驟可分為兩步驟。

**第一步**：選擇「分析」指令→選擇「比較平均數法」指令→選擇「單一樣本 t 檢定」指令，如圖 15-25 所示。

圖 15-25　單一樣本 t 檢定

**第二步**：在彈出的對話方塊中將分析變數放入清單方塊中→設置檢定值→按一下「確認」按鈕，如圖 15-26 所示。

檢定值是指檢定時希望與變數進行對比的數位，即檢定某個變數或者題項是否明顯不等於某個數位，此步驟需要自行設置，此處輸入數位 3。

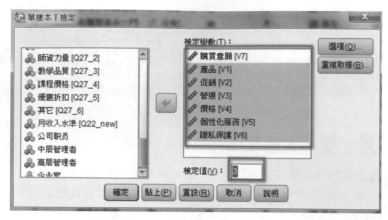

圖 15-26　「單一樣本 t 檢定」對話方塊

在進行單一樣本 t 檢定時，共輸出兩個表格，分別是「單個樣本統計資料」和「單個樣本檢定」表格。「單個樣本統計資料」表格輸出樣本量（N）、均值和標準差等指標，而「單個樣本檢定」表格輸出檢定的顯著性值等指標。

在「單個樣本統計資料」表格中列出了樣本量（N）、均值和標準差，比如本案例中「購買意願」的均值是 3.5158 分，此 3 個值通常需要列入最終報告表格中，如圖 15-27 所示。

### 單一樣本統計量

| | N | 平均值 | 標準差 | 標準誤平均值 |
|---|---|---|---|---|
| 購買意願 | 300 | 3.5158 | 0.70233 | 0.04055 |
| 產品 | 300 | 3.5044 | 0.85625 | 0.04944 |
| 促銷 | 300 | 2.6400 | 0.91827 | 0.05302 |
| 管道 | 300 | 3.3617 | 0.95467 | 0.05512 |
| 價格 | 300 | 3.3950 | 0.90140 | 0.05204 |
| 個性化服務 | 300 | 3.4578 | 0.83543 | 0.04823 |
| 隱私保護 | 300 | 4.1667 | 0.98851 | 0.05707 |

圖 15-27　單個樣本統計資料

針對「單個樣本檢定」表格，直接閱讀對應 t 值和 P 值即可。另外「平均數差異值」列資料代表某變數或者題項平均值，與設定比較值的差值。比如本案例中「購買意願」的均值是 3.5158 分，並且檢定值為 3，因而平均數差異值為 0.5158，如圖 15-28 所示。

單一樣本檢定

| | 檢定值 = 3 | | | | | |
|---|---|---|---|---|---|---|
| | t | 自由度 | 顯著性（雙尾） | 平均值差異 | 差異的 95% 信賴區間 | |
| | | | | | 下限 | 上限 |
| 購買意願 | 12.721 | 299 | 0.000 | 0.51583 | 0.4360 | 0.5956 |
| 產品 | 10.204 | 299 | 0.000 | 0.50444 | 0.4072 | 0.6017 |
| 促銷 | -6.790 | 299 | 0.000 | -0.36000 | -0.4643 | -0.2557 |
| 管道 | 6.562 | 299 | 0.000 | 0.36167 | 0.2532 | 0.4701 |
| 價格 | 7.590 | 299 | 0.000 | 0.39500 | 0.2926 | 0.4974 |
| 個性化服務 | 9.491 | 299 | 0.000 | 0.45778 | 0.3629 | 0.5527 |
| 隱私保護 | 20.442 | 299 | 0.000 | 1.16667 | 1.0544 | 1.2790 |

圖 15-28　單個樣本檢定

# 15.4　卡方分析

卡方分析是一種研究分類資料與分類資料關係的分析方法，其分為兩類，分別是單選題卡方分析和複選題卡方分析。本節使用第 10 章的案例資料。

## 15.4.1　單選題卡方分析

對於單選題卡方分析，其在 SPSS 中的操作共分為 3 步。

第一步：選擇「分析」指令→選擇「敘述性統計」指令→選擇「交叉資料表」指令，如圖 15-29 所示。

圖 15-29　交叉資料表分析

第二步：在彈出的對話方塊中將分析變數放入清單方塊中，如圖 15-30 所示。

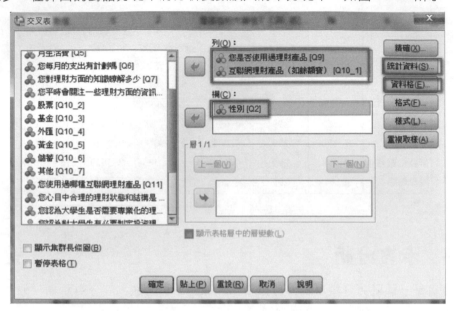

圖 15-30　「交叉資料表」對話方塊

本操作案例資料用於研究不同性別（Q2）樣本在「Q9 您是否使用過理財產品」和「Q11 您使用過哪種互聯網理財產品」這兩個題項的差異情況。將性別放入「列」清單方塊，然後將 Q9 和 Q11 兩個題項放入「行」清單方塊。接著需要對相關選項進行設置，包括「統計資料」選項和「儲存格」選項，設置「統計資料」選項的目的在於輸出卡方值和 P 值等，而設置「統計資料」選項的目的在於輸出百分比資料結果。

（1）設置「統計資料」選項。

按一下「統計資料」按鈕→勾選「卡方」核取方塊→按一下「繼續」按鈕，如圖 15-31 所示。

（2）設置「交叉資料表」選項。

按一下「交叉資料表」資料格按鈕→勾選「欄」核取方塊→按一下「繼續」按鈕→按一下「確認」按鈕，如圖 15-32 所示。

圖 15-31　「交叉資料表：統計資料」
　　　　　對話方塊

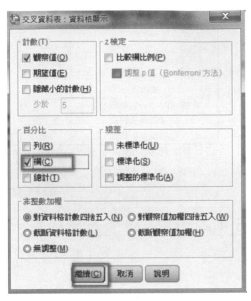

圖 15-32　「交叉資料表：單元顯示」對話方塊

在進行單選題卡方分析時，共輸出兩個核心表格，分別是「交叉資料表」和「卡方檢定」表格。「交叉資料表」表格輸出樣本量和百分比值，「卡方檢定」表格輸出檢定顯著性值等。

在「交叉資料表」表格中出了各個交叉選項的次數和百分比，如圖 15-33 所示。例如男性樣本中選擇是的比例為 46.40%，選擇否的比例是 53.60%，加和為 100.00%。

### 交叉表

| | | | 性別 | | |
|---|---|---|---|---|---|
| | | | 男 | 女 | 總計 |
| 您是否使用過理財產品 | 是 | 計數 | 116 | 92 | 208 |
| | | 性別 內的 % | 46.4% | 42.2% | 44.4% |
| | 否 | 計數 | 134 | 126 | 260 |
| | | 性別 內的 % | 53.6% | 57.8% | 55.6% |
| 總計 | | 計數 | 250 | 218 | 468 |
| | | 性別 內的 % | 100.0% | 100.0% | 100.0% |

圖 15-33　交叉資料表

在「卡方檢定」表格列出了較多指標值，其中 Pearson 卡方（即卡方值）和對應的 P 值為有意義的指標值。如圖 15-34 所示，該案例的卡方值為 0.831，P 值為 0.362，大於 0.05，即說明不同性別樣本在「您是否使用過理財產品」這一題項上有著相同的態度。

卡方檢定

| | 值 | df | 漸近顯著性（兩端） | 精確顯著性（2 端） | 精確顯著性（1 端） |
|---|---|---|---|---|---|
| Pearson 卡方檢定 | .831[a] | 1 | 0.362 | | |
| 持續更正[b] | 0.670 | 1 | 0.413 | | |
| 概似比 | 0.832 | 1 | 0.362 | | |
| 費雪（Fisher）精確檢定 | | | | 0.401 | 0.207 |
| 線性對線性關聯 | 0.829 | 1 | 0.362 | | |
| 有效觀察值個數 | 468 | | | | |

a. 0 單元（0.0%）預期計數小於 5，預期的計數下限為 96.89。

b. 只針對 2x2 表格進行計算

圖 15-34　卡方檢定

## 15.4.2　複選題卡方分析

複選題卡方分析用於研究分類資料與某個複選題之間的交叉關係。其操作步驟較多，在操作思維上共分為兩步驟，第一步為設置「多重回應集」，第二步為設置「自訂表格」。本節使用第 10 章的資料進行操作，其中第 10 題為複選題項，研究性別（Q2）與第 10 題的差異關係。

第一步：設置「多重回應集」。

「多重回應集」為初始化設置，通俗理解就是將複選題處理為單選題，該過程透過 SPSS 軟體實現，「多重回應集」僅針對複選題進行設置，其設置共分為兩步驟，分別如下。

（1）選擇「分析」指令→選擇「表格」指令→選擇「複選題分析集」指令，如圖 15-35 所示。

圖 15-35　複選題分析集操作介面

（2）在彈出的對話方塊中將複選題題項放入清單方塊中，並且進行相關設置→按一下「確認」按鈕。

本案例中第 10 題為複選題，其由 6 個選項群組成。將第 10 題對應的 6 個題項放入「集合中的變數」清單方塊中，並且在「計數值」文字方塊中輸入數位 1，然後分別在「集名稱」文字方塊和「集標籤」文字方塊中輸入對應的文字，分別是第 10 題的編號名稱（Q10）和第 10 題的具體標籤名稱（您選擇過哪種投資理財產品）。接下來按一下「新增」按鈕，最後按一下「確認」按鈕，完成操作，如圖 15-36 所示。

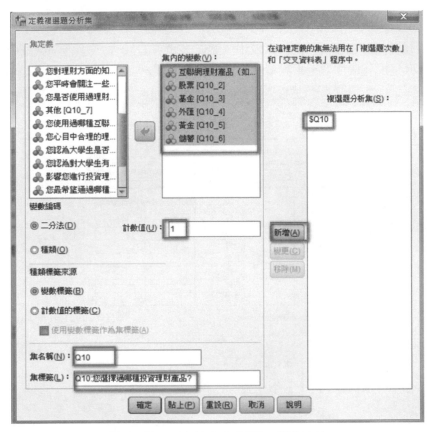

圖 15-36 「定義多重回應集」對話方塊

需要特別注意的是，複選題共有 6 個選項，因此需要將此 6 個選項同時放入「集合中的變數」清單方塊中。6 個選項在資料存儲中分為 6 列。由於 1 代表選中，0 代表沒有選中，因此「計數值」設置中應該輸入數字 1。

**第二步**：設置「自訂表格」。

完成第一步設置「多重回應集」後，接著進行卡方研究，具體操作為設置「自訂表格」。本案例研究性別（Q2）與第 10 題（Q10）的關係，其操作步驟共分為 4 步，分別如下。

（1）選擇「分析」指令→選擇「表」指令→選擇「自訂表格」指令，如圖 15-37 所示。

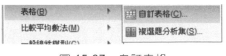

圖 15-37 自訂表格

（2）在彈出的對話方塊中將分析變數放入「列」和「行」。

首先將分類資料性別放入「列」標籤中，然後將題項 Q10 放入「行」標籤中，如圖
15-38 所示。接著進行下一步設置（摘要統計資料）。

圖 15-38　「自訂表格格」對話方塊

（3）按一下「列」下拉式清單方塊→按一下「摘要統計資料」按鈕→將「列 N%」
　　放入「顯示」清單方塊。

此步驟的目的是輸出結果中顯示百分比，操作步驟為：選中上一步中「列」題項標
題→按一下「摘要統計資料」按鈕→將「列 N%」放入「顯示」清單方塊中，如圖
15-39 所示。完成後接著進入下一步設置，即輸出卡方值和 P 值的設置。

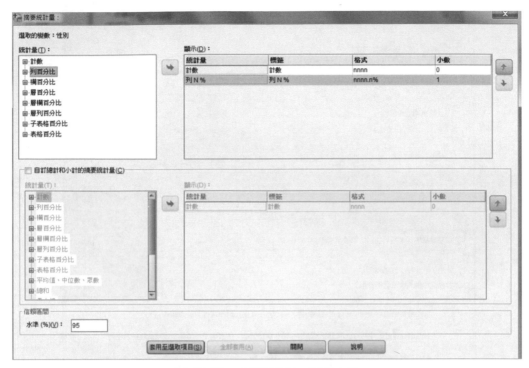

圖 15-39 「摘要統計」對話方塊

（4）按一下「檢定統計資料」選項→勾選「獨立性檢定（卡方驗證）」核取方塊→
　　　按一下「確定」按鈕。

此步驟的目的在於輸出卡方值和 P 值等，其操作步驟為：按一下「檢定統計資料」
選項→勾選「獨立性檢定（卡方驗證）」核取方塊→按一下「確定」按鈕。最終完
成操作，如圖 **15-40** 所示。

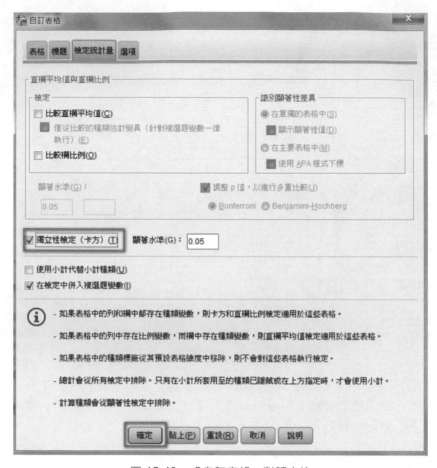

圖 15-40 「自訂表格」對話方塊

在進行複選題卡方分析時，共輸出兩個表格，分別是基本次數統計表格和 Pearson 卡方檢定表格，具體介紹分別如下。

圖 15-41 顯示了不同性別人群對於 Q10 共 6 個選項的選擇次數以及選擇比例。需要特別注意的是，百分比以性別選項作為基準，比如圖 15-39 中 74.80%是指男性樣本中選擇「互聯網理財產品（如餘額寶）」的比例。

基本次數統計

| | | 性別 | | | |
|---|---|---|---|---|---|
| | | 男 | | 女 | |
| | | 計數 | 列 N % | 計數 | 列 N % |
| Q10:您選擇過哪種投資理財產品? | 互聯網理財產品（如餘額寶） | 86 | 74.8% | 65 | 72.2% |
| | 股票 | 32 | 27.8% | 21 | 23.3% |
| | 基金 | 18 | 15.7% | 30 | 33.3% |
| | 外匯 | 20 | 17.4% | 10 | 11.1% |
| | 黃金 | 28 | 24.3% | 16 | 17.8% |
| | 儲蓄 | 69 | 60.0% | 58 | 64.4% |

圖 15-41　基本次數統計

在「Pearson 卡方檢定」表格中列出了卡方值和對應的 P 值，圖 15-42 中卡方值為 12.814，P 值為 0.046，小於 0.05，即說明不同性別樣本在「您選擇過哪種投資理財產品」這一問題上有著顯著性差異如圖 15-42 所示。

皮爾森 (Pearson) 卡方檢定

| | | 性別 |
|---|---|---|
| Q10:您選擇過哪種投資理財產品? | 卡方檢定 | 12.814 |
| | 自由度 | 6 |
| | 顯著性 | .046* |

結果基於每個最內層子表格中的非空列及行。

\*. 卡方統計量在 .05 水準上是顯著的。

圖 15-42　Pearson 卡方檢定

# 16

# 權重類、集群樣本研究
# 方法在 SPSS 中的操作

本章分別對因數分析和集群分析在 SPSS 中的操作進行講解。因數分析共有
3 個功能,分別是探索因數、效度驗證和權重計算,本章僅針對探索因數和
權重計算進行說明。集群分析可分為 3 類,分別是兩步驟集群、K-Mean 集
群和系統集群。

# 16.1 因數分析

因數分析共有 3 種功能，分別是探索因數、效度驗證和權重計算，此 3 種功能在操作上基本類似，但有細微的區別，本節分別針對探索因數和權重計算在 SPSS 中的操作進行說明，本節沿用第 7 章的案例資料。

## 16.1.1 因數分析探索因數功能

使用因數分析的探索因數功能時，需要多次重複分析，刪除不合理的題項，最終找到因數與題項的對應關係，並且對因數進行命名。不同於效度驗證功能的操作，使用因數分析的探索因數功能時，需要結合主觀判斷，並且多次重複操作，找出最優探索性因數結果，其在 SPSS 中的操作共分為 3 步。

第一步：選擇「分析」指令→選擇「維度縮減」指令→選擇「因數」指令，如圖 16-1 所示。

圖 16-1 因數分析

第二步：在彈出的對話方塊中將分析變數放入清單方塊中，如圖 16-2 所示。

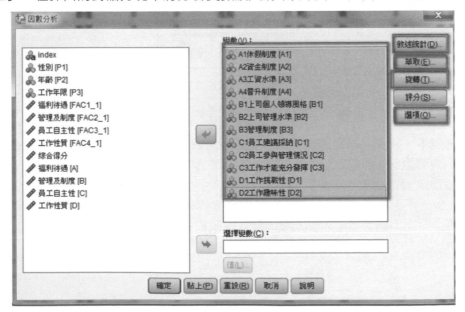

圖 16-2 「因數分析」對話方塊

類似於因數分析的效度驗證功能，將研究題項放入清單方塊後，接著進入下一步進行相關選項設置。

**第三步**：設置相關選項→按一下「確定」按鈕。

設置相關選項時可能會涉及 4 個選項，分別是「敘述統計」、「萃取」、「旋轉」和「選項」。「敘述統計」選項設置的目的是輸出 KMO 值，「萃取」選項設置的目的是設置因數數量，「旋轉」選項設置的目的是因數旋轉，「選項」選項設置的目的是「旋轉成分矩陣」的顯示格式需要。

**（1）「敘述統計」選項設置。**

此步驟的目的是設置輸出 KMO 值（SPSS 預設不輸出），操作步驟為：按一下「敘述統計」按鈕→在彈出的對話方塊中勾選「KMO 和 Bartlett 的球形度檢定」核取方塊→按一下「繼續」按鈕，如圖 16-3 所示。

圖 16-3 「因數分析：敘述性統計」對話方塊

**（2）「萃取」選項設置。**

通常情況下，研究人員對題項分為幾個變數應該有大致性瞭解。如果研究人員確認了分為幾個變數，那麼應該主動設置因數萃取個數，也可以讓 SPSS 軟體試驗性給出預設輸出因數個數。在多數情況下，該步驟需要自行設置因數輸出個數。操作步驟為：按一下「萃取」按鈕→在彈出的對話方塊中勾選「因數的固定數量」單選框，並且在「要提出的因數」文字方塊內輸入因數數量→按一下「繼續」按鈕，如圖 16-4 所示。

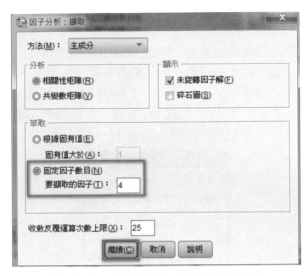

圖 16-4　「因數分析：萃取」對話方塊

**（3）「旋轉」選項設置。**

「旋轉」選項的設置目的在於將題項進行空間旋轉，類似於魔術方塊旋轉，將同屬變數的題項放置在一起。在問卷研究中基本均使用「最大變異數法」進行旋轉。操作步驟為：按一下「旋轉」按鈕→在彈出的對話方塊中勾選「最大變異數法」單選框→按一下「繼續」按鈕，如圖 16-5 所示。

圖 16-5　「因數分析：旋轉」對話方塊

### （4）「選項」選項設置。

「選項」選項設置的目的在於設置 SPSS 軟體輸出結果的格式，其設置內容分別是「依大小排序」和「暫停較小的係數」。「依大小排序」是輸出的旋轉結果矩陣會進行排序，「暫停較小的係數」是指輸出的旋轉結果矩陣不顯示小於某值（自己設定）的資訊，通常設置該值為 0.4。「選項」設置操作步驟為：按一下「選項」按鈕→在彈出的對話方塊中設置對應的選項，如圖 16-6 所示。

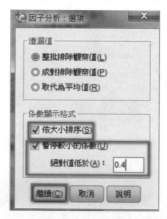

圖 16-6　「因數分析：選項」對話方塊

針對探索性因數分析結果，軟體總共會輸出 6 個或者 5 個（因數僅為 1 個時）表格，其中有 4 個表格較為重要，分別是「KMO 和 Bartlett 的球形檢定」表格、「公因數變異數」表格、「解釋的總變異數」表格和「旋轉成分矩陣」表格。

如圖 16-7 所示，KMO 值為 0.833，大於 0.7，並且 Bartlett 球形檢定對應的 P 值（顯著性值）為 0.000，因此說明適合進行探索性因數分析。

### KMO 與 Bartlett 檢定

| Kaiser-Meyer-Olkin 取樣適切性量數。 | | 0.833 |
| --- | --- | --- |
| Bartlett 的球形檢定 | 近似卡方檢定 | 913.723 |
| | 自由度 | 66 |
| | 顯著性 | 0.000 |

圖 16-7　KMO 和 Bartlett 球形檢定

如圖 16-8 所示，題項的共同性值（「萃取」列資料）均高於 0.6，最小為 0.645，因而說明因數可以良好地萃取各題項資訊。共同性值通常以大於 0.4 作為標準，如果此值小於 0.4，就說明因數不能很好地表達題項資訊。除因數負荷係數大小和因數與題項對應關係作為刪除題項的標準外，也可以結合共同性值情況進行題項刪減。

公因數變異數

| | 初始 | 萃取 |
|---|---|---|
| A1休假制度 | 1 | 0.792 |
| A2資金制度 | 1 | 0.738 |
| A3工資水準 | 1 | 0.791 |
| A4晉升制度 | 1 | 0.719 |
| B1上司個人領導風格 | 1 | 0.858 |
| B2上司管理水準 | 1 | 0.811 |
| B3管理制度 | 1 | 0.645 |
| C1員工建議採納 | 1 | 0.809 |
| C2員工參與管理情況 | 1 | 0.717 |
| C3工作才能充分發揮 | 1 | 0.703 |
| D1工作挑戰性 | 1 | 0.808 |
| D2工作趣味性 | 1 | 0.773 |

擷取方法：主成分分析。

圖 16-8　共同性

如圖 16-9 所示，案例共萃取出 4 個因數（自行設置的萃取因數數量為 4 個），並且總共累積變異數解釋率值為 76.370%，每個因數旋轉後變異數解釋率均在 10% 以上，整體說明探索性因數分析結果良好。如果本案例不設置因數輸出數量為 4，那麼僅能輸出 3 個因數，原因在於第 4 個因數旋轉前特徵值值初始特徵值為 0.982（SPSS 預設以旋轉前的特徵值值大於 1 作為標準輸出因數個數）。

解說總變異量

| 成分 | 初始固有值 | | | 擷取平方和負荷量 | | | 旋轉平方和負荷量 | | |
|---|---|---|---|---|---|---|---|---|---|
| | 總計 | 變異的 % | 累加 % | 總計 | 變異的 % | 累加 % | 總計 | 變異的 % | 累加 % |
| 1 | 5.130 | 42.749 | 42.749 | 5.130 | 42.749 | 42.749 | 2.808 | 23.397 | 23.397 |
| 2 | 1.803 | 15.028 | 57.777 | 1.803 | 15.028 | 57.777 | 2.295 | 19.126 | 42.523 |
| 3 | 1.250 | 10.413 | 68.190 | 1.250 | 10.413 | 68.190 | 2.051 | 17.090 | 59.613 |
| 4 | 0.982 | 8.180 | 76.370 | 0.982 | 8.180 | 76.370 | 2.011 | 16.756 | 76.370 |
| 5 | 0.526 | 4.382 | 80.752 | | | | | | |
| 6 | 0.477 | 3.972 | 84.724 | | | | | | |
| 7 | 0.448 | 3.729 | 88.453 | | | | | | |
| 8 | 0.353 | 2.942 | 91.396 | | | | | | |
| 9 | 0.316 | 2.630 | 94.026 | | | | | | |
| 10 | 0.294 | 2.453 | 96.479 | | | | | | |
| 11 | 0.231 | 1.928 | 98.407 | | | | | | |
| 12 | 0.191 | 1.593 | 100.000 | | | | | | |

擷取方法：主成分分析。

圖 16-9　解釋的總變異數

「旋轉成分矩陣」表格為核心表格，由於上述設置低於 0.4 的因數負荷係數值不顯示，因而圖 16-10 中會有大面積空白。此表格用於顯示題項與因數的對應關係（本案例資料進行過處理，不需要進行刪除題項處理）。

旋轉成分矩陣[a]

| | 成分 | | | |
|---|---|---|---|---|
| | 1 | 2 | 3 | 4 |
| A1休假制度 | 0.875 | | | |
| A2資金制度 | 0.784 | | | |
| A3工資水準 | 0.753 | | | |
| A4晉升制度 | 0.721 | | | |
| B1上司個人領導風格 | | 0.903 | | |
| B2上司管理水準 | | 0.875 | | |
| B3管理制度 | | 0.624 | | |
| C1員工建議採納 | | | 0.772 | |
| C2員工參與管理情況 | | | 0.689 | |
| C3工作才能充分發揮 | | | 0.675 | 0.477 |
| D1工作挑戰性 | | | | 0.877 |
| D2工作趣味性 | | | | 0.798 |

擷取方法：主成分分析。
轉軸方法：使用 Kaiser 正規化的最大變異法。

a. 在 6 反覆運算中收斂旋轉。

圖 16-10　旋轉成分矩陣

## 16.1.2　因數分析權重計算功能

使用因數分析進行權重計算時，目的在於計算出各因數或維度的權重係數，其操作步驟與探索因數類似，但在選項設置上有細微的區別。需要注意的是，使用因數分析權重計算功能時，需要在 SPSS 軟體輸出結果基礎上，自行進行相應計算後才能得到各因數或維度權重係數值，並且需要在完成探索因數功能之後才能進行權重計算。其操作步驟共分為三步。

第一步：選擇「分析」指令→選擇「維度縮減」指令→選擇「因數」指令，如圖 16-11 所示。

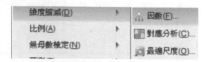

圖 16-11　因數分析

第二步：在彈出的清單方塊中將分析變數放入清單方塊中，如圖 16-12 所示。

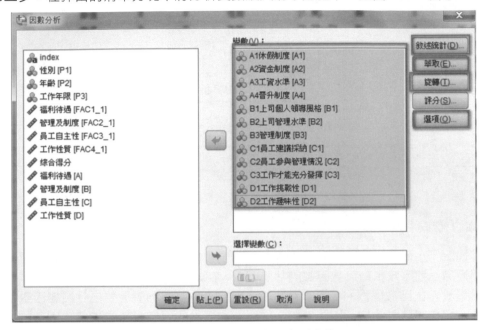

圖 16-12　「因數分析」對話方塊

第三步：設置相關選項→按一下「確定」按鈕。

設置相關選項可能會涉及 5 項，分別是「描述」、「萃取」、「旋轉」、「選項」和「評分」。設置「描述」選項的目的是輸出 KMO 值，設置「萃取」選項的目的是設置因數數量，設置「旋轉」選項的目的是凶數旋轉，設置「選項」選項的目的是「旋轉成分矩陣」的係數顯示格式需要，設置「評分」的目的是輸出成分評分係數矩陣和保存因數評分。

（1）「描述」選項設置。

設置「描述」選項的目的是輸出 KMO 值（SPSS 預設不輸出），操作步驟為：按一下「描述」按鈕→在彈出的對話方塊中勾選「KMO 和 Bartlett 的球形度檢定」核取方塊→按一下「繼續」按鈕，如圖 16-13 所示。

圖 16-13　「因數分析：敘述性統計」對話方塊

## （2）「萃取」選項設置。

通常情況下，研究人員對題項需要分為幾個變數應該有大致的瞭解。如果確認分為幾個變數，就應該主動設置因數的萃取個數，在研究時也可以讓 SPSS 軟體試驗性給出預設輸出因數個數。根據筆者的研究經驗，多數情況下需要自行設置因數輸出個數。操作步驟為：按一下「萃取」按鈕→在彈出的對話方塊中勾選「因數的固定數量」單選框，並且在文字方塊內輸入因數數量→按一下「繼續」按鈕，如圖 16-14 所示。

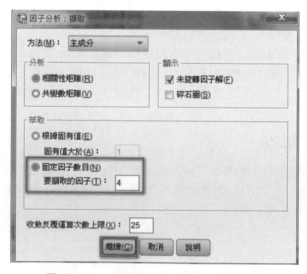

圖 16-14　「因數分析：萃取」對話方塊

## （3）「旋轉」選項設置。

設置「旋轉」選項的目的在於將題項進行空間旋轉，類似於魔術方塊旋轉，將同屬變數的題項放置在一起。在問卷研究中基本均使用「最大變異數法」進行旋轉。操作步驟為：按一下「旋轉」按鈕→在彈出的對話方塊中勾選「最大變異數法」單選框→按一下「繼續」按鈕，如圖 16-15 所示。

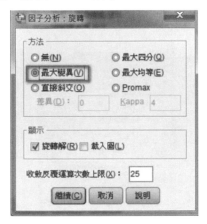

圖 16-15　「因數分析：旋轉」對話方塊

## （4）「選項」選項設置。

設置「選項」選項的目的是「旋轉成分矩陣」的係數顯示格式的需要。其分為兩項，分別是「依大小排序」和「暫停較小的係數」。「依大小排序」是輸出的旋轉結果矩陣會進行排序，「暫停較小的係數」是指輸出的旋轉結果矩陣不顯示小於某個值（自己設定）的資訊。操作步驟為：按一下「選項」按鈕→在彈出的對話方塊中進行相應的設置，如圖 16-16 所示。

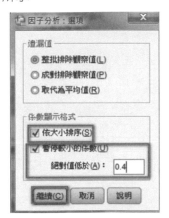

圖 16-16　「因數分析：選項」對話方塊

（5）「評分」選項設置。

設置「評分」選項的目的在於輸出因數評分係數矩陣和保存因數評分（可選）。具體操作步驟為：按一下「評分」按鈕→在彈出的對話方塊中勾選「顯示因數評分係數矩陣」核取方塊以及「保存為變數」核取方塊，如圖 16-17 所示。如果勾選「保存為變數」核取方塊，那麼 SPSS 軟體會將因數評分保存在資料中。SPSS 軟體預設生成的新資料（因數評分資料）名稱通常以「FAC」開頭，而且多數情況下並不需要因數評分。

圖 16-17　「因數分析：因數評分」對話方塊

在使用探索性因數計算權重時，SPSS 軟體輸出的表格基本與 13.2 節或 16.1.1 節的結果類似，因而此處不再重複列出生成結果。相對來講，使用探索性因數分析計算權重時，會生成「成分評分係數矩陣」表格，本案例生成的「成分評分係數矩陣」表格如圖 16-18 所示。

成分評分係數矩陣

| | 成分 | | | |
|---|---|---|---|---|
| | 1 | 2 | 3 | 4 |
| A1休假制度 | 0.466 | 0.027 | -0.341 | -0.021 |
| A2資金制度 | 0.313 | -0.080 | -0.039 | 0.037 |
| A3工資水準 | 0.270 | -0.154 | 0.038 | 0.111 |
| A4晉升制度 | 0.265 | 0.065 | 0.037 | -0.173 |
| B1上司個人領導風格 | -0.021 | 0.506 | -0.174 | -0.075 |
| B2上司管理水準 | -0.048 | 0.483 | -0.084 | -0.118 |
| B3管理制度 | -0.051 | 0.247 | 0.068 | 0.039 |
| C1員工建議採納 | -0.001 | -0.066 | 0.500 | -0.253 |
| C2員工參與管理情況 | -0.085 | 0.021 | 0.382 | -0.006 |
| C3工作才能充分發揮 | -0.218 | -0.137 | 0.457 | 0.212 |
| D1工作挑戰性 | -0.008 | -0.063 | -0.163 | 0.527 |
| D2工作趣味性 | -0.013 | -0.054 | -0.025 | 0.435 |

擷取方法：主成分分析。
轉軸方法：使用 Kaiser 正規化的最大變異法。

圖 16-18　成分評分係數矩陣

# 16.2　集群分析

集群分析共分為 3 類，分別是兩步驟集群、K-Mean 集群和系統集群。這 3 種集群方法各有優缺點，讀者可參考第 9 章的內容，本節對此 3 類集群方法在 SPSS 中的操作進行說明。

## 16.2.1　兩步驟集群

兩步驟集群是近幾年發展起來的一種智慧集群方法，適用於數量大，並且結構更為複雜的問卷分析，其可以同時處理分類資料和定量資料，並且可以透過 SPSS 自動尋找最優集群類別數量。兩步驟集群分析方法在 SPSS 中的操作可分為 3 步。

第一步：選擇「分析」指令→選擇「分類」指令→選擇「two-step 集群」指令，如圖 16-19 所示。

圖 16-19　兩步驟集群

**第二步**：在彈出的對話方塊中將分析變數放入清單方塊中，並且設置集群數量，如圖 16-20 所示。

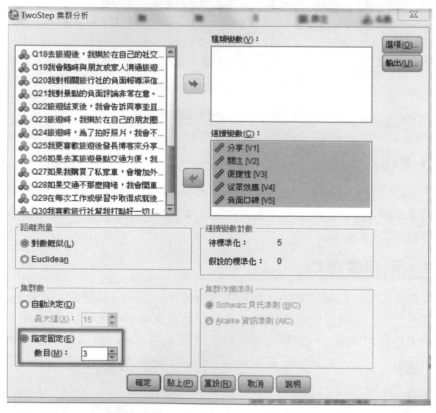

圖 16-20　「二階集群分析」對話方塊

將集群變數放入對應的清單方塊中，資料共分為兩類，分別是種類變數和連續變數（本書稱為定量資料）。在絕大多數情況下，問卷研究均屬於定量資料。除此之外，SPSS 會默認確定集群類別數量，如果需要自行設定集群類別數量，那麼需要勾選「指定固定值」單選框，並且輸入集群類別數量。

第三步：相關選項設置。

研究人員還需要對相關選項進行設置，可以分別按一下「選項」和「輸出」兩個選項。設置「選項」的目的在於生成集群類別資料，設置「輸出」的目的在於標準化變數。

## （1）設置「選項」選項。

通常情況下 SPSS 會生成以「TSC_」開頭的集群類別變數資料名稱。操作步驟為：按一下「選項」按鈕→在彈出的對話方塊中勾選「創建集群成員變數」核取方塊→按一下「繼續」按鈕，如圖 16-21 所示。

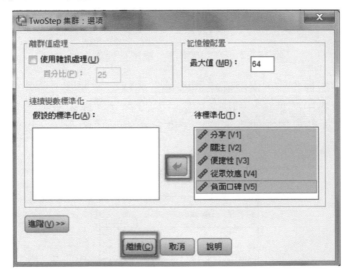

圖 16-21　「二階集群：選項」對話方塊

## （2）「輸出」選項設置。

如果資料的標度不一致，那麼可能需要對其進行標準化處理。操作步驟為：按一下「輸出」按鈕→在彈出的對話方塊中將需要標準化處理的變數放入「假定已標準化的變數」清單方塊中→按一下「繼續」按鈕。在問卷研究中，絕大多數情況下均不需要進行標準化處理，本案例的資料未進行標準化處理，因而沒有此步驟操作，如圖 16-22 所示。

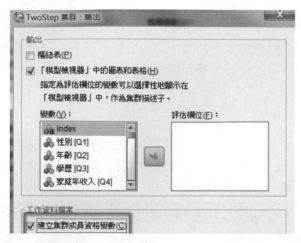

圖 16-22　「二階集群：輸出」對話方塊

完成在 SPSS 中的操作後，兩步驟集群即可生成模型概要圖，另外還將集群類別保存進入 SPSS 資料中的最後一列中，如圖 16-23 所示。模型概要圖顯示了集群品質情況，並且研究人員可以在按兩下圖形後進行相應選項的設置，以輸出更多有用的資訊。

**模型摘要**

**叢集品質**

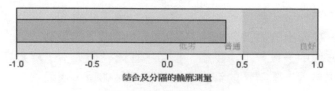

圖 16-23　模型概要圖

按兩下「模型概要圖」後，SPSS 會新建視窗，研究人員可以結合具體需要進行操作。比如選擇左下角「視圖」指令可以生成「集群」圖，也可以選擇正下方的「視圖」指令生成「預測變數重要性」圖形，如圖 16-24 所示。

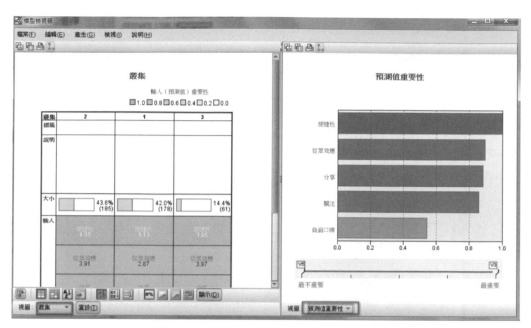

圖 16-24　集群分析預測變數重要性輸出

## 16.2.2　K-Mean 集群

K-Mean 集群分析的優點在於快速，但是其無法自動生成集群數量，必須由研究人員手動設置，而且 K-Mean 集群分析無法對分類資料進行集群。K-Mean 集群分析在 SPSS 中的操作可分為 3 步。

第一步：選擇「分析」指令→選擇「分類」指令→選擇「K-Mean 集群」指令，如圖 16-25 所示。

圖 16-25　K-Mean 集群

第二步：在彈出的對話方塊中將分析變數放入清單方塊中，並且設置集群類別數量，如圖 16-26 所示。

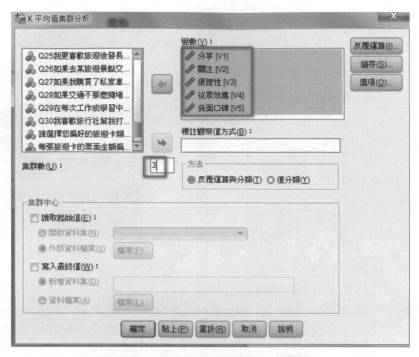

圖 16-26　「K-Mean 集群分析」對話方塊

將集群變數放入清單方塊中，並且設定集群數量，具體操作步驟為：在「集群數」文字方塊中輸入集群數量，本案例輸入的集群數量為 3。

第三步：相關選項設置。

對相關選項進行設置，即分別對「保存」和「選項」兩個選項進行設置。設置「保存」選項的目的在於生成集群類別資料，設置「選項」選項的目的在於輸出「變異數表」。

（1）「保存」選項設置。

設置「保存」選項的目的是保存集群類別編號資料。通常情況下 SPSS 會生成以「QCL_」開關的集群類別變數。具體操作步驟為：按一下「保存」按鈕→勾選「集群成員」核取方塊→按一下「繼續」按鈕，如圖 16-27 所示。

圖 16-27 「k-Means 群體：保存新變數」對話方塊

## （2）「選項」選項設置。

設置「選項」選項的目的是生成變異數表格，研究人員也可以利用生成的集群類別變數與集群變數進行單因素變異數分析，生成變異數表格等。操作步驟為：按一下「選項」按鈕→在彈出的對話方塊中勾選「變異數表」核取方塊→按一下「繼續」按鈕，如圖 16-28 所示。

圖 16-28 「K-Mean 集群分析：選項」對話方塊

完成在 SPSS 中的操作後，K-Mean 集群分析將輸出兩個表格，分別是「變異數」表格（見圖 16-29）和「每個集群中的案例數」表格（見圖 16-30）。「變異數」表格用於檢定不同類別與集群變數的差異性，「每個集群中的案例數」表格用於輸出每個集群類別的樣本數量。這兩個表格的意義相對較小，可以分別使用單因素變異數分析或者次數分析直接得到相應的結果。

### 變異數分析

| | 集群 | | 誤差 | | | |
|---|---|---|---|---|---|---|
| | 均方 | 自由度 | 均方 | 自由度 | F | 顯著性 |
| 分享 | 29.308 | 2 | 0.247 | 421 | 118.737 | 0.000 |
| 關注 | 49.962 | 2 | 0.310 | 421 | 161.183 | 0.000 |
| 便捷性 | 33.763 | 2 | 0.284 | 421 | 118.734 | 0.000 |
| 從眾效應 | 72.143 | 2 | 0.334 | 421 | 215.786 | 0.000 |
| 負面口碑 | 31.193 | 2 | 0.437 | 421 | 71.415 | 0.000 |

圖 16-29 變異數

## 每個集群中的案例數

| 集群 | | |
|---|---|---|
| 集群 | 1 | 184 |
| | 2 | 147 |
| | 3 | 93 |
| 有效 | | 424 |
| 遺漏 | | 0 |

圖 16-30　每個集群中的案例數

## 16.2.3　系統集群

系統集群（分層集群）可以分別對樣本或者變數進行集群，絕大多數此類研究均是對樣本進行集群，此外，系統集群無法自動識別集群數量。系統集群分析在 SPSS 中可分為 3 步。

第一步：選擇「分析」指令→選擇「分類」指令→選擇「系統集群」指令，如圖 16-31 所示。

圖 16-31　系統集群

第二步：將分析變數放入清單方塊中。

在彈出的對話方塊中將集群變數放入「變數」清單方塊中，並且 SPSS 預設是對樣本進行集群，即「選取觀察值」集群，如圖 16-32 所示，如果研究需要對變數進行集群，那麼應該勾選「變數」單選框。

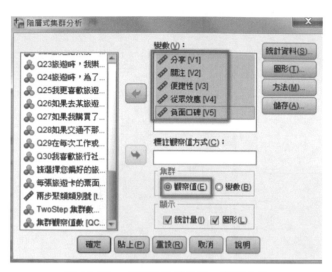

圖 16-32 　「系統集群分析」對話方塊

**第三步**：相關選項設置。

對相關選項進行設置，即分別對「圖形」、「方法」和「保存」這 3 個選項進行設置。設置「圖形」的目的在於輸出樹狀圖，設置「方法」選項的目的在於資料標準化處理，設置「保存」選項的目的在於保存集群類別資料。

**（1）「圖形」選項設置。**

樹狀圖可以直接展示集群過程，但對於樣本集群，此圖形的意義很小，原因在於幾百份樣本的集群過程很難透過一個圖形展示清楚。通常情況下，樹狀圖更適用於變數集群分析，具體操作步驟為：按一下「圖形」按鈕→在彈出的對話方塊中勾選「樹狀圖」核取方塊→按一下「繼續」按鈕，如圖 16-33 所示。

圖 16-33　「系統集群分析：圖」對話方塊

## （2）「方法」選項設置。

在大多數問卷研究中，一般不需要對資料進行標準化處理。如果需要處理，則具體的操作步驟為：按一下「方法」按鈕→在彈出的對話方塊中選擇「標準化」中的「Z評分」選項，如圖 16-34 所示。

圖 16-34　「系統集群分析：方法」對話方塊

**（3）「保存」選項設置。**

通常情況下 SPSS 會生成以「CLU_」開頭的集群類別變數，具體操作步驟為：按
一下「保存」按鈕→在彈出的對話方塊中勾選「單一方案」單選框→在文字方塊中
輸入集群數量，如圖 16-35 所示。

圖 16-35　「系統集群分析：保存」對話方塊

使用系統集群（分層集群）分析進行樣本集群時，輸出的結果表格較多，但其中
很多是在表述分析的原理過程。出於對實際意義和顯示需求的考量，此處不再單
獨列出。

# 第四部分

## 答疑解惑

# 17

# 分析思維和分析方法
# 問題解惑

在實際問卷研究過程中，理論與實際操作會有較大的「差距」，本章針對問卷分析思維或者在分析操作中可能遇見的實際問題進行說明，並且提供解決辦法。本章分別從基本統計相關問題、敘述統計分析、信度分析和效度分析、變數關係分析、差異性分析、權重類集群樣本分析共 6 部分進行說明，剖析常見問題，以及提供解決措施建議。

# 17.1 基本統計問題解惑

結合筆者的研究經驗，本節總結歸納出在問卷研究中常見的統計問題以及建議解決辦法。在問卷研究中常見的問題匯總如表 17-1 所示。

表 17-1　問卷研究常見問題匯總

| 問題類型 | 問題編號 | 問題描述 |
|---|---|---|
| 基本統計 | （1） | 當分析結果顯示 P 值為 0.05 或者 0.01 時如何處理 |
| 基本統計 | （2） | 絕大部分 P 值高於 0.05，但有個別 P 值小於 0.1 時如何處理 |
| 基本統計 | （3） | 是否 P 值小於 0.05 才算良好 |
| 問卷設計 | （4） | 不知道如何開展問卷設計 |
| 問卷設計 | （5） | 在問卷中有多少題項合適 |
| 問卷設計 | （6） | 樣本量多少合適 |
| 問卷設計 | （7） | 是否一定需要預測試 |
| SPSS 操作 | （8） | SPSS 軟體出現亂碼時如何處理 |
| SPSS 操作 | （9） | 如何使 SPSS 輸出中文結果 |

**（1）當分析結果顯示 P 值為 0.05 或者 0.01 時如何處理？**

P 值是統計分析的核心概念，理論上 P 值是指拒絕原假設時，統計犯錯的機率。其常見標準為 0.05 和 0.01，如果此值小於 0.01，那麼說明在 0.01 水準顯著，如果此值小於 0.05（但大於 0.01）就說明在 0.05 水準顯著。如果 P 值剛好為 0.05，則結論為不顯著（以 0.05 為標準時），在實際研究中 P 值剛好為 0.05 的可能性非常小。如果出現這種情況，很可能是由於小數位保留問題所致，建議可以將保留更多小數位。

**（2）絕大部分 P 值高於 0.05，但有個別 P 值小於 0.1 時如何處理？**

在多數情況下，P 值以 0.01 和 0.05 作為判斷，如果在研究時發現絕大部分 P 值高於 0.05，但是個別 P 值小於 0.1，則建議可以考慮以 0.1 作為判斷標準，以便研究出現顯著性結果。

**（3）是否 P 值小於 0.05 才算良好？**

在絕大多數情況下，P 值小於 0.05 是研究希望的結果。但有兩個地方 P 值需要高於 0.05，分別是變異數同質性核對總和二元 Logistic 迴歸時的 Hosmer 和

Lemeshow 檢定。另外，P 值高於 0.05，則說明不顯著，沒有差異性，或者沒有相關影響關係等，也許這也是有意義的結論。

### （4）不知道如何開展問卷設計？

問卷設計是思維的具體體現，如果完全不知道從何開始，則建議首先理清研究思維是什麼，分別涉及多少研究變數，每個研究變數對應的研究題項是什麼。

### （5）在問卷中有多少題項合適？

問卷題項的數量並沒有嚴格要求，在通常情況下樣本量在 200 個以上較好。如果是量表類問卷，那麼樣本量應該最少為量表題項目數量的 5 倍。如果樣本收集困難，則可以考慮適當減少問卷題項目數量。

### （6）樣本量多少合適？

對於量表類問卷，樣本量的常見標準是量表題項的 5 倍或者 10 倍；對於非量表類問卷，通常需要在 200 個以上。如果樣本收集有現實困難，需要提前做好應對措施，防止因樣本量問題引發後續分析不達標的問題。

### （7）是否一定需要預測試？

如果量表題項沒有良好的參考量表，或者量表是直接由英文翻譯而來的，那麼最好進行預測試，以避免在後續正式分析時可能帶來的信度和效度不達標問題。如果是非量表類問題，無法對其測量信度和效度，那麼最好經過專業人士認可後再收集資料。

### （8）SPSS 軟體出現亂碼時如何處理？

由於 SPSS 軟體機制問題，可能在打開 SPSS 資料時，變數視圖會出現亂碼現象。出現此類問題時，常見的解決辦法為：打開任意空資料集的 SPSS 軟體→按一下「編輯」按鈕→選擇「選項」指令→選擇「常規」指令→切換到「資料和語法的字元編碼」、「Locale 的寫入系統」或「Unicode（通用字元設置）」之後，按一下「確認」按鈕→重新打開 SPSS 格式資料。如果「Locale 的寫入系統」或「Unicode（通用字元設置）」選項為灰色狀態（不可選中），這是由於打開的 SPSS 軟體中包含資料集，那麼應該打開空資料集的 SPSS 軟體（無任意資料的 SPSS 軟體）。

### （9）如何使 SPSS 輸出中文結果？

在 SPSS 軟體中可以設置中英文介面和中英文輸出效果。英文介面設置操作步驟為：按一下「編輯」按鈕→選擇「選項」指令→選擇「常規」指令→切換至「使用者介面」的「語言」選項。SPSS 英文輸出結果設置操作步驟為：按一下「編輯」按鈕→選擇「選項」指令→選擇「常規」指令→切換「語言」選項。

# 17.2　敘述統計方法

敘述統計方法常見問題匯總如表 17-2 所示。

表 17-2　敘述統計方法常見問題匯總

| 問題類型 | 問題編號 | 問題描述 |
|---|---|---|
| 基本統計 | （1） | 如何處理遺漏值值 |
| 基本統計 | （2） | 累積百分比是什麼 |
| 基本統計 | （3） | 如何將研究變數對應多個題項處理成一個 |
| SPSS 操作 | （4） | 如何輸出中位數 |
| SPSS 操作 | （5） | 次數統計時希望輸出圖形該如何處理 |

### （1）如何處理遺漏值值？

在問卷研究中存在遺漏值值較為常見，如果樣本較多，則可以直接將遺漏值值處理為無效樣本。如果樣本較少，並且遺漏值值並不多，那麼此時可以不用處理。如果遺漏值值較多並且不能刪除樣本，那麼可以取中位數或者平均值替代遺漏值值。

### （2）累積百分比是什麼？

累積百分比是指多個選項百分比的累積，比如收入在 1000 元以下的樣本比例是 10%，收入在 1000~2000 元的樣本比例是 20%，則此兩個選項的累積百分比為 30%。

### （3）如何將研究變數對應的多個題項處理成一個？

在多數情況下，當一個研究變數對應多個題項時，通常可以計算對應題項的平均值，使用平均值代表此研究變數，即將多個題項處理為一個。

### （4）如何輸出中位數？

對於定量資料，通常使用平均值表示樣本整體態度情況，有時候也使用中位數表示整體資料分佈情況，在 SPSS 中的具體操作步驟為：選擇「分析」指令→選擇「敘述性統計」指令→選擇「次數」指令→按一下「統計資料」按鈕→勾選「中位數」核取方塊。

**（5）次數統計時希望輸出圖形該如何處理？**

如果在進行次數統計時希望輸出圖形，包括圓形圖或者橫條圖等，那麼在 SPSS 中的具體操作步驟為：選擇「分析」指令→選擇「敘述性統計」指令→選擇「次數」指令→按一下「圖表」選項→勾選對應圖形單選框。

# 17.3　信度分析和效度分析

信度分析和效度分析常見的問題匯總如表 17-3 所示。

表 17-3　信度分析和效度分析常見問題匯總

| 問題類型 | 問題編號 | 問題描述 |
|---|---|---|
| 信度分析 | （1） | 是否需要預測試 |
| 信度分析 | （2） | 預測試發現不達標，如何處理題項 |
| 信度分析 | （3） | 信度係數小於 0.6 如何處理 |
| 信度分析 | （4） | 信度係數為負數如何處理 |
| 效度分析 | （5） | 建構效度原理是什麼 |
| 效度分析 | （6） | 建構效度不達標如何處理 |
| 效度分析 | （7） | 因數負荷係數為負數如何處理 |
| 效度分析 | （8） | 因數負荷係數小於 0.4 如何處理 |
| 效度分析 | （9） | 沒有輸出 KMO 值如何處理 |
| 效度分析 | （10） | 軟體提示不收斂如何處理 |

**（1）是否需要預測試？**

預測試是指使用小量資料（通常樣本為 100 個以內）對問卷品質進行判斷，發現問題並且進行修正問題，以減少在正式分析問卷時可能出現的問題。如果研究量表是由英文直接翻譯過來的，或者研究量表參考多個量表，也或者對於研究量表並沒有充足的依據，則應該使用預測試。透過預測試可以發現研究量表存在的潛在問題，並且進行修正處理（通常預測試不刪除題項，僅做修正）。

**（2）預測試發現不達標，如何處理題項？**

如果預測試發現相關指標不達標，比如信度不達標，或者效度出現問題，那麼應該找出導致問題產生的題項，並且對題項問法進行修正處理。在通常情況下，預測試不需要對題項進行刪除，如果在正式研究中依然發現題項有問題，就應該對其進行

刪除。在預測試中發現問題值得「慶幸」，因為這樣可以減少在正式分析問卷時出問題的機率。

**（3）信度係數小於 0.6 如何處理？**

信度係數常見標準為大於 0.6。在實際研究中，由於某個研究變數對應的題項較少，並且樣本數量較少時，即使樣本真實回答，也可能出現信度係數小於 0.6 的情況。最好的解決辦法是提前預防，在問卷設計時一個研究變數盡可能對應 3 個或者更多的題項。如果在正式研究問卷時出現信度係數小於 0.6 的情況，就只能綜合說明原因，並且證明信度不高但可以接受。

**（4）信度係數為負數如何處理？**

如果有反向題向，則可能出現信度係數小於 0 的情況，此時應該將反向題進行反向處理，並且重新進行信度分析。

**（5）建構效度原理是什麼？**

最為常見的建構效度驗證方法是探索性因數分析。在使用探索性因數分析時，SPSS 軟體會輸出題項與因數（維度或者研究變數）的對應關係，研究人員可以將 SPSS 軟體輸出的對應關係與專業預期的對應關係進行比較，如果二者結果基本吻合，就說明具有建構效度。

**（6）建構效度不達標如何處理？**

建構效度不達標有多種類型，包括題項與因數對應關係出現問題，或者因數負荷係數過低，抑或者因數輸出個數與預期不一致等。處理辦法為首先對不合理的題項進行刪除處理，包括題項對應關係出現嚴重偏差，或者因數負荷係數過低的題項。刪除題項後，如果軟體輸出因數個數與預期依然不一致，那麼此時應該強制設置軟體輸出因數數量，刪除不合理題項，並且多次重複比較，找出最優探索性因數分析結果作為最終結果，然後論證得到良好的建構效度。

**（7）因數負荷係數為負數如何處理？**

如果題目中有反向題，那麼可能出現因數負荷係數小於 0 的情況。因數負荷係數應該以絕對值作為標準進行解讀，因此負數並不影響探索性因數分析結果。

**（8）因數負荷係數小於 0.4 如何處理**

通常情況下因數負荷係數值如果小於 0.4，那麼應該做刪除處理。如果將因數負荷係數小於 0.4 的題項刪除後，會出現其他指標（比如信度）不達標的情況，也可以綜合說明，最終對該題項進行保留處理。

## （9）沒有輸出 KMO 值如何處理？

在進行探索性因數分析時，SPSS 軟體預設不輸出 KMO 值，而在實際研究中通常需要輸出此指標結果。在 SPSS 中的具體操作方法為：在探索性因數分析介面中按一下「描述」按鈕→勾選「KMO 和 Bartlett 的球形檢定」核取方塊。

## （10）軟體提示不收斂如何處理？

如果在進行探索性因數分析時軟體提示不收斂，處理辦法為：在「探索性因數分析」介面中按一下「旋轉」按鈕→修改「最大收斂性反覆運算次數」值（默認為 25 次）為更高值（比如 200 次）。

# 17.4 變數關係研究方法

變數關係研究常見問題匯總如表 17-4 所示。

表 17-4 變數關係研究常見問題匯總

| 問題類型 | 問題編號 | 問題描述 |
| --- | --- | --- |
| 基本統計 | （1） | 當一個研究變數對應多個題項，該如何進行相關分析或迴歸分析 |
| 相關分析 | （2） | 是否需要進行散點圖分析 |
| 相關分析 | （3） | 相關分析應該選擇 Pearson 相關係數還是 Spearman 相關係數 |
| 相關分析 | （4） | 相關分析結果與線性迴歸分析結果矛盾如何處理 |
| 線性迴歸分析 | （5） | 分類資料作為自變數時如何進行迴歸分析 |
| 線性迴歸分析 | （6） | 分類資料作為應變數時如何處理 |
| 線性迴歸分析 | （7） | 進行迴歸分析沒有透過 F 檢定，但迴歸係數呈現出顯著性如何處理 |
| 線性迴歸分析 | （8） | 進行迴歸分析時 VIF 值高於 10 如何處理 |
| 線性迴歸分析 | （9） | 在進行迴歸分析時，某變數沒有呈現出顯著性，但理論上認為其應該具有顯著性，如何處理 |
| 線性迴歸分析 | （10） | R2 很小，低於 0.4 如何處理 |
| 線性迴歸分析 | （11） | 調整 R2 為負數如何處理 |
| 線性迴歸分析 | （12） | 控制變數是什麼，用處是什麼 |
| 線性迴歸分析 | （13） | 探索性因數分析保存評分是否可以作為自變數 |

《續上頁》

| 問題類型 | 問題編號 | 問題描述 |
|---|---|---|
| 二元 Logistic 迴歸分析 | （14） | Hosmer 和 Lemeshow 檢定對應的 P 值小於 0.05 如何處理 |
| 二元 Logistic 迴歸分析 | （15） | 整體預測準確率低於 70%如何處理 |
| 二元 Logistic 迴歸分析 | （16） | 輸出結果中某項不顯示 P 值如何處理 |
| 中介效應 | （17） | 標準化和中心化是什麼，需要什麼時候進行 |
| 中介效應 | （18） | Sobel 檢定是什麼，如何進行 |
| 調節效應 | （19） | 分層迴歸是什麼，其目的是什麼 |
| 調節效應 | （20） | 如何使用多因素變異數分析進行調節效應研究 |

## （1）當一個研究變數對應多個題項，該如何進行相關分析或迴歸分析？

在多數情況下，當一個研究變數對應多個量表題項時，首先應該計算多個題項的平均值，使用平均值代表此研究變數，並且用於後續相關分析或迴歸分析等，具體可參考 11.2 節。

## （2）是否需要進行散點圖分析？

散點圖可以直觀展示兩個變數之間的關係，通常情況下需要首先進行散點圖分析，再進行相關關係分析，接著進行迴歸分析。

## （3）相關分析應該選擇 Pearson 相關係數還是 Spearman 相關係數？

相關係數分為兩種，分別是 Pearson 相關係數和 Spearman 相關係數。在絕大多數情況下問卷研究使用 Pearson 相關係數，SPSS 軟體也預設使用 Pearson 相關係數。如果研究時發現研究變數呈現嚴重的非正態分佈，那麼此時使用 Spearman 相關係數較為合適。

## （4）相關分析結果與線性迴歸分析結果矛盾如何處理？

當相關分析結果與線性迴歸分析矛盾時，比如沒有相關關係，但是呈現出顯著的迴歸影響關係；或者變數之間為顯著正相關，但是出現負向迴歸影響關係，此時應該以相關分析結論為準，出現此類問題的原因很可能是 Suppression Effect（壓抑效應）。

## （5）分類資料作為自變數時如何進行迴歸分析？

如果分類資料希望作為自變數放入模型，那麼應該首先將分類資料進行虛擬變數處理，然後再將其放入模型中，虛擬變數處理可參考 5.2.8 節。

（6）分類資料作為應變數時如何處理？

如果應變數為分類資料，那麼此時應該使用 Logistic 迴歸分析，具體在進行 Logistic 迴歸分析時的類別選擇，可以參考 10.2.4 節。

（7）進行迴歸分析沒有透過 F 檢定，但迴歸係數呈現出顯著性如何處理？

如果迴歸分析並沒有透過 F 檢定，則說明所有自變數 X 均不應該對應變數 Y 產生影響關係，即研究模型沒有意義，此時即使迴歸係數呈現出顯著性，也應該以 F 檢定結果為準，即說明自變數 X 不會對應變數 Y 產生影響關係。

（8）進行迴歸分析時 VIF 值高於 10 如何處理？

如果 VIF 值高於 10，就說明該問卷具有嚴重的多重共線性問題，此時的模型結論不可信。針對多重共線性問題，最佳的處理辦法是對題項進行探索性因數分析，利用探索性因數分析得到的因數評分重新進行迴歸分析。除此之外，也可以將自變數進行相關分析，找出相關關係最為緊密的研究變數，將此類變數移出迴歸分析重新進行分析。

（9）在進行迴歸分析時，某變數沒有呈現出顯著性，但理論上認為其應該具有顯著性，如何處理？

如果在進行迴歸分析時某研究變數沒有呈現出顯著性，但是理論上認為應該具有顯著性，那麼此時可以考慮對樣本進行篩選處理，並將樣本個人背景資訊作為控制變數加入模型，重新進行分析。

（10）R2 很小，低於 0.4 如何處理？

R2 表示模型的解釋力度，即模型配適配適度情況，此值介於 0~1，數值越大，說明模型配適配適度越高。在通常情況下，此值越大越好。在實際研究中，此指標的意義相對較小，即使此指標小於 0.4 也沒有關係。

（11）調整 R2 為負數如何處理？

調整 R2 可以為負數，當此值出現負數時，通常情況下 R2 會非常小，接近於 0，該模型基本沒有意義。

（12）控制變數是什麼，用處是什麼？

控制變數，實質就是自變數。但通常該類變數並非研究核心變數，其可能會對模型產生干擾，因此也需要將其放入模型，並且稱之為控制變數。通常情況下控制變數為樣本背景資訊題項，比如性別、學歷、年齡、收入等。將控制變數放入迴歸模型中，其目的在於防止此類變數對於研究帶來的干擾。在通常情況下，控制變數如果為性別、學歷等分類資料，則需要進行虛擬變數處理。

### （13）探索性因數分析評分是否可以作為自變數？

如果一個研究變數對應多個題項，那麼常見的做法是將多個題項計算平均值，並且以平均值代表整體研究變數。如果對研究變數進行探索性因數分析，並且保存因數分析，那麼也可以利用因數評分代表對應研究變數，進行相關分析或者迴歸分析。

### （14）Hosmer 和 Lemeshow 檢定對應的 P 值小於 0.05 如何處理？

在進行二元 Logistic 迴歸分析時，如果 Hosmer 和 Lemeshow 檢定顯示 P 值小於 0.05，就説明模型配適情況與實際情況有較大出入，模型並不理想。可以考慮對自變數資料進行重新組合處理，或者對應變數資料重新組合處理等多種方法測試，尋找出最優結果。

### （15）整體預測準確率低於 70%如何處理？

如果二元 Logistic 迴歸分析顯示整體預測準確率較低，並且低於 70%時，那麼説明模型整體情況不佳。可以考慮對自變數進行重新組合處理，或者對個別無意義的自變數進行刪除處理等，可以對比多種處理方式，找出最優結果。

### （16）輸出結果中某項不顯示 P 值如何處理？

如果在二元 Logistic 迴歸分析中有分類資料，那麼模型會以其中某項作為參照對比項，參照對比項不會輸出 P 值等指標。

### （17）標準化和中心化是什麼，需要什麼時候進行？

在進行中介效應研究或者調節效應研究時，可能會涉及資料標準化和中心化處理。對於問卷研究中進行資料標準化處理方法，具體可參考 6.2.2 和 6.2.3 節。

### （18）Sobel 檢定是什麼，如何進行？

Sobel 檢定是在進行中介研究時，檢定中介效應是否顯著的一種檢定方法。SPSS 軟體無法進行此檢定，研究人員需要自行透過計算公式進行計算。

### （19）分層迴歸是什麼，其目的是什麼？

分層迴歸分析常用於中介效應研究或者調節效應研究，其實質依然是線性迴歸分析，具體分層迴歸分析內容可參考 6.2.2 和 6.2.3 節。

### （20）如何使用多因素變異數分析進行調節效應研究？

多因素變異數分析可用於差異對比、交互作用研究和調節效應研究，具體內容可參考 8.3.1 節。

# 附錄

# 附錄 A
## 中英文術語對照表

## 1．基本統計術語

| 中文 | 英文 | 中文 | 英文 |
|---|---|---|---|
| 問卷 | Questionnaire | 前測 | Pretest |
| P 值 | P Value | 顯著性 | Significance |
| 樣本/被試 | Sample | 顯著性差異 | Significance Difference |
| 顯著性水準 | Significance Level | 資料類型 | Data Type |
| 分類資料 | Category Variable | 定量資料 | Quantitative Data/Number |
| 量表 | Scale | 五點量表 | Five-level Scale |

## 2．敘述統計方法統計術語

| 中文 | 英文 | 中文 | 英文 |
|---|---|---|---|
| 敘述性統計 | Descriptive Statistics | 中位數 | Median |
| 次數分析 | Frequency Analysis | 眾數 | Mode |
| 變數 | Variable | 總和 | Sum |
| 次數分配表 | Frequency Table | 四分位數 | Quartiles |
| 統計資料 | Statistics | 百分位數 | Percentile |
| 變異數 | Variance | 敘述性分析 | Descriptive Analysis |
| 平均值 | Mean | 最大值 | Maximum |
| 標準差（SD） | Std. Deviation | 最小值 | Minimum |

## 3．信效度研究方法術語

| 中文 | 英文 | 中文 | 英文 |
|---|---|---|---|
| 信度 | Reliability | 信度分析 | Reliability Analysis |
| 量表 | Scale | 效度分析 | Validity Analysis |
| 李克特量表 | Likert Scale | 信度係數 | Reliability Coefficient |

| 中文 | 英文 | 中文 | 英文 |
|------|------|------|------|
| α | Alpha | 校正的項總計相關性 | CITC |
| 建構效度 | Construct Validity | 內容效度 | Content Validity |
| 探索性因數分析 | Exploratory Factor Analysis（EFA） | 因數分析 | Factor analysis |
| 因數分析 | Factor Analysis | 維度縮減 | Data Reduction |
| 萃取 | Extraction | 特徵值 | Eigen value |
| 主成分法 | Principal Components | 相關矩陣 | Correlation Matrix |
| 探索性因數分析 | Exploring Factor Analysis （EFA） | 旋轉 | Rotation |
| 變異數最大旋轉 | Varimax Rotation | 未旋轉的因數萃取結果 | Unrotated Factor Solution |
| 因數負荷散點圖 | Loading plot | 因數負荷 | Factor loading |
| 變異數解釋率 | % of Variance | 碎石圖 | Scree Plot |
| 變異數旋轉 | Variance rotation | 共同性 | Communality |

## 4 · 變數關係研究方法術語

| 中文 | 英文 | 中文 | 英文 |
|------|------|------|------|
| 相關分析 | Correlate Analysis | 相關係數 | Correlation Coefficient |
| 顯著性檢定 | Test Of Significance | 皮爾森相關係數 | Pearsoncorrelation Coefficient |
| 正相關 | Positive Correlation | 負相關 | Negative Correlation |
| 強相關 | Strong Correlation | 弱相關 | Weak Correlation |
| 簡單線性迴歸 | Simple Linear Regression | 多元線性迴歸 | Multiple Linear Regression |
| 自變數 | Independent Variable | 應變數 | Dependent Variable |

| 中文 | 英文 | 中文 | 英文 |
|---|---|---|---|
| R2 | R Square | 虛擬變數 | Dummy Variable |
| 標準化 | Standardization | 中心化 | Centering |
| 無條件進位法 | Enter Method | 逐步迴歸法 | Stepwise Method |
| 最小平方法 | Least Squares | 自相關 | Autocorrelation |
| D-W 值 | D-W | 多重共線性 | Multicollinearity |
| 羅吉斯迴歸 | Logistic Regression | 二項羅吉斯迴歸 | Binary Logistic |
| 多項有序 Logistic 迴歸分析 | Ordinal Logistic Regression | 多項無序 Logistic 迴歸分析 | Multinomial Logistic Regression |
| 分類表 | Classification Table | 對數比 | Exp（B） |
| 中介效應 | Mediator Effect | 調節效應 | Moderator Effect |
| 交互項 | Interaction Item | 分層迴歸分析 | Hierarchical Regression |

## 5．差異性研究方法術語

| 中文 | 英文 | 中文 | 英文 |
|---|---|---|---|
| 平均值比較 | Compare Mean | 顯著性差異 | Significance Difference |
| t 檢定 | T Test | 單一樣本 t 檢定 | One-sample T Test |
| 獨立樣本 t 檢定 | Independent Samples T Test | 成對樣本 t 檢定 | Paired-samples T Test |
| 平均數差異 | Mean Difference | 變異數分析 | ANOVA analysis |
| 單因素變異數分析 | One-way ANOVA | 多因素變異數分析 | Univariate ANOVA |
| 事後檢定 | Post Hoc Test | 變異數同質性檢定 | Homogeneity Of Variance Test |
| 多重比較 | Multiple Comparison | 顯著水準 | Significance Level |
| 交叉資料表 | Cross Tabulation | 列聯表 | Contingence Table |
| 卡方檢定（X2） | Chi-square Test | 卡方值 | Chi-square Value |

## 6．權重類、集群樣本研究方法術語

| 中文 | 英文 | 中文 | 英文 |
|---|---|---|---|
| 探索性因數分析 | Exploratory Factor Analysis（EFA） | 變異數解釋率 | % of Variance |
| 因數分析 | Factor Analysis | 維度縮減 | Data Reduction |
| 萃取 | Extraction | 特徵值 | Eigen Value |
| 主成分法 | Principal Component Method | 相關矩陣 | Correlation Matrix |
| 探索性因數分析 | Exploring Factor Analysis （EFA） | 旋轉 | Rotation |
| 變異數最大旋轉 | Varimax Rotation | 未旋轉的因數萃取結果 | Unrotated Factor Solution |
| 因數負荷散點圖 | Loading plot | 因數負荷 | Factor Loading |
| 驗證性因數分析 | Confirmatory Factor Analysis （CFA） | 碎石圖 | Scree Plot |
| 變異數旋轉 | Variance Rotation | 共同性 | Communality |
| 因數評分 | Factor Score | 集群分析 | Cluster Analysis |
| 兩步驟集群 | Two-step Cluster | K-Mean 集群 | K-means Cluster |
| 系統集群 | Hierarchical Cluster | 標準化 | Standardization |

# SPSS®
## 校園優惠升級方案

全方位的資料與預測分析工具。
企業、政府、研究單位與學術組織，一致推薦統計軟體領導品牌！

### IBM SPSS Statistics 系列

最受歡迎、最易上手的統計軟體SPSS首次限時優惠升級方案，機會稍縱即逝
SPSS Statistics 23版以後開始支援Windows 10作業環境，因應廣大客戶需求，
請把握此次限時方案！

### 升級資格

使用SPSS Statistics 23版(含)以前，且有一通科技發出授權書之教育單位客戶
優惠升級期間：2018年4月1日～2018年6月30日
包括模組：Statistics Base、Advanced Statistics、Regression、Custom
Tables、Forecasting、Categories、Conjoint、Exact Tests、Missing
Values、Complex Samples、Neural Networks、Direct Marketing、
Decision Trees、Data Preparation、Bootstrapping。

### 活動注意事項

1. 優惠升級方案詳細內容請洽一通科技(service@atc.com.tw)或各經銷商。

2. 升級資格經審核通過後，原授權書需寄回一通科技或各經銷商。

3. 一通科技保有活動最終解釋權。

www.atc.com.tw

一通科技股份有限公司
221 新北市汐止區新台五路一段 110 號 10 樓
TEL:(02)7708-2013　　FAX:(02)7708-8020

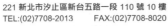

# IBM SPSS Statistics

| Editions | Descriptions | Standard | Professional | Premium |
|---|---|:---:|:---:|:---:|
| IBM SPSS Statistics Base | 提供多項基本分析與報告的統計程序，包括個數、交叉表與敘述統計、OLAP多維度報表，以及編碼簿報告。其也提供多項維度縮減、分類與分段技術，例如因子分析、集群分析、最近鄰法分析，以及判別函數分析。此外，SPSS Statistics Base也提供許多種演算法，以用於比較平均數與預測技術，例如t檢定、變異數分析、線性迴歸以及次序迴歸。 | ● | ● | ● |
| IBM SPSS Advanced Statisticst | 重點放在臨床實驗與生物醫學研究中常用的技術。其中包括用於一般線性模式(GLM)、一般混合模式、變異成份分析、對數線性分析、次序迴歸、保險統計生命表、Kaplan-Meier存活分析、以及基本與延伸式Cox迴歸的程序。 | ● | ● | ● |
| IBM SPSS Regression | 提供不適用於傳統線性統計模式的資料分析技術。其中包括用於probit分析、logistic迴歸、權重估計、二階最小平方迴歸、以及一般非線性迴歸的程序。此模組在一般迴歸技術有限制或不適當時很有用；例如，研究客戶購買習慣或治療效果、測量學術成就與分析信用風險。 | ● | ● | ● |
| IBM SPSS Custom Tables | 結合綜合性的分析功能與互動式製表功能，協助輕鬆理解資料，並迅速針對不同讀者，以適當的樣式彙總結果，包括複雜的行列表格以及複選題資料的顯示。運用IBM SPSS Custom Tables以呈現意見調查、客戶滿意度、票選與合規報告結果。 | ● | ● | ● |
| IBM SPSS Data Preparation | 提供分析師進階技術，包括資料快速視覺快照，以及功能套用驗證規則，挑出無效的資料值。您可以建立會標示超出範圍之數值、遺漏值，或空白數值的規則。您也可以儲存會紀錄個別違規，和每一個觀察值之違規總數的變數。也提供一組預先定義的規則，讓您進行複製或修改，以簡化分析程序中執行分析之前的資料準備階段。在 IBM SPSS Statistics Base 中已納入基本資料準備工具，但 IBM SPSS Data Preparation 提供特殊化的技術，可準備好資料以利提供精確的分析與結果。 | | ● | ● |
| IBM SPSS Decision Trees | 可協助您識別群組、探索群組之間的關係，並且探索結果及視覺化判斷模型如何流動，然後藉此預測未來事件。在 Statistics 產品套組中直接建立視覺化分類與決策樹狀結構，然後使用直覺方式呈現結果。 | | ● | ● |
| IBM SPSS Categories | 提供多種工具執行最適尺度程序以及對應的分析，以利釐清複雜的類別、數值與高維度資料。瞭解客戶認為您的品牌與哪些特性最為相關，或判斷客戶對於您的產品與其他廠牌的產品有何感覺。 | | ● | ● |
| IBM SPSS Forecasting | 可讓您快速且輕鬆地預測趨勢及開發預報—不需要是專家級統計師。IBM SPSS Forecasting 擁有處理時間序列資料所需的進階統計技術，而且不限您的專業層次。 | | ● | ● |
| IBM SPSS Missing Values | 描述遺漏值的形式、估計平均數及其他統計量，以及插補遺漏觀察值的數值。可尋找您資料當中的遺漏值與其他變數之間的關係。 | | ● | ● |
| IBM SPSS Bootstrapping | 可獲得可靠的標準誤估計值和如下列各種估計值的信賴區間：平均數、中位數、比例、odds比率、相關係數或迴歸係數。 | | | ● |
| IBM SPSS Complex Samples | 在資料分析中整合複雜的樣本設計，擁有特殊化的規劃工具與統計方法，可減少分層抽樣、集群抽樣或多階段抽樣發生錯誤或誤導推論的風險。對於有意在使用抽樣調查方法時提高結論準確性的意見調查與市場研究人員、輿論研究人員或社會科學家而言，此模組必不可少。 | | | ● |
| IBM SPSS Conjoint | 提供實際可用的方式，測量各個產品屬性如何影響消費者和一般國民的偏好。它可以簡易地在一組產品屬性的條件下，測量各產品屬性的平衡取捨一，就像消費者在決定是否購買時經常作的考量。 | | | ● |
| IBM SPSS Direct Marketing | 可協助行銷人員輕鬆執行各種分析，他們不需要深入瞭解統計學。深入瞭解您的客戶、提升您的行銷活動，讓您的行銷預算獲得最大的投資報酬率。 | | | ● |
| IBM SPSS Exact Tests | 可讓您使用小樣本數，而且對於結果深具信心。使用小樣本所節省下來的錢，可以用來執行意見調查或增加直效行銷方案的檢驗頻率。此模組提供30多種確切檢驗，其中涵蓋適用於處理小型或大型資料集的各種無母數與類別資料問題。 | | | ● |
| IBM SPSS Neural Networks | 提供非線性資料建模程序，可讓您探索更複雜的資料關係。選擇可用於分類（類別結果）與預測（數值結果）的演算法，以開發更精確且更有效的預測模型，從而提供更深入的見解與更充分的決策制定。 | | | ● |
| IBM SPSS Amos | 統計分析軟體，採用直觀的拖放功能，建立結構方程模組，比標準的多變量統計模型更加準確。 | | | |

# 讀者回函

讀者回函

感謝您購買本公司出版的書，您的意見對我們非常重要！由於您寶貴的建議，我們才得以不斷地推陳出新，繼續出版更實用、精緻的圖書。因此，請填妥下列資料(也可直接貼上名片)，寄回本公司(免貼郵票)，您將不定期收到最新的圖書資料！

**購買書號：** **書名：**

姓　　名：_____

職　　業：☐上班族　　☐教師　　☐學生　　☐工程師　　☐其它

學　　歷：☐研究所　　☐大學　　☐專科　　☐高中職　　☐其它

年　　齡：☐10~20　☐20~30　☐30~40　☐40~50　☐50~

單　　位：_____ 部門科系：_____

職　　稱：_____ 聯絡電話：_____

電子郵件：_____

通訊住址：☐☐☐ _____
　　　　　_____

**您從何處購買此書：**

☐書局 _____　☐電腦店 _____　☐展覽 _____　☐其他 _____

**您覺得本書的品質：**

內容方面：　☐很好　　　☐好　　　☐尚可　　　☐差

排版方面：　☐很好　　　☐好　　　☐尚可　　　☐差

印刷方面：　☐很好　　　☐好　　　☐尚可　　　☐差

紙張方面：　☐很好　　　☐好　　　☐尚可　　　☐差

您最喜歡本書的地方：_____

您最不喜歡本書的地方：_____

假如請您對本書評分，您會給(0~100分)：_____ 分

您最希望我們出版那些電腦書籍：


請將您對本書的意見告訴我們：


您有寫作的點子嗎？☐無　☐有　專長領域：_____

歡迎您加入博碩文化的行列哦！

✂請沿虛線剪下寄回本公司

Give Us a Piece Of Your Mind

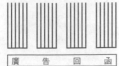

**221**

博碩文化股份有限公司　產品部

台灣新北市汐止區新台五路一段112號10樓A棟